XINRAN

Chinoises

**Traduit de l'anglais
par Marie-Odile Probst**

Éditions
Philippe Picquier

DU MÊME AUTEUR
AUX ÉDITIONS PHILLIPPE PICQUIER

Funérailles célestes
Baguettes chinoises

Titre original : *The Good Women of China*

© 2002, The Good Women of China Ltd
© 2003, Editions Philippe Picquier
   pour la traduction en langue française
© 2005, Editions Philippe Picquier
   pour l'édition de poche

Mas de Vert
B.P. 150
13631 Arles cedex

En couverture : Photographie de Ingo Jezierski © Getty Images
   Calligraphies de Ruth Rowland

Conception graphique : Picquier & Protière

Mise en page : Atelier EquiPage – Marseille

ISBN : 978-2-87730-757-4
ISSN : 1251-6007

Sommaire

Prologue... 9

1 Les débuts de mon enquête 11
2 La fille qui avait une mouche pour compagne.. 21
3 L'étudiante 57
4 La Chiffonnière 83
5 Les mères qui ont survécu au tremblement
   de terre... 103
6 Ce que croient les Chinoises 133
7 La femme qui aimait les femmes 143
8 La femme dont le mariage fut arrangé
   par la révolution 167
9 Ma mère... 181
10 La femme qui a attendu quarante-cinq ans 195
11 La fille du général du Guomindang 227
12 L'enfance que je ne peux oublier 251
13 La femme que son père ne reconnaît pas 271
14 Une femme à la mode 299
15 Les femmes de Colline Hurlante....................... 329

Epilogue... 349

*Pour toutes les Chinoises
et pour mon fils Panpan*

Prologue

Le 3 novembre 1999, à neuf heures, je rentrais chez moi après le cours du soir que je donnais à l'Ecole d'études orientales et africaines de l'Université de Londres. En sortant de la station de métro de Stamford Brook par cette sombre nuit d'automne, j'ai entendu un bruit de pas précipités dans mon dos. Quelqu'un m'a asséné un violent coup sur la tête et m'a jetée à terre avant que j'aie eu le temps de réagir. Instinctivement, j'ai serré contre moi mon sac à main, qui contenait l'unique exemplaire d'un manuscrit que je venais de terminer. Mais mon agresseur était déterminé.

— Donne-moi ce sac ! a-t-il crié à plusieurs reprises.

Je me suis débattue avec une force que j'ignorais posséder. Dans l'obscurité, je ne pouvais discerner son visage. J'avais seulement conscience de repousser deux mains vigoureuses, mais invisibles. J'ai essayé de me protéger tout en donnant des coups de pied vers ce que je pensais être son entrejambe. Il m'a rendu mes coups de pied et j'ai senti la douleur surgir dans mon dos et mes jambes, et le goût salé du sang dans ma bouche.

Des passants ont accouru vers nous en criant. L'homme a rapidement été cerné par une foule en colère. Quand je me suis relevée en titubant, j'ai vu qu'il mesurait plus d'un mètre quatre-vingts.

Par la suite, les policiers m'ont demandé pourquoi j'avais risqué ma vie pour un sac.

Tremblante et avec des élancements de douleur, je leur ai expliqué:

— Il y avait mon livre dedans.

— Un livre! s'est exclamé un policier. Un livre est-il plus important que votre vie?

Bien sûr, la vie est plus importante qu'un livre. Mais à plus d'un titre, mon livre était ma vie. Il contenait toutes les vies de ces Chinoises dont je voulais témoigner, des années de mon travail de journaliste. Je savais que je m'étais comportée de façon stupide: si j'avais perdu le manuscrit, j'aurais pu essayer de le reconstituer. Toutefois, je n'étais pas sûre que j'aurais pu trouver la force de traverser une seconde fois les sentiments intenses que l'écriture de ce livre avait soulevés en moi. Revivre les histoires de ces femmes que j'avais rencontrées avait été douloureux; mettre en ordre mes souvenirs, trouver les mots justes pour les exprimer, avait été plus difficile encore. En défendant mon sac, je défendais mes sentiments et ceux des Chinoises. Ce livre était la somme de tant de choses que je n'aurais pu, une fois perdues, les retrouver. Quand vous interrogez votre mémoire, vous ouvrez une porte sur le passé; la voie qui mène aux souvenirs a de nombreux embranchements, et le chemin est à chaque fois différent.

1
Les débuts de mon enquête

Un matin de printemps de l'année 1989, je roulais dans les rues de Nankin sur ma bicyclette Flying Pigeon en pensant à mon fils Panpan. Les pousses vertes sur les branches des arbres, l'haleine embuée des autres cyclistes dans l'air frais, les écharpes de soie des femmes gonflées telles des voiles par la brise printanière, tout se mêlait à la pensée de mon fils. Je l'élevais seule, sans homme, et être une mère vigilante tout en exerçant un métier n'était pas de tout repos. Dans tous mes déplacements, quelle qu'en soit la durée, même lors du court trajet pour me rendre sur mon lieu de travail, penser à lui me donnait du courage.

— Hé, présentatrice émérite, regarde où tu vas ! a crié un collègue lorsque j'ai pénétré en zigzaguant dans l'enceinte de la station de radio et de télévision où je travaillais.

Deux policiers armés étaient en faction devant les grilles. Je leur ai montré mon laissez-passer. Une fois dans l'enceinte, il me faudrait affronter d'autres gardes armés devant les portes d'accès aux bureaux et aux studios. Les mesures de sécurité étaient draconiennes, et les employés craignaient les gardes. On racontait qu'un soldat récemment engagé s'était endormi pendant sa garde de nuit et qu'il était si tendu qu'il avait tué le camarade qui avait voulu l'éveiller.

Mon bureau se trouvait au seizième des vingt et un étages de l'imposant bâtiment moderne. J'ai préféré emprunter les escaliers plutôt que de me risquer à prendre l'ascenseur, qui tombait fréquemment en panne. Une fois dans mon bureau, je me suis rendu compte que j'avais laissé la clef sur l'antivol de ma bicyclette. Un collègue compatissant a proposé d'aller téléphoner au gardien. Ce n'était pas aussi simple qu'il y paraît, car personne parmi les employés subalternes n'avait de téléphone et il devrait se rendre dans les bureaux de la direction. On a fini par m'apporter ma clef et mon courrier. Dans l'épaisse pile de lettres, l'une d'elles a attiré tout de suite mon attention : l'enveloppe avait été fabriquée avec la couverture d'un livre et une plume de poulet était collée dessus. Selon la tradition chinoise, une plume de poulet est un signal de détresse.

La lettre avait été envoyée d'un village à environ deux cent cinquante kilomètres de Nankin ; elle venait d'un jeune garçon.

Très honorée Xinran,
Je ne manque pas une seule de vos émissions. En fait, tout le monde dans notre village aime vous écouter. Mais je n'écris pas pour vous dire du bien de votre émission ; j'écris pour vous confier un secret.
Ce n'est pas vraiment un secret, parce que tous les habitants du village le connaissent. Il y a un vieillard infirme de soixante ans ici qui s'est récemment acheté une jeune épouse. La fille a l'air très jeune et je crois qu'on a dû la kidnapper. Ça arrive souvent dans notre

région, mais beaucoup des filles réussissent à s'échapper. Le vieillard a peur que sa jeune épouse s'enfuie, alors il l'attache avec une grosse chaîne en fer. La lourde chaîne a entamé la peau de sa taille – le sang suinte à travers ses vêtements. Je crois que ça va finir par la tuer. S'il vous plaît, sauvez-la.

Quoi que vous fassiez, n'en parlez surtout pas à la radio. Si les villageois découvrent que je vous ai écrit, ils forceront ma famille à partir.

Puisse votre émission connaître de plus en plus de succès.

Votre auditeur dévoué,
Zhang Xiaoshuan.

C'était la lettre la plus poignante de toutes celles que j'avais reçues depuis que j'avais commencé à présenter mon programme du soir, *Mots sur la brise nocturne*, quatre mois plus tôt. Pendant l'émission, j'abordais divers aspects de la vie quotidienne et j'utilisais mes propres expériences pour gagner la confiance des auditeurs et suggérer des façons d'affronter les difficultés de la vie. « Je m'appelle Xinran, avais-je dit au début de ma première émission. Xinran signifie "avec plaisir". *Xin xin ran zhang kai le yan*, a écrit Zhu Ziqing dans un poème sur le printemps : "Avec plaisir et ferveur, j'ai ouvert les yeux sur un monde nouveau". » Pour tout le monde, moi la première, l'émission était une nouveauté. Je débutais dans le métier et j'essayais de faire quelque chose que personne n'avait jamais fait à la radio auparavant.

Depuis 1949, les médias n'étaient que des porte-parole du Parti. Les seules informations auxquelles le peuple chinois avait accès, c'étaient celles de la radio d'Etat, des journaux d'Etat et, par la suite, de la télévision d'Etat, il n'y avait pas de voix divergente. Communiquer avec qui que ce soit à l'étranger semblait aussi improbable qu'un conte de fées. Quand Deng Xiaoping a débuté le lent processus d'« ouverture » de la Chine en 1983, les journalistes, s'ils étaient courageux, ont pu essayer d'apporter de subtils changements à la façon dont ils présentaient les bulletins d'informations. Il est alors devenu possible, bien que peut-être encore plus dangereux, d'aborder des problèmes personnels dans les médias. Dans *Mots sur la brise nocturne,* je m'efforçais d'ouvrir une petite fenêtre, un tout petit trou, où les gens pourraient pleurer et respirer après l'atmosphère chargée de poudre de fusil des quarante années précédentes. Lu Xun, le célèbre écrivain chinois, a dit : « La première personne qui a mangé du crabe a dû aussi essayer de manger une araignée, avant de se rendre compte que ce n'était pas bon. » En attendant la réaction des auditeurs à mon programme, je me demandais s'ils trouveraient que c'était du crabe ou de l'araignée. Le nombre de lettres enthousiastes qui s'empilaient sur mon bureau m'a convaincue que c'était bien du crabe.

La lettre du jeune Zhang Xiaoshuan était la première qui me demandait d'intervenir sur un plan concret, et elle m'a jetée dans l'embarras. J'en ai parlé à mon chef de service en lui demandant comment procéder. Il m'a suggéré d'un ton indifférent de contacter le bureau de la Sécurité publique de la région. Je les ai appelés pour leur exposer l'histoire de Zhang Xiaoshuan, en donnant libre cours à mon indignation.

L'officier de police à l'autre bout du fil m'a dit de me calmer.

— Ce genre de situation est fréquent. Si tout le monde réagissait comme vous, nous croulerions sous le travail. De toute façon, c'est un cas sans espoir. Nous avons des montagnes de rapports sur des cas semblables ici, et nos ressources financières et humaines sont limitées. A votre place, je me garderais bien de m'en mêler. Ces villageois n'ont peur de rien ni de personne ; en admettant que nous rappliquions chez eux, ils mettront le feu à nos voitures et rosseront nos officiers. Ils sont prêts à tout pour assurer une descendance à leurs familles, parce que ne pas avoir d'héritier mâle est un péché envers les ancêtres.

— Laissons cela, ai-je dit. Dois-je comprendre que vous considérez que le cas de cette jeune fille n'est pas de votre responsabilité ?

— Je n'ai pas dit ça, mais…

— Mais quoi ?

— Mais ça ne sert à rien de se précipiter, nous devons procéder pas à pas.

— On ne peut pas laisser quelqu'un mourir pas à pas !

Le policier gloussa.

— Pas étonnant qu'on dise que les policiers combattent l'incendie mais que ce sont les journalistes qui l'allument. C'est quoi déjà votre nom ?

— Xin… ran, ai-je répondu les dents serrées.

— Oui, oui, Xinran, un beau nom. D'accord, Xinran, venez nous voir. Je vous aiderai.

Il avait l'air de me faire une faveur et non d'accomplir son devoir.

Je me suis rendue sur-le-champ à son bureau. C'était un officier de police chinois tout ce qu'il y a de typique : robuste et vif, avec une expression sournoise.

— A la campagne, a-t-il déclaré, le ciel est haut et l'empereur est loin.

Selon lui, la loi était impuissante là-bas. Les paysans ne craignaient que les autorités locales qui contrôlaient leur approvisionnement en pesticides, engrais, semences et matériel agricole.

Le policier avait vu juste. Pour finir, ce fut le chef du dépôt de réserves agricoles du village qui réussit à sauver la jeune fille. Il a menacé de supprimer l'approvisionnement en engrais, s'ils ne la libéraient pas. Trois policiers m'ont conduite au village dans une voiture de police. Quand nous sommes arrivés, le chef du village a dû nous frayer un passage dans la foule des villageois qui nous menaçaient du poing et nous injuriaient. La fillette n'avait que douze ans. Nous l'avons arrachée au vieillard, qui pleurait amèrement et ne cessait de nous injurier. Je n'ai pas osé m'enquérir de l'écolier qui m'avait prévenue. Je voulais le remercier, mais l'officier de police m'a dit que si les villageois apprenaient ce qu'il avait fait, ils pourraient le tuer, lui et sa famille.

A voir de près la puissance des paysans, j'ai commencé à comprendre comment Mao avait pu s'appuyer sur eux pour vaincre Chiang Kai-shek et son armement anglais et américain.

La jeune fille a été renvoyée à sa famille à Xining – à vingt-deux heures de train de Nankin –, accompagnée d'un officier de police et d'un employé de la station de radio. On a découvert que ses parents avaient contracté une dette de 10 000 yuans pour la retrouver.

Personne ne m'a félicitée d'avoir sauvé cette jeune fille, par contre, j'ai eu droit à des critiques pour « avoir mis les troupes en branle et troublé l'ordre public » et avoir gaspillé le temps et l'argent de la station de radio. Ces reproches m'ont ébranlée. Une jeune fille s'était trouvée en danger et quand on allait à son secours, on vous accusait de « dilapider les deniers publics ». Que valait donc la vie d'une femme en Chine ?

Cette question a commencé à me hanter. La majeure partie des lettres que je recevais à la station de radio étaient écrites par des femmes. Leurs lettres étaient souvent anonymes, ou écrites sous un nom d'emprunt. Ce qu'elles me racontaient me surprenait et me choquait profondément. Je croyais connaître les Chinoises. A les lire, je me suis rendu compte à quel point je me trompais. Mes compatriotes menaient des vies et se débattaient avec des problèmes dont je n'avais pas la moindre idée.

Nombre des questions qu'elles posaient avaient trait à la sexualité. L'une d'elles voulait savoir pourquoi les battements de son cœur s'accéléraient quand il lui arrivait d'entrer accidentellement en contact avec le corps d'un homme dans le bus. Une autre demandait pourquoi elle se mettait à transpirer quand un homme lui touchait la main. Pendant trop longtemps, toute discussion ayant trait à la sexualité avait été interdite et tout contact physique entre un homme et une femme qui n'étaient pas mariés avait encouru la condamnation publique – avait été combattu, et

17

même puni d'emprisonnement. Jusqu'aux « conversations sur l'oreiller » entre mari et femme qui pouvaient servir de preuves d'un comportement délinquant ; dans les querelles de famille, les gens menaçaient souvent de dénoncer leurs conjoints à la police pour s'y être adonnés. En conséquence de quoi, deux générations de Chinois avaient grandi en se défiant de leurs instincts naturels. Moi-même, j'étais si ignorante qu'à l'âge de vingt-deux ans j'avais refusé de donner la main à un professeur pendant que nous assistions à un feu d'artifice, de peur d'être enceinte. Ce que je connaissais de la conception, je le tenais d'un vers glané dans un livre : « Ils se tinrent la main au clair de lune… Au printemps, ils eurent un fils vigoureux. » Cela m'a donné envie d'en savoir plus sur les vies intimes des Chinoises et j'ai décidé de débuter mon enquête par l'étude de leur environnement culturel.

Le Vieux Chen a été la première personne à qui j'ai parlé de mon projet. Il était journaliste depuis très longtemps et jouissait d'une grande estime. On disait que le maire de Nankin en personne venait lui demander conseil. Je le consultais souvent sur mon travail, par déférence envers son ancienneté mais aussi pour profiter de sa très grande expérience. Cette fois-ci, toutefois, sa réaction m'a surprise. Il a secoué la tête, qu'il avait si chauve qu'on n'aurait su dire où finissait son crâne et où commençait son visage, et s'est exclamé : « Quelle naïveté ! »

Cela m'a décontenancée. Les Chinois voient dans le fait d'être chauve un signe de sagesse. En quoi est-ce que je me trompais ? Pourquoi était-il naïf de vouloir comprendre les Chinoises ?

J'ai raconté à un ami qui travaillait à l'université l'avertissement du Vieux Chen.

— Xinran, a-t-il dit, as-tu jamais visité une fabrique de gâteaux ?

— Non, ai-je répondu, interloquée.

— Eh bien moi, si. Et depuis je ne mange plus de gâteau.

Il m'a suggéré de visiter une pâtisserie pour comprendre ce qu'il voulait dire.

Je suis de nature impatiente, aussi à cinq heures, le lendemain matin, j'étais devant la porte d'une fabrique de gâteaux de taille modeste mais de bonne réputation. Je n'avais pas annoncé ma visite, mais je ne m'attendais pas à rencontrer de difficulté. En Chine, on surnomme les journalistes « les rois sans couronne ». Ils ont le droit d'entrer librement dans presque toutes les entreprises du pays.

Le directeur de la fabrique ne comprenait pas pourquoi j'étais venue mais il a été impressionné par mon sérieux professionnel ; il a dit qu'il n'avait jamais vu de journaliste à pied d'œuvre de si bon matin. Il ne faisait pas encore tout à fait jour ; à la faible lumière des lampes de l'usine, sept ou huit ouvrières étaient en train de casser des œufs dans une large cuve. Elles bâillaient et s'éclaircissaient la gorge avec un terrible bruit rauque. Le son de leurs crachats intermittents me mettait mal à l'aise. Une femme avait le visage barbouillé de jaune d'œuf, probablement à force de s'essuyer le nez et non en guise de quelque mystérieux soin de beauté. Je regardai deux hommes ajouter du colorant et du parfum à une mince pâte feuilletée qui avait été préparée la veille. Les œufs furent ajoutés à ce mélange puis versés dans des moules sur une courroie de transport. Quand les moules sortaient du four, une douzaine de femmes empaquetaient les gâteaux. Des miettes ornaient le coin de leurs bouches.

En quittant la fabrique, je me suis souvenue de ce qu'un collègue journaliste m'avait dit un jour: les choses les plus sales au monde, ce n'est pas les toilettes ou les égouts, mais les usines alimentaires et les cuisines des restaurants. J'ai décidé de ne plus jamais manger de gâteau, mais je n'ai pas découvert en quoi ce que j'avais vu devait m'aider dans mon enquête sur la place des femmes dans la société.

J'ai de nouveau appelé mon ami, que mon manque de discernement a semblé décevoir.

— Tu as vu par quoi passent ces beaux gâteaux avant de devenir ce qu'ils sont. Si tu t'étais contentée de les regarder dans la boutique, tu n'en aurais jamais rien su. Mais même si tu réussis à prouver que la fabrique est mal dirigée et qu'elle ne respecte pas les règles d'hygiène, tu crois que ça va empêcher les gens de manger des gâteaux ? C'est la même chose pour les Chinoises. Même si tu te débrouilles pour pénétrer dans leurs foyers et dans leurs mémoires, est-ce que tu pourras juger des lois qui ont régi leurs vies ou les changer ? D'ailleurs, combien de femmes seront véritablement prêtes à laisser de côté leur amour-propre pour te parler ? J'ai bien peur d'être du même avis que ton vieux collègue.

2
La fille qui avait une mouche pour compagne

Le Vieux Chen et mon ami de l'université avaient raison sur un point. Il serait très difficile de trouver des femmes prêtes à se confier librement. Pour les Chinoises, le corps nu est un objet de honte, non de beauté. Elles ne le montrent pas. Demander à des femmes de me laisser les interroger reviendrait à leur demander de se dévêtir. Il me fallait trouver des approches plus subtiles si je voulais apprendre quoi que ce soit sur leurs vies.

Les lettres que je recevais de mes auditrices, pleines d'attentes et d'espoir, m'ont servi de point de départ. J'ai demandé à mon supérieur la permission d'ajouter à la fin de mon émission une rubrique consacrée à un courrier spécifiquement féminin, où j'aborderais et lirais peut-être certaines des lettres que je recevais. Il n'était pas opposé à l'idée : lui aussi souhaitait comprendre les Chinoises afin d'améliorer la relation conflictuelle qu'il avait avec sa propre épouse. Toutefois, il ne pouvait pas m'accorder l'autorisation ; il me fallait envoyer une demande écrite au siège central. Je ne connaissais que trop bien cette procédure : les supérieurs en poste de notre station de radio, malgré le ronflant de leurs titres, n'étaient que de simples exécutants. Le dernier mot appartenait à des échelons hiérarchiques plus élevés.

Six semaines plus tard, le siège central m'a renvoyé ma demande, festonnée de quatre sceaux de cire rouge d'approbation officielle. La durée de la rubrique que j'avais proposée avait été réduite à dix minutes. Même ainsi, ce fut comme si une manne me tombait du ciel.

L'impact de ma rubrique « Courrier de femmes » de dix minutes a dépassé toutes mes prévisions : le nombre de lettres d'auditrices a augmenté au point que j'en recevais plus d'une centaine par jour. Six étudiants de l'université devaient m'aider à dépouiller mon courrier. Les histoires qu'elles racontaient avaient eu lieu dans tout le pays, à des époques différentes durant les soixante-dix dernières années, et provenaient de femmes de milieux sociaux, culturels et professionnels différents. Elles révélaient des mondes qui avaient été cachés aux yeux de la majorité de la population, moi y comprise. Ces lettres étaient profondément émouvantes. Nombre d'entre elles contenaient des touches personnelles comme des fleurs, des feuilles ou des écorces séchées et des souvenirs crochetés à la main.

Un après-midi, en retournant à la radio, j'ai trouvé sur mon bureau un paquet avec un petit mot du gardien. Apparemment, une femme d'environ quarante ans avait apporté le paquet et demandé au gardien de me le faire parvenir ; elle n'avait laissé ni nom ni adresse. Plusieurs collègues m'ont conseillé de confier le paquet à la sécurité avant de l'ouvrir, mais j'ai refusé. J'avais l'impression que le destin s'accommodait mal de telles hésitations, et j'avais très envie de céder à l'impulsion d'ouvrir le paquet immédiatement. A l'intérieur, il y avait une vieille boîte à chaussures, avec sur le couvercle le joli dessin d'une mouche d'apparence humaine. Les couleurs avaient presque entièrement disparu. Une phrase était écrite près de la bouche de la mouche : « Sans printemps, les fleurs ne peuvent pas s'ouvrir ; sans son propriétaire, ceci ne peut être ouvert. » Un petit cadenas avait été adroitement fixé au couvercle.

J'hésitai : devais-je ouvrir ? J'ai remarqué alors un petit message qu'on avait collé dessus récemment : « Xinran, ouvrez s'il vous plaît. »

La boîte était remplie de morceaux de papier jaunis. Couverts d'écriture, ils étaient de tailles, formes et couleurs différentes ; c'étaient principalement des feuilles de formulaires qui servaient aux dossiers d'hôpital. Cela ressemblait à un journal intime. Il y avait aussi une épaisse lettre recommandée, adressée à Yan Yulong de l'équipe de production X, dans le Shandong, provenant d'une certaine Hongxue, qui donnait pour adresse un hôpital du Henan. La lettre portait le tampon du 24 août 1975. Elle n'était pas fermée, et sur le dessus, était écrit : « Xinran, je vous demande respectueusement de lire avec attention jusqu'au dernier mot. Une auditrice fidèle. »

Comme je n'avais pas le temps de regarder les papiers avant de passer à l'antenne, j'ai décidé de lire la lettre en premier :

Chère Yulong,
Est-ce que tu vas bien ? Je regrette de ne pas avoir écrit plus tôt, je n'ai pas de bonne excuse pour ne pas l'avoir fait, si ce n'est que j'ai tant de choses à dire

23

que je ne sais pas par quoi commencer. Excuse-moi, je t'en prie.

Il est déjà trop tard pour te prier de me pardonner ma terrible, mon impardonnable erreur, mais je tiens quand même à te dire, chère Yulong, que je regrette !

Tu m'as posé deux questions dans ta lettre : « Pourquoi ne veux-tu pas voir ton père ? » et « Qu'est-ce qui t'a incitée à dessiner une mouche, et pourquoi l'as-tu faite si belle ? »

Chère Yulong, ces deux questions sont très, très douloureuses pour moi mais je vais essayer d'y répondre.

Quelle fille n'aime pas son père ? Un père est un grand arbre protégeant sa famille, c'est la charpente supportant la maison, le gardien de sa femme et de ses enfants. Mais je n'aime pas mon père, je le déteste.

Le jour du Nouvel An, j'avais onze ans, je me suis levée tôt, je saignais et je ne comprenais pas pourquoi. J'avais tellement peur que j'ai éclaté en sanglots. Ma mère qui m'avait entendue est venue et m'a dit : « Hongxue, tu es adulte. » Personne – pas même maman – ne m'avait parlé de ces histoires de femmes avant. A l'école, personne n'aurait osé poser de questions aussi inconvenantes. Ce jour-là, maman m'a donné quelques conseils élémentaires sur la façon de procéder pour le saignement, mais ne m'a rien expliqué d'autre. J'étais surexcitée : j'étais devenue une femme ! Je me suis mise à courir dans la cour, à sauter et à danser, pendant trois heures durant. J'en ai même oublié de déjeuner.

Un jour de février, il neigeait fort et maman était sortie rendre visite à une voisine. Mon père était rentré

24

de la base militaire, ce qui arrivait rarement. Il m'a dit : « Ta mère dit que tu es adulte. Viens ici, enlève tes vêtements pour que papa voie si c'est vrai. »

Je ne savais pas ce qu'il voulait voir, et il faisait si froid, je ne voulais pas me déshabiller.

« Dépêche-toi ! Papa va t'aider ! » a-t-il dit, en enlevant prestement mes vêtements. Il ne ressemblait pas du tout à la personne pondérée qu'il était d'habitude. Il m'a passé ses mains sur tout le corps, en ne cessant de poser des questions. « Est-ce que ces petits mamelons sont gonflés ? Est-ce que c'est d'ici que vient le sang ? Est-ce que ces lèvres veulent embrasser papa ? Est-ce que c'est bon quand papa te frotte comme ça ? »

J'étais mortifiée. Je ne me souvenais pas de m'être jamais trouvée nue devant quelqu'un hormis dans les bains publics pour femmes. Mon père a remarqué que je frissonnais. Il m'a dit de ne pas avoir peur et m'a recommandé de ne pas en parler à maman. Il a dit : « Ta mère ne t'a jamais aimée. Si elle découvre que je t'aime comme ça, elle voudra encore moins avoir affaire avec toi. »

Ce fut ma première « expérience de femme ». Après, je me suis sentie très mal.

A partir de ce jour, dès que ma mère ne se trouvait pas dans la pièce, même si elle était en train de faire la cuisine ou aux toilettes, mon père me coinçait derrière la porte et me frottait partout. J'avais de plus en plus peur de cet « amour ».

Plus tard, mon père a été muté dans une autre base militaire. Ma mère ne pouvait pas rester avec lui à cause de son travail. Elle a dit qu'elle s'était épuisée à nous élever, mon frère et moi, elle voulait que mon père affronte ses responsabilités pendant un temps. Et c'est ainsi que nous sommes partis vivre avec mon père.

J'étais tombée dans la tanière du loup.

Tous les midis, du jour où ma mère est partie, mon père venait dans mon lit quand je me reposais. Nous avions une chambre dans un dortoir collectif; mon petit frère n'aimait pas faire la sieste, et il se servait de ce prétexte pour le laisser dehors et nous enfermer.

Pendant les premiers jours, il s'est contenté de me frotter le corps avec les mains. Par la suite, il a commencé à me mettre de force la langue dans la bouche. Puis il a commencé à me bousculer avec la chose dure sur la partie inférieure de son corps. Il se glissait dans mon lit, de jour comme de nuit. Il m'écartait les jambes avec les mains et jouait avec moi. Il a même mis ses doigts dans moi.

Il avait cessé de prétendre que c'était de l'amour paternel. Il me menaçait en disant que si j'en parlais à quelqu'un, je devrais supporter les blâmes de la foule, qu'on m'exhiberait dans les rues avec de la paille sur la tête, parce que j'étais devenue ce qu'ils appelaient une « chaussure abîmée ».

Mon corps qui se transformait rapidement l'excitait de plus en plus, et j'avais de plus en plus peur. J'ai mis un cadenas à la porte de la chambre, mais ça ne le gênait pas de réveiller tous les voisins et il frappait jusqu'à ce que je lui ouvre. Parfois il se faisait même aider par les autres gens du dortoir pour forcer ma porte, ou il leur racontait qu'il devait passer par la fenêtre pour chercher quelque chose parce que j'étais si profondément endormie que je ne l'entendais pas. Parfois, c'était mon frère qui l'aidait sans comprendre ce qu'il faisait. Ainsi, que j'aie ou non cadenassé la porte, il pénétrait dans ma chambre au vu de tout le monde.

Quand je l'entendais cogner, j'étais paralysée de peur et je me recroquevillais sous ma couette en tremblant. Les voisins disaient : « Tu dormais comme une morte, alors ton père a dû entrer par la fenêtre, le pauvre ! »

Je n'osais pas dormir dans ma chambre, je n'osais pas y rester seule. Mon père s'est rendu compte que je trouvais de plus en plus souvent des excuses pour sortir, alors il m'a ordonné d'être de retour à temps pour l'heure du déjeuner tous les jours. Mais je m'effondrais souvent avant même d'avoir fini de déjeuner : il avait mis des somnifères dans ma nourriture. Je n'avais aucun moyen de me protéger.

J'ai pensé plusieurs fois à me tuer, mais je n'avais pas le cœur d'abandonner mon petit frère, qui n'avait personne d'autre que moi. Je maigrissais de jour en jour, puis je suis tombée sérieusement malade.

La première fois que j'ai été admise à l'hôpital militaire, l'infirmière de service a dit au médecin, le docteur Zhong, que mon sommeil était très perturbé. Je me mettais à trembler au moindre bruit. Le docteur Zhong, qui ignorait tout, a dit que c'était à cause de la fièvre.

Même quand j'étais gravement malade, mon père venait à l'hôpital et abusait de moi quand j'étais sous perfusion, incapable de bouger. Un jour, en le voyant entrer dans ma chambre, je me suis mise à hurler de façon incontrôlable ; mon père a dit à l'infirmière de service qui est accourue que j'avais une fièvre terrible. Cette première fois, je n'ai passé que deux semaines à l'hôpital. Quand je suis rentrée, mon frère avait un bleu sur la tête, et il y avait des taches de sang sur son petit manteau. Il m'a dit que quand j'étais à l'hôpital, papa avait été d'une humeur détestable et qu'il trouvait toutes sortes de raisons pour le battre. Ce jour-là, cette bête malade qu'est mon père a pressé mon corps, encore très affaibli, contre lui et a murmuré à mon oreille que je lui avais terriblement manqué !

Je ne pouvais m'arrêter de pleurer. C'était ça mon père ? Il avait eu des enfants seulement pour satisfaire ses envies bestiales ? Pourquoi m'avait-t-il donné la vie ?

Mon expérience à l'hôpital m'avait fait découvrir un moyen de survivre. En ce qui me concernait, les piqûres, les médicaments et les prises de sang, tout était préférable à cette vie avec mon père. Aussi, je me suis mise à me blesser, et je l'ai fait plusieurs fois. L'hiver, je me trempais dans de l'eau froide, puis je sortais dans la neige et la glace ; l'automne, je mangeais de la nourriture avariée ; une fois, désespérée, j'ai tendu le bras pour recevoir un morceau de fer qui tombait pour qu'il m'entaille le poignet gauche. (S'il n'y avait pas eu en dessous un morceau de bois tendre, j'aurais sûrement perdu la main.) Cette fois-là, j'ai gagné soixante nuits de suite de sécurité. Entre l'automutilation et les médicaments, je suis devenue affreusement maigre.

Un peu plus de deux ans plus tard, ma mère a obtenu sa mutation et elle est venue vivre avec nous. Son arrivée n'a pas modifié le désir obscène que mon père avait de moi. Il disait que le corps de ma mère était vieux et flétri, et que j'étais sa concubine. Ma mère ne semblait pas se rendre compte de la situation jusqu'à un jour de février, où mon père m'a battue parce que je ne lui avais pas apporté quelque chose qu'il voulait, et que j'ai hurlé, pour la première fois, prise entre douleur et colère : « Pour qui tu te prends ? Tu bats tout le monde quand tu veux, tu tripotes tout le monde quand ça te chante ! »

Ma mère, qui observait sans prendre parti, m'a demandé ce que je voulais dire. J'avais à peine ouvert la bouche que mon père a dit : « Raconte pas de blagues ! »

J'en avais assez supporté, alors j'ai dit la vérité à ma mère. Je voyais bien qu'elle était bouleversée. Mais quelques heures plus tard, ma mère « raisonnable » m'a dit : « Pour la sécurité de toute la famille, il faut que tu te résignes. Sinon, qu'allons-nous devenir ? »

Tous mes espoirs s'effondraient. Ma propre mère essayait de me persuader d'endurer ce que me faisait mon père, son mari – où était la justice dans tout ça ?

Cette nuit-là, ma température a grimpé à 40 degrés ; une fois de plus on m'a emmenée à l'hôpital, où je suis restée jusqu'à maintenant. Cette fois-ci, je n'ai rien eu à faire du tout pour provoquer ma maladie. Je me suis seulement écroulée, parce que mon cœur s'est brisé. Je n'ai pas la moindre intention de retourner à cette soi-disant maison dorénavant.

Chère Yulong, voilà pourquoi je ne veux pas voir mon père. Quelle sorte de père est-ce là ? Je me tais à cause de mon petit frère et de ma mère (même si elle ne m'aime pas) ; sans moi, ils sont encore une famille comme avant.

Pourquoi j'ai dessiné une mouche, et pourquoi je l'ai faite si belle ?

Parce que j'aimerais bien avoir une vraie mère et un vrai père: une vraie famille où je peux être un enfant, et pleurer dans les bras de mes parents; où je peux dormir tranquille dans mon lit à la maison; où des mains aimantes me caressent la tête pour me réconforter quand je fais un mauvais rêve. Depuis ma petite enfance, je n'ai jamais senti cet amour. J'ai espéré, attendu, mais je ne l'ai jamais eu, et je ne l'aurai jamais plus maintenant, car on n'a qu'une mère et qu'un père.

Une petite mouche gentille m'a montré un jour ce que c'était que le contact de mains aimantes.

Chère Yulong, je ne sais pas ce que je vais faire maintenant. Peut-être que je pourrais venir m'occuper de toi et me rendre utile d'une façon ou d'une autre. Je sais faire beaucoup de choses, et je ne crains pas la peine, tant que je peux dormir en paix. Est-ce que je peux venir? S'il te plaît, écris-moi pour me le dire.

J'aimerais tant savoir où tu es. Pratiques-tu toujours le russe? Prends-tu des médicaments? L'hiver arrive de nouveau, il faut prendre bien soin de toi.

J'espère que tu me donneras une chance de te remercier et de faire quelque chose pour toi. Je n'ai pas de famille, mais j'espère que je pourrai être ta petite sœur.

En te souhaitant du bonheur et une bonne santé!

Tu me manques.

Hongxue, 23 août 1975.

Cette lettre m'a bouleversée, et j'ai eu du mal à maîtriser ma voix pendant le programme de ce soir-là. Par la suite, de nombreux auditeurs m'ont écrit pour me demander si j'avais été malade.

Dès la fin de l'émission, j'ai appelé une amie pour lui demander d'aller chez moi s'assurer que mon fils et sa nourrice allaient bien. Puis je me suis assise dans le bureau vide et j'ai commencé à mettre les papiers en ordre. C'est ainsi que j'ai pris connaissance du journal de Hongxue.

27 février – Neige abondante

Je suis tellement heureuse aujourd'hui ! Mon rêve s'est à nouveau réalisé : je suis de retour à l'hôpital. Cette fois-ci cela n'a pas été trop dur, mais je souffre déjà tant !

Je ne veux plus penser. « Qui suis-je ? Que suis-je ? » Ces questions sont inutiles, comme est inutile tout ce qui m'appartient : mon cerveau, ma jeunesse, mon esprit vif et mes doigts agiles. Maintenant je ne veux plus que dormir profondément, longtemps.

J'espère que les médecins et les infirmières seront un peu négligents, et ne feront pas leurs rondes avec trop d'exactitude ce soir.

Ecrire dans cette chambre d'hôpital chaude et confortable est si agréable.

2 mars – Ensoleillé

La neige a fondu très vite. Hier matin elle était encore d'un blanc immaculé ; aujourd'hui, quand j'ai couru dehors, le peu de neige qui restait était devenu d'un jaune sale, taché comme les doigts de ma compagne de chambre, la Vieille Mère Wang, qui fume comme une cheminée.

J'aime bien quand il neige fort. Tout est blanc et propre ; le vent trace des dessins à la surface de la neige, les oiseaux sautillants laissent des empreintes délicates, et les gens aussi, sans le savoir, laissent de belles marques. Hier, je me suis faufilée dehors plusieurs fois. Le docteur Liu et l'infirmière en chef m'ont grondée : « Tu es folle, sortir avec cette fièvre ! Tu veux ta mort, ou quoi ? » Ce qu'ils disent m'est bien égal. Leurs langues sont acérées, mais je sais qu'à l'intérieur ils sont tendres.

Dommage que je n'aie pas d'appareil photo. J'aimerais bien prendre une photo du paysage sous sa couverture de neige.

17 avril – Soleil (vent plus tard ?)

Il y a une patiente ici qui s'appelle Yulong : à cause de ses rhumatismes chroniques, elle est hospitalisée plusieurs fois par an. L'infirmière Gao ne cesse de faire des bruits de langue en s'indignant qu'une fille aussi jolie et intelligente puisse souffrir d'une maladie si invalidante.

Yulong me traite comme une sœur cadette chérie. Quand elle est là, elle me tient compagnie dans la cour quand je peux quitter ma chambre (les patients n'ont pas le droit de se rendre dans d'autres services. Ils ont peur qu'ils s'infectent les uns les autres ou que cela affecte le traitement). Nous jouons au volley, au badminton ou aux échecs, et nous bavardons. Elle ne veut pas que je me sente seule. Quand elle a quelque chose de bon à manger ou un jeu, elle le partage avec moi.

Une des raisons qui font que j'aime Yulong, c'est qu'elle est très jolie. Il y a longtemps, j'ai entendu dire que les amis commencent à se ressembler après un certain temps. Si je pouvais avoir la moitié de la beauté de Yulong, cela me suffirait bien. Il n'y a pas que moi qui aime Yulong, tout le monde l'aime. Si elle a besoin de faire quelque chose, tout le monde est prêt à l'aider. Elle a aussi des traitements de faveur que n'ont pas les autres. Par exemple, on lui change ses draps deux fois par semaine au lieu d'une, elle a le droit de recevoir des visites dans sa chambre, et elle ne doit jamais attendre longtemps avant qu'on s'occupe d'elle. Les infirmiers trouvent toujours une bonne raison pour tourner autour de sa chambre. Je suis sûre que Yulong a une meilleure nourriture aussi.

Je l'envie vraiment : comme dit la Vieille Mère Wang, une jolie fille porte sa dot sur son front. La Vieille Mère Wang n'aime pas Yulong, pourtant. Elle dit qu'elle lui fait penser au renard des contes, qui séduit les hommes pour causer leur perte.

...

Je m'étais levée en cachette pour écrire, mais le docteur Yu m'a surprise pendant sa ronde de nuit. Elle m'a demandé si j'avais faim et m'a proposé de manger quelque chose. Elle dit qu'on dort mieux avec l'estomac plein.

Dans la salle de garde, l'infirmière Gao a allumé le fourneau et commencé à préparer des nouilles avec des oignons verts croustillants. Tout à coup, il y a eu une coupure de courant. La seule lumière provenait du fourneau. Le docteur Yu est parti en hâte avec une torche pour s'occuper des patients. L'infirmière Gao a continué sa cuisine. Elle semblait habituée à faire des choses dans l'obscurité, et l'odeur des oignons frits a envahi la pièce. La gentille infirmière Gao savait que j'aimais les oignons croquants, alors elle en a mis deux cuillerées rien que pour moi dans mon bol. Le courant est vite revenu et le docteur Yu aussi, et nous

nous sommes assises toutes les trois pour manger. Alors que je me délectais de ma deuxième cuillerée, j'ai dit au docteur Yu que l'infirmière Gao m'avait gâtée en me donnant tous ces oignons.

Soudain, le docteur Yu a repoussé ma cuillère et demandé d'un ton inquiet : « Tu en as avalé ? »

J'ai hoché la tête, surprise. « C'est ma seconde cuillerée. »

L'infirmière Gao elle aussi était stupéfaite. « Qu'est-ce qu'il y a ? Pourquoi nous effrayer ? »

Le docteur Yu a montré d'un doigt nerveux les oignons éparpillés sur le sol. Parmi les oignons verts, il y avait d'innombrables mouches mortes, cuites à point. La chaleur et la lumière du réchaud avaient attiré les mouches hors de leurs cachettes. Affaiblies par l'hiver, elles étaient tombées dans le pot. Dans l'obscurité, personne n'avait rien vu.

Le docteur Yu et l'infirmière Gao ont vite trouvé le bon médicament. Elles ont pris chacune deux cachets et m'en ont donné quatre, à avaler avec une solution sucrée. Les nouilles, qui avaient senti si bon, ont fini dans les toilettes. Elles m'ont rassurée, je ne serais pas malade.

Ma tête est pleine de ces mouches que j'ai mangées. Est-ce que j'ai brisé leurs os et écrasé leurs corps avec mes dents ? Ou est-ce que je les ai avalées entières ?

Mon Dieu ! En tout cas, cela m'a donné une petite histoire drôle à écrire.

21 avril – Pluie légère
J'ai décidé de garder un bébé mouche comme animal de compagnie.

Dimanche dernier, comme je n'avais pas de goutte-à-goutte, j'ai bien dormi jusqu'à ce que je sois réveillée par une légère sensation de frisson sur la peau. Encore à demi endormie, j'étais trop paresseuse pour bouger et je suis restée étendue à me demander d'où venait ce frisson. Quelle qu'en soit la cause, cela a continué à monter et descendre activement le long de ma jambe, mais sans du tout me déranger ou me faire peur. J'avais l'impression d'une paire de mains minuscules qui me caressaient doucement. Je savais gré à cette paire de mains minuscules, et j'ai voulu savoir à qui elles appartenaient. J'ai ouvert les yeux et regardé.

C'était une mouche ! Quelle horreur ! Les mouches sont couvertes de souillures et de microbes.

Mais j'ignorais que les pattes d'une mouche, même si elles sont sales, puissent être aussi douces et agréables.

Pendant plusieurs jours, j'ai attendu ces mains minuscules, mais elles ne sont pas revenues.

Ce matin, alors que je passais une radio après avoir bu une solution de sulfate baryté, j'ai soudain pensé à l'époque où j'avais visité la pièce où ils gardaient les spécimens à l'hôpital, et aux petits animaux que les médecins élevaient pour leurs expérimentations. Je pourrais élever une mouche propre ! Oui, j'allais trouver un bébé mouche et le garder sous ma moustiquaire.

25 avril – Couvert

C'est très difficile de trouver un bébé mouche. Le monde est plein de grosses mouches qui bourdonnent partout et se posent sur les choses les plus sales, les plus malodorantes, mais je n'ose pas les toucher. J'ai vraiment besoin des conseils du docteur Zhong ; c'est un expert en biologie, et il saura sûrement où trouver un bébé mouche. Mais si je lui demande, il pensera que je suis folle.

8 mai – Ensoleillé
Je suis fatiguée, tellement fatiguée.

Il y a deux jours, j'ai fini par attraper un bébé mouche. Il est tout petit. Il se débattait dans une toile d'araignée sur un petit pommier dans le bosquet derrière la cantine. J'ai couvert la mouche et la toile avec un sac de gaze que j'avais fait avec un masque pour le visage et je l'ai emportée dans ma chambre. Comme je passais devant la salle de soins, l'infirmier Zhang m'a demandé ce que j'avais attrapé. J'ai bredouillé la première chose qui m'est passée par la tête : que c'était un papillon, puis je me suis dépêchée de retourner à ma chambre et de plonger sous ma moustiquaire. Une fois dessous, j'ai ouvert lentement le sac de gaze. J'ai été surprise de découvrir que les fibres de la gaze avaient absorbé la toile d'araignée, et que le bébé mouche pouvait bouger librement. J'ai pensé qu'il était épuisé et devait avoir faim après être resté prisonnier je ne sais combien de temps, alors j'ai couru à la salle de garde, volé un petit morceau de gaze et versé dessus un peu de solution glucosée. Puis j'ai couru jusqu'à la cuisine et pris un morceau de viande dans le pot des restes. Quand j'ai été de retour sous ma moustiquaire, le bébé mouche ne semblait pas avoir bougé. Ses ailes minuscules battaient faiblement ; il avait l'air affamé et épuisé. J'ai déposé la viande sur la gaze au goût sucré, et l'ai poussée doucement tout près du bébé mouche. Juste à ce moment-là, j'ai entendu le bruit du chariot à médicaments. C'était l'heure des soins de l'après-midi. Il fallait que je trouve quelque chose pour couvrir la mouche, il me fallait la cacher. J'aime garder de petits emballages, aussi je n'ai pas eu de mal à trouver une boîte avec un couvercle de plastique transparent où mettre la mouche et son nid de gaze. Je venais tout juste de terminer quand l'infirmier Zhang est entré dans ma chambre avec son chariot. Il a dit :

— Et alors, ce papillon ? Montre-moi s'il est joli.

— Je… j'ai trouvé qu'il n'était pas si joli finalement, alors je l'ai laissé partir, ai-je menti en bredouillant.

— Ce n'est pas grave, un jour, je t'en attraperai un beau, a-t-il dit pour me consoler.

Je l'ai remercié, mais j'espérais qu'il allait se dépêcher de s'en aller. J'étais inquiète pour mon bébé mouche.

C'est beaucoup plus compliqué de garder un bébé mouche qu'un chaton. Tout le monde aime les chatons, et quand vous en avez un, les gens vous aident. Mais personne n'aime les mouches. J'ai peur que quelqu'un le tue ou qu'il s'échappe. Je n'ai pas osé mettre le nez dehors ces derniers jours parce que j'ai peur qu'il ait un accident. Je ne dors pas bien la nuit non plus parce que je crains que les médecins et les infirmiers ne le chassent. Je guette le bruit de leurs pas et je sors le bras de la moustiquaire avant qu'ils entrent, pour qu'ils puissent me prendre le pouls et la température sans lever la moustiquaire. C'est comme ça depuis plusieurs jours. Je suis vraiment très fatiguée.

C'est bien mieux que de dormir à la maison, malgré tout. D'ailleurs, mon bébé mouche a l'air d'aller bien mieux maintenant. Il grandit très lentement, il semble à peine avoir grossi. Mais ça me va, car je n'aime pas du tout ces grosses mouches à tête verte. Le bébé mouche se pose toujours sur moi : j'aime la douce sensation sur ma peau, parfois ça me chatouille. J'aime bien aussi quand il s'amuse sur mes joues, mais je ne le laisse pas m'embrasser.

11 mai – Ensoleillé

Je n'ai pas eu besoin de goutte-à-goutte ces derniers jours. Le docteur Zhong a dit qu'ils vont me garder en observation quelques jours de plus et qu'on va essayer un nouveau traitement. Je me fiche de ce qu'ils font, tant que je peux rester ici et ne pas rentrer à la maison.

Mon bébé mouche est merveilleux.

Je lui ai fait une maison, où il peut être en sécurité et se déplacer sans problèmes : il a un toit en gaze, du genre qu'ils utilisent à la cantine pour couvrir la nourriture. Le chef cuisinier me l'a donné parce que j'ai dit que, comme j'avais des goutte-à-goutte tous les jours, je ne pouvais pas prendre mes repas aux heures normales et que je voulais quelque chose pour empêcher les mouches et les insectes de courir sur ma nourriture. Le chef cuisinier est très gentil. Il a tout de suite accepté, et il a même cousu dessus un petit sac en gaze spécialement pour moi, pour garder les bols et les ustensiles au propre. C'est ainsi que la petite mouche possède sa propre maison, mais le plus important c'est qu'elle y est en sécurité. Personne ne pourrait soupçonner qu'il y a une mouche à l'intérieur d'une protection anti-mouches ! Et je n'ai pas besoin de courir à la cantine pour lui trouver de la nourriture : elle peut partager mon riz et mes légumes.

Je peux de nouveau dormir en paix.

Il fait un beau soleil aujourd'hui. J'ai mis la mouche dans sa maison au pied de mon lit et j'ai emprunté la loupe de Vieille Mère Wang pour la regarder manger du sucre.

La mouche ressemble à un petit vieillard sous le verre grossissant ; elle est toute couverte de poils ! Ça m'a tellement étonnée que j'ai dû reposer la loupe. Je ne veux pas la voir si laide. Vue à l'œil nu, elle est très mignonne : son corps est minuscule, on ne peut pas dire si elle est vraiment grise, brune ou noire (peut-être avec des motifs) ; ses ailes brillent dans le soleil comme deux petits diamants ; ses pattes sont si minces qu'elles me font penser aux jambes d'un danseur ; ses yeux sont comme des petites billes de verre. Je n'ai jamais réussi à trouver ses pupilles ; elle ne semble jamais rien regarder fixement.

Mon bébé mouche a l'air vraiment drôle sur la gaze sucrée : ses pattes de devant s'activent tout le temps, d'avant en arrière, en se frottant l'une l'autre comme font les gens quand ils se lavent les mains.

9 juin – Nuageux, puis clair

Je me suis sentie très faible ces deux derniers jours, mais quand vient le moment de mon examen quotidien, je n'ai pas de forte fièvre et ma tension n'est pas particulièrement basse non plus. Aujourd'hui, je pouvais à peine distinguer le volant quand j'ai joué au badminton avec Yulong ; une fois, j'ai failli tomber quand j'ai essayé de me retourner pour lui renvoyer le volant. Ma vision est brouillée, tout me semble entouré d'une ombre qui vacille ; heureusement, le docteur Zhong était de service aujourd'hui. Quand je l'ai mis au courant, il a dit qu'il faudrait que je retourne à l'hôpital général faire une autre prise de sang.

Bon, je ne vais rien écrire d'autre. Je vois double.

Je ne peux pas voir mon bébé mouche voler non plus, il est trop petit. Aujourd'hui, il me semble qu'il y en a deux.

L'infirmier Zhang dit qu'il va me donner quelque chose d'agréable aujourd'hui, mais je suis sur le point de m'endormir et il n'est pas encore venu. Il devait plaisanter. Je ne vais pas continuer à écrire aujourd'hui, j'ai trop sommeil. Bonne nuit, cher journal.

11 juin – ?

Je viens d'arrêter de pleurer. Personne ne comprenait pourquoi je pleurais, les médecins, les infirmiers et les autres malades, tous pensaient que j'avais peur de mourir. En fait, je n'ai pas peur de mourir. Vieille Mère Wang dit : « La vie et la mort ne sont séparées que par un fil. » Je crois que c'est vrai. La mort doit ressembler au sommeil ; j'aime être endormie, loin de ce monde. D'ailleurs, si je mourais, je n'aurais plus besoin de m'inquiéter qu'on me renvoie à la maison. Je n'ai que dix-sept ans, mais je crois que c'est un bon âge pour mourir. Je serai une jeune fille pour l'éternité et ne deviendrai jamais une vieille femme comme Vieille Mère Wang, avec un visage strié de rides.

Je pleurais parce que mon bébé mouche est mort.

Avant-hier soir, je n'avais écrit que quelques lignes dans mon journal, la tête me tournait tellement

40

que je n'ai pas pu continuer. Je me suis levée pour aller aux toilettes, et au moment où j'allais retourner au lit, j'ai vu une paire d'yeux démoniaques qui me fixaient à la tête de mon lit. J'ai eu si peur que j'ai poussé un grand cri et me suis évanouie.

Le docteur dit que j'ai déliré pendant des heures, que je n'ai pas arrêté de crier à propos de mouches, de démons et d'yeux. Vieille Mère Wang a dit à tous les patients que j'étais possédée, mais l'infirmière en chef lui a dit de ne pas raconter de telles bêtises.

Le docteur Zhong savait ce qui m'avait fait peur et il a passé à l'infirmier Zhang un terrible savon. Zhang avait passé plusieurs heures à attraper un grand papillon avec des dessins sur les ailes pour me l'offrir. Il avait épinglé le papillon vivant à la tête de mon lit, dans l'espoir de me faire une belle surprise, sans se douter qu'il pourrait m'effrayer à ce point.

Pendant que je délirais, je n'ai pas pu m'occuper de mon bébé mouche. Quelqu'un avait posé des choses sur ma table de chevet qui l'avaient écrasé dans son sac de gaze. J'ai eu le plus grand mal à le trouver, mais quand j'ai fini par le découvrir, son corps minuscule était déjà complètement racorni.

Pauvre petite mouche, elle est morte avant même d'avoir grandi.

J'ai déposé le bébé mouche délicatement dans une boîte d'allumettes que j'avais depuis longtemps. J'ai pris un peu du matelassage de coton de mon couvre-lit et j'en ai capitonné la boîte avec. Je voulais que le bébé mouche repose un peu plus confortablement.

Demain, j'irai l'enterrer dans le petit bois sur la colline derrière l'hôpital. Il n'y a pas beaucoup de gens qui vont là-bas, c'est très paisible.

12 juin – Couvert, puis nuageux

Ce matin, le ciel était sombre et sinistre. Il faisait gris terne aussi dans les bâtiments ; tout autour de moi reflétait mes sentiments. J'étais constamment au bord des larmes, à penser à la petite mouche qui ne jouerait plus jamais avec moi.

Le docteur Zhong dit que le taux de mes globules blancs est très bas et que c'est pour ça que je me sens faible. A partir d'aujourd'hui, on doit me donner trois flacons de goutte-à-goutte d'un nouveau médicament ; chaque bouteille de 500 ml prend environ deux heures, trois bouteilles vont prendre presque six heures. Ça va être dur de rester seule, allongée ici, à compter chaque goutte. Mon bébé mouche va me manquer.

A midi, le soleil a fait une timide apparition, puis il n'a cessé de se cacher derrière les nuages. Je ne sais pas s'il jouait à cache-cache, ou s'il était trop malade ou trop paresseux pour briller au-dessus de nos têtes. Peut-être son cœur souffrait-il pour le bébé mouche aussi et pleurait-il en secret ?

Le goutte-à-goutte n'était pas encore fini à l'heure du dîner, mais je n'avais pas beaucoup d'appétit. Je voulais enterrer mon bébé mouche pendant qu'il faisait encore jour.

J'ai enveloppé la boîte d'allumettes dans mon mouchoir préféré, et en faisant un détour pour éviter de passer devant la salle de garde, je suis sortie de l'hôpital à la dérobée pour me rendre dans le petit bois sur la colline. J'ai choisi un endroit près d'un rocher qu'on ne pouvait pas voir du pied de la colline, et décidé d'y enterrer la mouche. Je voulais me servir du rocher comme pierre tombale, de façon à pouvoir l'apercevoir facilement de la porte de derrière de l'hôpital. Le sol était très dur et creuser avec les mains était impossible. J'ai essayé de me servir d'un bout de bois, mais c'était trop difficile, alors je me suis mise en quête d'une plus grosse branche. J'ai posé la boîte d'allumettes sur le rocher et grimpé un peu plus haut sur la colline.

Soudain, j'ai entendu quelqu'un qui respirait fort et gémissait de façon étrange. Quelques instants plus tard, j'ai vu une femme et un homme qui se roulaient en tous sens sur un carré d'herbe dans le bois. Je ne voyais pas très bien, mais ils avaient l'air de se battre. La respiration ressemblait à celle d'une personne en train d'agoniser.

Je me suis mise à trembler de peur. Je ne savais pas quoi faire : j'avais vu des scènes de ce genre au cinéma, mais jamais dans la vraie vie. Je savais que j'étais très faible et que je n'avais pas la force d'aider la femme, encore moins de retenir l'homme. J'ai pensé qu'il valait mieux que j'aille chercher du secours. J'ai attrapé en hâte la boîte – je ne pouvais pas abandonner mon bébé mouche seul ici – et je suis rentrée en courant à l'hôpital.

La première personne que j'ai croisée quand j'ai atteint le pied de la colline était l'infirmière en chef, qui me cherchait près de la porte de l'hôpital. J'étais si fatiguée et je haletais si fort que j'étais incapable de parler, mais j'ai montré du doigt la colline. Le docteur Zhong, qui venait de terminer sa garde et s'apprêtait à quitter l'hôpital, est sorti et a demandé ce qui se passait.

Je ne savais pas quoi dire pour leur faire comprendre. « Je pense que quelqu'un va mourir ! »

Le docteur Zhong a escaladé la colline en courant et l'infirmière en chef m'a fait respirer de l'oxygène. J'étais si épuisée que je me suis endormie en l'inhalant.

Quand je me suis réveillée, je suis allée à la salle de garde. Je voulais savoir si on avait sauvé la femme dans le bois et comment elle allait.

Etrangement, l'infirmière Gao, qui était de service, ne m'a rien dit. Elle s'est contentée de me tapoter la tête en disant : « Oh, toi… ! »

« Quoi, moi ? » J'étais décontenancée. Je ne sais toujours pas ce qui est arrivé.

13 juin – Ensoleillé

J'ai trouvé un endroit sûr pour le bébé mouche : un des infirmiers m'a donné une boîte de chocolats à la liqueur cet après-midi. J'aime les chocolats à la liqueur : j'aime percer deux trous dedans avec une aiguille, et puis sucer la liqueur (on ne peut pas tout sucer si on ne fait qu'un trou). Aujourd'hui, alors que j'étais en train de faire ça, j'ai soudain eu une idée. Je pouvais mettre le bébé mouche dans un chocolat à la liqueur que j'avais vidé et le garder au réfrigérateur dans le bureau de service (l'infirmière en chef dit que je peux y conserver de la nourriture). Et ainsi j'ai mis le bébé mouche dans un chocolat à la liqueur, qu'il aurait certainement eu du plaisir à manger. De cette façon, je peux lui rendre visite souvent.

Je suis ingénieuse, non ? Oui ! Du moins, je le crois.

21 juin – Chaud et venteux

Yulong doit sortir demain : je n'ai pas envie qu'elle s'en aille. Quitter l'hôpital, c'est bien pour elle, évidemment.

Que vais-je offrir à Yulong comme cadeau de départ ?

24 juin – Chaud et humide

Yulong est partie : je ne pouvais pas me lever pour lui dire au revoir parce que j'étais sous perfusion. Juste avant son départ, on lui a permis de venir dans ma chambre. Elle m'a caressé doucement la main, qui était couverte de piqûres d'aiguille, et m'a parlé avec affection. Elle m'a conseillé de ne pas me laver les mains à l'eau froide, mais plutôt de les tremper dans de l'eau chaude, pour que les vaisseaux sanguins guérissent plus vite.

Elle m'a aussi donné une paire de gants qu'elle avait tricotée spécialement pour moi. Elle avait prévu de me la donner plus tard, au début de l'hiver. Elle a fait lentement des yeux le tour de ma chambre remplie d'appareils médicaux et m'a félicitée pour son ordre et sa propreté.

Je lui ai demandé si elle savait ce qui était arrivé à la femme sur la colline. Elle ne savait pas de quoi je parlais, alors je lui ai raconté ce que j'avais vu. Elle est restée très tranquille et ses yeux se sont emplis de larmes.

J'ai donné à Yulong un dessin que j'avais fait d'un beau bébé mouche ; je l'avais encadré avec des vieux élastiques, des morceaux de cellophane et du carton. Yulong a dit qu'elle n'avait jamais vu de mouche si joliment dessinée, elle a aussi loué l'originalité de mon cadre.

Je l'ai laissée partir avec tous mes vœux de bonheur, mais j'espérais secrètement qu'elle reviendrait bientôt à l'hôpital me tenir compagnie.

16 juillet – Pluie

Jamais, jamais de la vie je n'aurais pu imaginer que j'avais gâché la vie de Yulong.

Aujourd'hui j'ai reçu une lettre qu'elle m'a envoyée de son village :

Chère Hongxue,

Est-ce que tu vas bien ? On te perfuse toujours ? Ta famille est incapable de s'occuper de toi, alors tu dois apprendre à prendre soin de toi-même. Heureusement, les médecins et les infirmiers de l'hôpital t'aiment tous, et les autres malades aussi. Nous espérons tous que tu retourneras bientôt là où tu devrais être, dans ta famille et avec tes amis.

J'ai été expulsée de l'Ecole militaire et renvoyée dans mon village sous bonne garde : tous les villageois disent que j'ai déçu leur attente.

Je ne t'ai jamais dit que j'étais orpheline. Mes parents sont morts l'un après l'autre – l'un de maladie et l'autre probablement de faim – peu de temps après ma naissance. Les villageois ont eu pitié de moi et m'ont élevée tour à tour. J'ai vécu sur la nourriture d'une centaine de foyers, et grandi en portant les vêtements d'une centaine de familles. Le village était extrêmement pauvre. Les villageois ont privé leurs propres enfants pour pouvoir m'envoyer à l'école ; j'étais la première fille du village à aller à l'école. Il y a quatre ans, l'Ecole militaire est venue dans la région recruter des étudiants parmi les paysans et les travailleurs. Le secrétaire de notre cellule du Parti a fait le voyage de nuit avec moi jusqu'au camp militaire de la préfecture pour me faire accepter. Il a dit que c'était le souhait le plus cher de tous les habitants du village. Les chefs ont raconté mon histoire à leurs camarades, et on a fini par m'accorder une permission spéciale pour suivre l'entraînement pratique, et plus tard rejoindre l'Ecole militaire.

J'ai étudié le russe et les communications militaires dans cette école, où presque tous mes camarades de classe venaient de la campagne. Pour être admis, ce qui comptait surtout c'était la formation politique et il y avait d'énormes différences d'éducation entre les élèves. J'étais la meilleure de la classe parce que j'étais allée au lycée pendant un an. En plus, j'étais apparemment douée pour les langues, car j'avais toujours de bonnes notes en russe. Les enseignants disaient tous que j'avais l'étoffe d'un diplomate, et qu'au pire, je pourrais sans peine devenir interprète. Je travaillais très dur et j'étudiais sans cesse à cause des rhumatismes que j'avais depuis l'enfance. Je voulais montrer ma gratitude aux villageois qui m'avaient élevée.

Hongxue, il y a un an, je n'ai pu continuer à me cacher le fait que j'avais grandi ; j'étais douloureusement consciente d'être devenue une femme. Tu ne comprends pas encore cela, mais tu le comprendras dans quelques années.

Petite sœur, cette femme que tu voulais « sauver » sur la colline derrière l'hôpital, c'était moi.

On ne me faisait pas de mal, j'étais avec mon petit ami...

Le docteur Zhong et les autres médecins nous ont envoyés au bureau de la Discipline militaire. Ils ont emprisonné mon ami et l'ont soumis à des interrogatoires, et j'ai été renvoyée à l'hôpital sous mandat d'arrêt parce que j'avais besoin de soins médicaux.

Cette nuit-là, mon petit ami, qui avait un sens de l'honneur très fort, s'est suicidé. Le lendemain, des responsables du bureau de la Discipline militaire, du bureau de la Sécurité publique – et d'autres services aussi, peut-être – sont venus à l'hôpital pour faire leur enquête. Ils ont dit que j'avais fourni à mon ami « le moyen de commettre un crime en provoquant la perte d'un membre du Parti et du peuple » (ils ont dit que le suicide est un crime). J'ai refusé de dire que j'avais été violée et, au lieu de cela, j'ai juré un amour éternel à mon petit ami.

On m'a renvoyée dans mon village comme une simple paysanne ; c'est le prix que je dois payer pour mon amour. Les villageois m'évitent maintenant, je ne sais pas s'il y a une place pour moi ici.

Mon ami était un homme bon. Je l'aimais beaucoup.

Je ne t'écris pas cette lettre pour te faire des reproches. Je sais que tu es encore jeune, que tu essayais de sauver quelqu'un par bonté de cœur. Promets-moi que cela ne va pas te rendre malheureuse. Sinon, le prix que je paie sera plus lourd encore.

Finalement, petite sœur, es-tu prête à répondre à ces questions :

Pourquoi ne veux-tu pas voir ton père ?

Qu'est-ce qui t'a incitée à dessiner une mouche, et pourquoi l'as-tu faite si belle ?

J'espère que tu seras heureuse et que tu te rétabliras vite.

Tu me manques.

Yulong.

A la lumière de la bougie, le soir, 30 juin 1975.

Maintenant je comprends pourquoi tant de gens m'ont tenue à l'écart ces derniers temps. Ils sont au courant de la tragédie de Yulong, et ils savent que c'est moi la coupable, moi la criminelle qui a causé son malheur.

Yulong, j'ai commis quelque chose d'impardonnable envers toi.

Qui peut me pardonner ?

30 juillet – Chaleur étouffante d'avant orage

Je ne suis presque pas sortie depuis des jours. Je n'ai envie de voir personne. Chaque mot de la lettre de Yulong s'est imprimé dans mon cerveau. Ses questions ne me laissent pas de repos :

Pourquoi ne veux-tu pas voir ton père ?

Qu'est-ce qui t'a incitée à dessiner une mouche, et pourquoi l'as-tu faite si belle ?

Pour répondre à Yulong, il faudra que je me souvienne et retourne en enfer. Mais Yulong a été bannie en enfer à cause de moi. Il faut que moi aussi je fasse le voyage. Je ne peux pas refuser de répondre à sa demande.

Le bébé mouche dort toujours au cœur du chocolat à la liqueur ; rien ne peut plus le déranger maintenant.

En le regardant aujourd'hui, j'ai envié son sort.

8 août – Très chaud

Ces derniers quinze jours, il a fait constamment chaud et humide.

Je ne sais pas ce qui se prépare dans les cieux pour accabler les gens ici et les faire transpirer comme ça.

J'ai besoin de courage, le courage de me souvenir. J'ai besoin de force, et j'ai besoin de volonté.

En pataugeant dans mes souvenirs, la douleur me colle comme de la boue; la haine, qui s'était éteinte dans ce monde blanc de la maladie, revient soudain m'envahir.

Je désire répondre à Yulong, mais je ne sais pas par quoi commencer. Je ne sais pas comment répondre clairement à ses questions. Je sais seulement que ce sera une très longue lettre.

Cela fait trois jours que je n'ai pas osé rendre visite au bébé mouche. Il me parle dans mes rêves… oh, il fait trop chaud!

18 août – Frais
Les cieux ont fini par donner libre cours à leurs sentiments. Le ciel d'automne est dégagé et l'air est pur et frais. Tout le monde semble avoir poussé un soupir de soulagement et chassé l'atmosphère de tristesse de tous ces jours interminables. Les malades, qui étouffaient cloîtrés dans l'hôpital par crainte de la chaleur, trouvent maintenant des raisons de sortir.

Je n'ai pas envie de bouger. Il faut que j'écrive à Yulong. Ce matin, pourtant, j'ai sorti le bébé mouche dans sa boîte d'allumettes pour une promenade d'une demi-heure. Mais je craignais que le chocolat fonde et blesse le bébé mouche, alors je l'ai remis dans le frigidaire dès que possible.

Hier, le docteur Zhong m'a mise en garde quand il a fait sa ronde. Il a dit que même si les résultats d'analyse montraient que je n'avais pas de grave maladie du sang, il était altéré par les fièvres répétées et les effets secondaires des médicaments. Si je ne me reposais pas sérieusement, je risquais d'attraper une septicémie. L'infirmière Gao m'a effrayée en disant que les gens meurent de septicémie. Elle a aussi souligné le fait qu'après dix heures de goutte-à-goutte, je ne devrais pas être à ma table en train d'écrire, sans repos ni exercice. L'infirmier Zhang pensait que j'étais en train d'écrire un article pour les magazines de l'Armée populaire de libération ou de la Jeunesse de Chine et il s'est montré très curieux de voir ce que j'écrivais. J'ai réussi à faire publier plusieurs de mes articles et il doit être mon lecteur le plus enthousiaste.

24 août – Ensoleillé

Aujourd'hui j'ai envoyé une lettre à Yulong en courrier recommandé. La lettre était très épaisse, et l'affranchir m'a coûté tout l'argent que j'avais reçu pour un de mes articles.

J'espérais que ma douleur finirait par disparaître d'une façon ou d'une autre, mais comment faire disparaître ma vie ? Faire disparaître mon passé et mon futur ?

J'examine souvent mon visage de près dans le miroir. Il semble lisse, jeune, mais je sais qu'il est marqué par les expériences ; tant pis pour ma vanité, deux rides d'expression sont apparues, marques de la terreur que je ressens nuit et jour. Mes yeux n'ont rien du lustre ou de la beauté d'une jeune fille, dans leurs profondeurs, il y a un cœur qui lutte. Sur mes lèvres flétries, on a écrasé tout sentiment d'espérance ; mes oreilles, affaiblies par une vigilance constante, ne peuvent même pas supporter le poids d'une paire de lunettes ; les soucis ont terni mes cheveux, alors qu'ils devraient briller de santé.

Est-ce là le visage d'une jeune fille de dix-sept ans ?

Ça veut dire quoi, exactement, être une femme ? Est-ce qu'il faut mettre les hommes dans la même catégorie que les femmes ? Pourquoi sont-ils si différents ?

Les livres et les films peuvent dire qu'il vaut mieux être une femme, je n'arrive pas à le croire. Je n'ai jamais senti cela, et ne le sentirai jamais.

...

Pourquoi cette grosse mouche qui est venue en bourdonnant ici cet après-midi se pose-t-elle tout le temps sur le tableau que je viens de terminer ? Est-ce qu'elle reconnaît le bébé mouche ? Je la chasse, mais elle n'a peur de rien. A vrai dire, c'est moi qui ai peur – si c'était la mère du bébé mouche ?

C'est grave. Il faut…

25 août – Ensoleillé

Hier, je n'avais pas fini d'écrire qu'il a fallu éteindre les lumières.

Cette grosse mouche n'a pas quitté ma chambre aujourd'hui. Elle est très intelligente. Chaque fois que quelqu'un entre, elle se cache, je ne sais pas où. Dès que la voie est libre, soit elle se pose sur mon dessin, soit elle me tourne autour. Je ne sais pas ce qu'elle cherche. J'ai l'impression qu'elle ne veut pas me quitter.

Dans l'après-midi, le docteur Zhong a dit que si mon état de santé se stabilise, on pourra considérer que le traitement aura fait son effet, et que je pourrai rentrer en convalescence à la maison avec une ordonnance de médicaments. L'infirmière en chef a dit qu'ils allaient avoir besoin de lits à partir de l'automne, et que les gens qui ont des maladies qui traînent vont tous devoir quitter l'hôpital.

Rentrer à la maison ? Ça serait terrible !
Il faut que je trouve un moyen de rester.

26 août – Couvert

Je n'ai presque pas fermé l'œil de la nuit. J'ai pensé à plusieurs façons de m'en sortir, mais tout semble impossible. Que faire ?

Le plus simple, c'est sûrement de m'infecter avec une maladie, mais l'accès aux salles des maladies contagieuses est interdit.

Aujourd'hui, j'étais tellement obsédée par la nécessité de trouver un moyen de rester que j'ai manqué une marche à la cantine. Un pied levé dans le vide et je suis tombée. J'ai un gros bleu à la cuisse et une entaille au bras. Quand l'équipe a changé, le docteur Yu a dit à l'infirmière de me mettre un peu plus de pommade sur le bras. Elle a dit que j'avais une constitution faible et que je pouvais facilement attraper une septicémie, et a bien recommandé à l'infirmière de faire attention aux mouches quand elle changerait mon pansement, en expliquant qu'elles sont de grands vecteurs de maladie.

La nuit, l'infirmier de service a dit qu'il y avait des mouches dans ma chambre et qu'il voulait vaporiser de l'insecticide.

Je ne voulais pas que la grosse mouche soit tuée, alors je lui ai raconté que j'étais allergique à l'insecticide. Il a dit qu'il écraserait les mouches pour moi demain. Je ne sais pas où se cache la grosse mouche. J'ai l'intention de laisser la fenêtre ouverte pendant que je dors pour qu'elle puisse s'échapper. Je ne sais pas si cela la sauvera.

27 août – Pluie fine

Je n'ai pas réussi à sauver la grosse mouche. A six heures quarante ce matin, le docteur Yu est venu inspecter la chambre et l'a écrasée sur mon dessin. Je lui ai dit que je voulais garder le dessin, et cela a empêché le docteur Yu d'enlever la grosse mouche, et je l'ai mise dans le frigidaire avec le bébé mouche. Je ne sais pas pourquoi, mais j'ai toujours eu le sentiment qu'elles étaient liées.

Je crois que la blessure de mon bras est légèrement infectée. Elle a enflé en une grosse bosse rouge, et j'ai beaucoup de mal à écrire. Mais j'ai dit à l'élève infirmière qui a changé le pansement que tout allait bien et que ce n'était pas la peine de mettre de la pommade. A ma surprise, elle m'a crue ! Le haut du pyjama d'hôpital à manches longues dissimule mon bras complètement.

J'espère que ça va marcher.

« Les mouches sont de grands vecteurs de maladie. » Les mots du docteur Yu m'ont donné une idée que je vais mettre en pratique. Je me fiche des conséquences, même la mort vaut mieux que de rentrer à la maison.

Je vais écraser la grosse mouche dans l'entaille de mon bras.

30 août – Ensoleillé

Ça marche ! Ma température n'a cessé de grimper et de grimper ces deux derniers jours. Je me sens très mal, mais je suis heureuse. Le docteur Zhong est très surpris de l'aggravation de mon état ; il va me faire passer un autre test sanguin.

Je n'ai pas rendu visite à mon cher bébé mouche ces derniers jours. J'ai des courbatures dans tout le corps.

Bébé mouche, pardonne-moi.

7 septembre

Hier soir, on m'a amenée ici à l'hôpital principal.

Je suis très fatiguée et somnolente. Mon bébé mouche me manque, vraiment.

Et je ne sais pas si Yulong a répondu à ma lettre…

*

Quand j'ai achevé la lecture de ce journal, le soleil dardait ses premiers rayons à l'horizon, et le bruit des gens qui arrivaient pour leur journée de travail commençait à monter des bureaux voisins. Hongxue était morte de septicémie. Dans la boîte aux papiers était inclus un certificat de décès, daté du 11 septembre 1975.

Où était Yulong ? Etait-elle au courant de la mort de Hongxue ? Qui était cette femme dans la quarantaine qui avait déposé la boîte pour moi ? Les articles de Hongxue étaient-ils aussi bien écrits que les papiers de la boîte ? Quand il avait appris la nouvelle du suicide de sa fille, le père de Hongxue avait-il éprouvé du remords ? La mère de Hongxue, qui avait traité sa fille en objet de sacrifice, avait-elle senti vibrer en elle la moindre fibre maternelle ?

Je ne connaissais pas les réponses à ces questions. Je ne savais pas combien de filles victimes d'abus sexuels pleuraient en ce moment même parmi les milliers d'âmes qui rêvaient dans cette ville ce matin-là.

3
L'étudiante

L'histoire de Hongxue me hantait. J'avais l'impression qu'elle me regardait avec des yeux désespérés, m'implorant de faire quelque chose. Un incident qui a eu lieu quelques jours plus tard est venu renforcer ma détermination à trouver un moyen de rendre mon émission de radio plus utile aux femmes.

Ce matin-là, vers dix heures, je venais juste d'arriver sur mon vélo à la station de radio quand une collègue qui faisait partie de l'équipe du matin et s'apprêtait à partir m'a barré le chemin. Elle m'a dit qu'un vieux couple s'était présenté à la radio et clamait haut et fort qu'ils avaient des comptes à régler avec moi.

— A quel sujet ? ai-je demandé, surprise.

— Je l'ignore. Apparemment, ils prétendent que tu es une criminelle.

— Une criminelle ? Qu'entendent-ils par là ?

— Je ne sais pas, mais je crois que tu ferais mieux de les éviter. Quand certains auditeurs sont lancés, on ne peut plus leur faire entendre raison. (Elle n'a pu réprimer un bâillement.) Désolée, c'est plus fort que moi. Il faut que je rentre dormir. C'est un vrai cauchemar de venir à quatre heures et demie pour le premier bulletin. Au revoir.

Je lui ai adressé un signe de main distrait.

J'étais impatiente de savoir de quoi il retournait, mais je devais attendre que l'affaire ait d'abord été traitée par le service des relations extérieures.

A neuf heures du soir, le bureau a fini par me faire parvenir une lettre que lui avait donnée le vieux couple. Le collègue qui me l'a apportée a précisé que c'était un message que leur enfant unique, une fille de dix-neuf ans, avait laissé avant de se suicider. Redoutant que l'émotion ne me trouble pendant mon émission, j'ai fourré la lettre dans la poche de ma veste pour la lire plus tard.

Il était une heure et demie du matin quand je suis sortie du studio. Ce n'est qu'à ce moment-là, quand je me suis écroulée sur mon lit chez moi, que j'ai osé ouvrir la lettre. Elle était maculée de traces de larmes.

Chère Xinran,

Pourquoi n'as-tu pas répondu à ma lettre ? Tu n'as pas compris que j'étais entre la vie et la mort ?

Je l'aime, mais je n'ai jamais rien fait de mal. Il ne m'a jamais touchée, mais un voisin l'a vu m'embrasser sur le front et a raconté à tout le monde que j'étais une femme perdue. Ma mère et mon père sont morts de honte.

J'aime beaucoup mes parents. Depuis que je suis toute petite, j'ai fait de mon mieux pour qu'ils soient fiers de moi, qu'ils soient heureux d'avoir une fille intelligente et belle et ne se sentent pas inférieurs aux autres parce qu'ils n'ont pas de fils.

Maintenant, j'ai déçu leurs espoirs et je leur ai fait perdre la face. Mais je ne comprends pas ce que

j'ai fait de mal. Comment l'amour peut-il être immo-
ral ou offenser la décence publique ?

Je t'ai écrit pour te demander conseil. Je pensais
que tu m'aiderais à expliquer les choses à mes
parents. Mais toi aussi, tu t'es détournée de moi.

Personne ne se soucie de moi. Je n'ai pas de rai-
son de continuer à vivre.

Adieu, Xinran. Je t'aime et te déteste.

Une auditrice fidèle,
Xiao Yu.

Trois semaines plus tard, la première lettre de
Xiao Yu implorant de l'aide est arrivée. Le poids de
cette tragédie m'a brisée. Penser au nombre de jeunes
Chinoises qui avaient dû payer de leurs vies leur
curiosité juvénile était insupportable. Comment pouvait-on mettre en équation l'amour, l'immoralité et la
décence publique ?

Je voulais poser cette question à mes auditeurs et
j'ai demandé à mon directeur si je pouvais prendre
des appels à l'antenne sur ce sujet.

Il a paru alarmé.

— Comment allez-vous vous y prendre pour diri-
ger et contrôler la discussion ?

— Nous sommes à l'époque de la réforme et de
l'ouverture, non ? Pourquoi ne pas essayer ?

Je tentais de trouver des justifications dans le
vocabulaire d'ouverture et d'innovation à la mode
depuis peu.

— La réforme n'est pas la révolution, ouverture
n'est pas synonyme de liberté. Nous sommes le porte-
parole du Parti, nous ne pouvons pas diffuser tout ce
que nous voulons.

En disant cela, il a fait mine de se trancher la gorge. Voyant que je ne céderais pas, il a fini par suggérer que je fasse une émission préenregistrée sur le sujet. Cela voulait dire que le script et tous les entretiens sur bandes seraient soigneusement revus en studio, et qu'après cela l'émission finale serait soumise à approbation avant d'être diffusée. Tous les programmes préenregistrés devaient passer par un si grand nombre d'étapes et d'examens que l'on considérait qu'ils ne présentaient plus de danger. Mais pour les émissions en direct, il y avait beaucoup moins de garde-fous en place. Tout reposait sur la technique et l'habileté du présentateur à mener une discussion en évitant de s'approcher des zones sensibles. Les directeurs écoutaient souvent ces programmes le cœur battant, car certaines erreurs pouvaient leur coûter leur poste, si ce n'est leur liberté.

Ne pas pouvoir prendre d'appels en direct était une déception. Il me faudrait deux ou trois fois plus de temps pour préparer une émission préenregistrée, mais au moins je pourrais en faire une qui soit relativement libre de la « couleur du Parti ». Je me suis mise au travail et j'ai enregistré une série d'entretiens téléphoniques.

Contrairement à mon attente, quand ils ont été diffusés, le public n'a pas réagi. J'ai même reçu une lettre de critique très agressive, anonyme bien sûr :

Autrefois, les émissions de radio n'étaient que des enfilades de slogans et de jargon bureaucratique. On avait fini par trouver un ton légèrement différent, avec quelque chose d'un peu humain, alors pourquoi cette régression ? Le sujet ne manque pas d'intérêt,

*mais la présentatrice évite de s'impliquer en restant
froide et distante. Personne n'a envie d'écouter quelqu'un déclamer de loin de sages aphorismes. Puisque
c'est un thème qui fournit matière à discussion, pourquoi n'autorise-t-on pas les gens à parler librement ?
Pourquoi la présentatrice n'a-t-elle pas le courage de
prendre des appels d'auditeurs à l'antenne ?*

Le ton distant évoqué par cet auditeur mécontent
résultait du long processus par lequel devait passer
l'émission. Les responsables de la censure, habitués
depuis longtemps à travailler dans un certain sens,
avaient supprimé toutes les parties du script où j'avais
essayé d'introduire un ton plus personnel dans mon
commentaire. Ils ressemblaient aux cuisiniers d'un
grand hôtel : ils ne préparaient qu'un seul type de plat
et accommodaient toutes les voix à leur sauce habituelle.

Le Vieux Chen s'est rendu compte que j'étais
blessée et amère.

— Xinran, la colère ne sert à rien. Ne vous arrêtez
pas à cela. Dès qu'on franchit les grilles de cette station de radio, on vous confisque votre courage. Soit
on devient une personne importante, soit un lâche.
Peu importe ce que les autres peuvent dire ou ce que
vous en pensez vous-même, on ne peut y échapper : il
faut choisir entre ces deux personnages. Mieux vaut
affronter cette réalité.

— Bien, lequel des deux êtes-vous donc ? lui ai-je
demandé.

— Je suis les deux. A mes propres yeux, je suis
très important ; pour les autres, je suis un lâche.
Mais les catégories cachent toujours des réalités plus

complexes. Vous vous interrogiez sur les liens entre l'amour, la tradition et la morale. Comment distinguer entre ces trois choses ? Chaque culture, chaque sensibilité les perçoit différemment. Les femmes élevées de façon traditionnelle rougissent à la vue d'un homme torse nu. Dans les boîtes de nuit, il y a des jeunes filles qui s'affichent à demi nues.

— Ce n'est pas un peu exagéré ?

— Exagéré ? Le monde véritable des femmes est plein de contrastes encore plus frappants. Si vous voulez approfondir votre compréhension des femmes, vous devriez essayer de trouver un moyen de sortir de cette station de radio et d'aller étudier la vie sur le terrain. Rester assise dans un studio toute la journée ne vous mène pas à grand-chose.

Le Vieux Chen avait raison. Il me fallait observer de plus près la vie des femmes ordinaires et laisser mûrir mes idées. Mais, à une époque où voyager était soumis à toutes sortes de restrictions, même pour les journalistes, ce n'était pas chose facile. J'ai commencé par mettre à profit toutes les occasions qui se présentaient, en recueillant des informations sur les femmes au cours de voyages professionnels, de visites à des amis et à la famille, et pendant les vacances. Je mêlais ces matériaux à mes émissions et notais les réactions que cela provoquait chez mes auditeurs.

Un jour, alors que je me hâtais de quitter l'université, où je donnais des cours en qualité d'intervenante extérieure, pour me rendre à la station de radio – le campus était une ruche bourdonnante d'activité à l'heure du déjeuner, et je devais me frayer un chemin avec ma bicyclette parmi une foule d'étudiants –, j'ai surpris une conversation entre plusieurs jeunes filles qui semblait avoir un rapport avec moi :

— Elle prétend que les Chinoises sont très traditionnelles. Je ne suis pas d'accord. Les Chinoises ont une histoire, mais elles ont aussi un avenir. Combien de femmes sont encore traditionnelles ? Et d'abord, qu'est-ce qu'on entend par traditionnel ? Les gilets matelassés qu'on ferme sur le côté ? Porter un chignon ? Les chaussures brodées ? Se couvrir le visage en présence d'un homme ?

— Je crois que la tradition dont elle parle est un concept, comme les principes transmis par les ancêtres, ou quelque chose de ce genre. Je n'ai pas écouté son émission hier soir, je ne suis pas sûre.

— Je n'écoute jamais les émissions pour femmes, seulement celles où il y a de la musique.

— Moi, je l'ai écoutée, j'aime m'endormir en écoutant son émission. Elle passe de la belle musique, et sa voix est apaisante. Mais je n'aime pas la façon qu'elle a de parler toujours de la soi-disant bonté des femmes. Est-ce qu'elle entend par là que les hommes sont des sauvages ?

— Je crois que oui, un peu. Ce doit être le type de femme qui se comporte en princesse gâtée dans les bras de son mari.

— Va savoir ! C'est peut-être le type de femme qui force son vieux mari à s'agenouiller à ses pieds pour passer sa colère sur lui.

J'étais stupéfaite. J'ignorais que les jeunes filles pouvaient s'exprimer ainsi. Comme j'étais pressée, je ne me suis pas arrêtée pour leur demander de préciser leurs opinions comme je l'aurais fait habituellement, mais j'ai décidé de consacrer une partie de mon temps à bavarder avec des étudiantes. Puisqu'il m'arrivait de travailler à l'université en tant qu'intervenante extérieure, il m'était facile d'organiser des entretiens sans passer par les tracasseries administratives. C'est toujours parmi les étudiants que naissent les révolutions ; ces jeunes étaient à la pointe de la vague de changements qui s'opéraient dans la mentalité des Chinois.

On m'a parlé d'une jeune femme qui appartenait à la génération « montante » à l'université et s'était fait connaître pour la hardiesse de ses opinions et de ses initiatives. Son nom avait un joli son : Jin Shuai, « général en or ». Je lui ai donné rendez-vous dans une maison de thé.

Jin Shuai ressemblait plus à un cadre du Parti qu'à une étudiante. Son visage ne présentait rien de remarquable en soi, mais elle forçait l'attention. Elle portait un tailleur bleu marine bien coupé qui flattait sa silhouette, une chemise élégante et de hautes et séduisantes bottes de cuir. Ses longs cheveux n'étaient pas attachés.

Nous sirotions du thé Dragon Well dans de petites tasses laquées d'un rouge vermillon.

Jin Shuai a tout de suite renversé les rôles en posant la première question.

— Alors, Xinran, est-ce que vous êtes vraiment aussi calée que les gens le prétendent ?

Désireuse de l'impressionner, j'ai cité plusieurs livres d'histoire et d'économie.

Cela ne l'a pas impressionnée.

— Que peuvent vous enseigner ces vieux volumes poussiéreux sur les besoins et les désirs réels des gens ? Ils ne savent que discourir sans fin sur des théories creuses. Si vous voulez lire des livres utiles, essayez plutôt *La Gestion commerciale moderne, L'Etude des relations personnelles,* ou *La Vie d'un entrepreneur.* Au moins, ceux-là peuvent aider à gagner de l'argent. Pauvre de vous, vous êtes en contact avec tous ces gens importants, sans compter vos milliers d'auditeurs, et vous continuez à vous éreinter jour et nuit pour un salaire de misère. Vous avez gâché tellement de temps à lire tous ces livres que vous avez laissé passer votre chance.

J'ai protesté :

— Non, chacun fait des choix dans la vie…

— Hé, ne le prenez pas mal. Est-ce que ce n'est pas votre travail, de répondre aux questions des auditeurs ? J'en ai d'autres à vous poser. De quelle philosophie se réclament les femmes ? Que signifie le mot « bonheur » pour une femme ? Et qu'est-ce qui fait d'une femme une femme « bien » ?

Jin Shuai a avalé sa tasse d'un trait. J'ai décidé de lui laisser les rênes en espérant qu'elle finirait par révéler le fond de sa pensée.

— Je voudrais savoir ce que vous en pensez, vous, ai-je dit.

— Moi ? Mais je suis étudiante en sciences, je ne connais rien aux questions sociales.

Elle était devenue étrangement modeste, mais je savais que j'arriverais à la convaincre d'aller plus loin.

— Mais vos opinions ne se limitent pas à la science, ai-je insisté.

— C'est-à-dire, oui, bien sûr, j'ai quelques opinions.

— Pas seulement quelques-unes. Vous êtes connue pour vos opinions.

— Je vous sais gré de votre estime.

Pour la première fois, elle usait de ce ton respectueux qui était, du moins l'avais-je cru jusqu'alors, celui des étudiants de l'université. J'ai saisi l'occasion pour lui demander :

— Vous êtes une jeune femme intelligente et séduisante. Vous considérez-vous comme une femme « bien » ?

— Moi ?

Elle a semblé un instant indécise, puis a répliqué d'une voix ferme : « Non. » Cela a piqué ma curiosité.

— Pourquoi ?

— Mademoiselle, deux autres thés Dragon Well, s'il vous plaît.

L'assurance avec laquelle elle avait passé sa commande témoignait de l'aisance que donne la richesse. Elle a repris :

— Je n'ai ni la douceur ni la conscience qu'il faut. Une Chinoise « bien » est conditionnée, elle se comporte de façon douce, humble, et se conduit de même au lit. C'est pour ça que les Chinois disent que leurs épouses manquent de sex-appeal, et les femmes subissent leur oppression, persuadées que c'est leur faute. Elles doivent supporter les douleurs de la menstruation et de l'accouchement, et elles travaillent comme des hommes pour nourrir leurs familles quand leurs maris ne gagnent pas assez. Les hommes épinglent des photos de femmes séduisantes au-dessus de leur lit pour s'exciter, alors que leurs épouses se reprochent leurs corps usés par les travaux. En tout cas, aux yeux des hommes, une femme « bien », ça n'existe pas.

J'ai émis des doutes. Jin Shuai n'avait pas besoin d'encouragement pour développer son argument.

— Quand les hormones des hommes se déchaînent, ils vous jurent un amour éternel. Cela a donné lieu à des milliers de pages de poésie à travers les siècles : un amour aussi profond que les océans ou ce genre de choses. Mais les hommes qui aiment de cette façon n'existent que dans les histoires. Dans la réalité, ils se défilent en prétendant qu'ils n'ont pas rencontré la femme qui serait digne d'un tel amour. Ils se servent de la faiblesse des femmes pour les asservir, ils sont très forts pour ça. Quelques mots d'amour ou de compliments suffisent à rendre une femme heureuse pendant longtemps, mais tout ça n'est qu'illusion.

« Regardez ces vieux couples qui se sont épaulés l'un l'autre pendant des dizaines d'années. On pourrait croire que l'homme va s'en contenter, mais donnez-lui-en l'occasion, et il rejettera la vieille pour en prendre une jeune. La raison qu'il ne manquera pas d'invoquer, c'est que sa femme ne vaut rien. Ceux qui entretiennent des maîtresses sont encore pires ; pour eux, les femmes valent encore moins. Ils les traitent comme des jouets. Et ils méprisent leurs maîtresses, sinon ils les auraient épousées depuis longtemps.

Jin Shuai a marqué une pause et pris un air solennel.

— Vous savez quel genre de femme veulent les hommes ?

— Je ne suis pas spécialiste, ai-je répliqué avec franchise.

Elle a repris avec un air d'autorité :

— Ils veulent une femme qui soit une épouse vertueuse, une bonne mère, capable de faire toutes les tâches ménagères comme une servante. A l'extérieur de la maison, elle doit être séduisante et bien éduquée, pour leur faire honneur. Au lit, elle doit être nymphomane. En plus, les Chinois ont aussi besoin que leurs femmes s'occupent de leurs finances et gagnent beaucoup d'argent, pour qu'ils puissent se mêler aux riches et aux puissants. Les Chinois modernes déplorent l'abolition de la polygamie. Le vieux Gu Hongming, à la fin de la dynastie des Qing, a dit que « l'homme est fait pour avoir quatre femmes, comme la théière quatre tasses ». Et les Chinois de notre époque veulent une tasse supplémentaire pleine d'argent.

« Dans ces conditions, dites-moi, combien de Chinoises sont capables de satisfaire à toutes ces exigences ? Toutes les femmes sont mauvaises, selon ces critères.

Deux hommes assis à une table voisine tournaient de temps en temps la tête pour regarder Jin Shuai. Nullement intimidée, elle a poursuivi :

— Vous savez ce qu'on dit : « Les épouses des autres sont toujours mieux, mais les meilleurs enfants, ce sont les nôtres. »

— Oui, ai-je acquiescé, soulagée de pouvoir enfin me targuer de savoir quelque chose.

Elle a réfléchi un instant puis continué :

— J'ai lu un livre sur l'amour qui disait : « Un lion affamé mangera un lapin s'il ne trouve rien de mieux, mais une fois le lapin terrassé, il l'abandonnera pour donner la chasse à un zèbre… » Le tragique, c'est qu'autant de femmes intègrent ce jugement de « mauvaises femmes » que les hommes portent sur elles.

J'avais le sentiment que Jin Shuai me comptait au nombre de ces femmes, et j'ai rougi légèrement. Elle n'a pas paru s'en apercevoir.

— Xinran, savez-vous que ce sont les femmes vraiment mauvaises qui sont les plus chanceuses ? Je suis d'accord avec le dicton : « L'argent rend les hommes méchants ; la méchanceté rend les femmes riches. » N'allez pas vous imaginer que toutes les étudiantes ici sont pauvres. Bon nombre de jeunes femmes vivent dans un certain confort sans recevoir le moindre sou de leurs parents. Certaines filles ne pouvaient même pas se permettre de manger de la viande à la cantine quand elles ont débarqué à l'université, et maintenant elles portent du cachemire et des bijoux. Elles se déplacent en taxi et résident à l'hôtel. Mais ne vous méprenez pas, elles ne vendent pas toujours leurs corps.

Jin Shuai a vu que j'étais scandalisée, mais elle a continué avec un sourire :

— Aujourd'hui, les hommes riches deviennent plus exigeants dans leurs demandes de compagnie féminine. Ils veulent pouvoir se montrer avec une « secrétaire privée » ou une « accompagnatrice » qui soit cultivée. Etant donné la pénurie générale de talents en Chine, où trouver ailleurs qu'à l'université autant de « secrétaires privées » ? Une femme sans diplômes ne réussira à attirer qu'un petit entrepreneur ; plus vous êtes instruite, plus vous avez de chances d'en harponner un gros. Une « secrétaire privée » ne travaille que pour un seul homme, une « accompagnatrice » travaille pour plusieurs. Il y a trois degrés dans l'« accompagnement ». Le premier consiste à suivre les hommes au restaurant, dans les boîtes de nuit et les bars de karaoké. Le second inclut de les accompagner en d'autres occasions telles qu'une soirée au théâtre, au cinéma et ce genre de choses ; nous appelons cela « vendre de l'art mais pas son corps ». Bien sûr, les laisser vous tripoter tout habillée fait partie du marché. Le troisième degré implique d'obéir au doigt et à l'œil jour et nuit, sexe compris. Ce genre de « secrétaire privée » ne dort pas à l'université, sauf les rares fois où le patron rentre chez lui. Mais en général, il vous laisse la chambre d'hôtel qu'il loue, pour vous trouver plus facilement dès son retour. En tant que « secrétaire privée », tous vos repas, vêtements, logement et frais de transport sont pris en charge. Personne n'ose contrarier quelqu'un de si intime avec le patron. Vous n'êtes pas sous la coupe d'un homme, alors, mais au-dessus d'un millier ! Si vous êtes intelligente, vous réussissez vite à obtenir un véritable pouvoir, et si vous êtes vraiment futée, vous n'aurez plus jamais de soucis d'argent.

Elle s'est versé une autre tasse de thé.

— Ne dit-on pas : « L'époque fait l'homme » ? La « secrétaire privée » en Chine est une création de la politique de réforme et d'ouverture de Deng Xiaoping. Dès que la Chine a commencé à s'ouvrir, tout le monde s'est lancé dans la course à l'argent ; tout le monde ambitionnait de devenir patron. Nombreux sont ceux qui rêvent de richesse, mais bien peu réussissent. Vous avez remarqué que tout le monde porte le titre de « directeur général » sur sa carte de visite ? Peu importe la taille de l'entreprise, les sociétés prennent immanquablement des noms pompeux.

« Et comment tous ces hommes pourraient-ils démarrer une société sans secrétaire ? Ils perdraient la face. Une secrétaire huit heures par jour ne suffit pas, il faut quelqu'un de disponible à tout moment pour tout organiser. Ajoutez à cela la loi de l'attraction sexuelle, et les occasions abondent pour les jolies filles. Ce qui explique que des jeunes femmes habillées à la mode courent d'un de ces respectables ministères à l'autre en accélérant le développement économique de la Chine.

« Les étrangers qui prétendent avoir des droits sur notre économie ont eux aussi besoin de secrétaires privées pour s'imposer. Ils ne comprennent rien à la Chine ni à ses coutumes. Sans l'aide de leurs secrétaires, les responsables chinois corrompus les réduiraient en bouillie en deux temps trois mouvements. Pour être secrétaire d'un étranger, il faut parler une langue étrangère.

« La plupart des "secrétaires privées" ont des vues tout ce qu'il y a de réaliste. Elles savent que leurs patrons n'abandonneront jamais leur famille. Seule une idiote prendrait leurs mots doux pour de l'amour. Il y a évidemment quelques idiotes, mais je n'ai pas besoin de vous raconter comment cela se termine.

J'avais écouté l'exposé de Jin Shuai sur ce monde de secrétaires privées et d'accompagnatrices bouche bée d'étonnement. J'avais l'impression que nous n'appartenions pas au même siècle, encore moins au même pays.

— Ça se passe vraiment ainsi ? ai-je bredouillé.

Jin Shuai était confondue par ma naïveté.

— Bien sûr ! Laissez-moi vous raconter une histoire vraie. J'ai une grande amie, Ying'er, une fille

gracieuse, aimable, grande et mince, avec un joli
visage et une belle voix. Ying'er était une étudiante
talentueuse de l'Ecole des beaux-arts. Elle chantait et
jouait de toutes sortes d'instruments ; la musique, les
sourires et les rires l'accueillaient partout où elle
allait. Les hommes comme les femmes recherchaient
sa compagnie. Il y a deux ans, Ying'er était en
seconde année, elle a rencontré à un bal un directeur
de société taiwanais du nom de Wu. Il était beau et
élégant ; la société immobilière qu'il dirigeait à
Shanghai marchait bien, et il voulait ouvrir une succursale à Nankin. Mais quand il est arrivé ici, il avait
du mal à se débrouiller avec toutes les réglementa-
tions commerciales. Il a dépensé des milliers de dollars, mais au bout de six mois, il n'était pas plus
avancé.

« Ying'er a pris Wu en pitié. Avec son intelligence, ses manières agréables et ses relations, elle a
arrangé les histoires de paperasseries avec l'Office du
commerce, les douanes, le conseil municipal et la
banque. Le bureau de la succursale a vite été opéra-
tionnel. Wu débordait de gratitude. Il a loué une suite
dans un hôtel quatre étoiles pour elle et couvert toutes
ses dépenses. Ying'er était une femme du monde, et
l'attitude de gentleman de Wu l'a conquise. Il ne se
comportait pas comme ces gros bonnets qui pensent
que l'argent peut tout acheter. Elle a décidé d'arrêter
d'accompagner d'autres hommes, et de se consacrer à
plein temps à Wu et à sa succursale de Nankin.

« Un jour, vers trois heures du matin, Ying'er
m'a téléphoné pour m'annoncer d'une voix débordante d'optimisme : "Cette fois-ci, c'est pour de bon.
Mais pas de panique, je ne lui ai pas parlé de mes

sentiments. Je sais bien qu'il est marié. Il dit qu'elle a
été une bonne épouse. Il m'a montré leurs photos de
mariage : ils sont bien assortis. Je n'ai pas l'intention
de briser sa famille, c'est assez qu'il se montre généreux avec moi. Il est très amoureux ; quand je me sens
déprimée ou que je me mets en colère, il ne m'en tient
pas rigueur. Quand je lui ai demandé pourquoi il était
si patient avec moi, il a dit : 'Comment un homme
peut-il prétendre s'appeler un homme s'il en veut à
une femme de souffrir ?' As-tu jamais entendu des
paroles aussi tendres ? Bon, je ne veux pas te déranger plus longtemps, je ne voulais pas garder ça pour
moi. Bonne nuit, ma chérie."

« A la suite de ce coup de fil, j'ai mis du temps à
me rendormir ; je me demandais si un amour aussi
idéal entre homme et femme pouvait exister vraiment.
J'espérais que Ying'er en apporterait la preuve et me
donnerait un peu d'espoir.

« Je n'ai plus vu Ying'er pendant plusieurs mois,
elle était plongée dans sa béatitude amoureuse. Quand
je l'ai revue, sa maigreur et ses traits tirés m'ont surprise. La femme de Wu avait écrit à son mari qu'il
devait choisir entre divorcer ou quitter Ying'er.
Naïvement, Ying'er croyait que Wu la choisirait, car
il semblait incapable de se passer d'elle. D'ailleurs, sa
fortune était assez importante pour que la diviser par
deux ne mette pas en péril ses affaires. Mais quand il
s'est trouvé confronté à sa femme, qui était venue de
Taiwan, il a déclaré qu'il ne pouvait laisser ni sa
femme ni sa fortune, et il a demandé à Ying'er de disparaître de sa vie. Ils lui offraient 10 000 dollars pour
la remercier de l'aide qu'elle leur avait apportée dans
leur succursale de Nankin.

« Ying'er était effondrée ; elle a demandé à s'entretenir un instant seule avec Wu pour lui poser trois questions. Elle lui a demandé si sa décision était définitive ; il a dit que oui. Elle lui a demandé s'il était sincère dans ses déclarations d'affection par le passé ; il a dit que oui. Finalement, Ying'er lui a demandé comment ses sentiments pouvaient avoir changé ainsi ; il a répliqué cyniquement que le monde était en perpétuel changement, avant de déclarer que son quota de trois questions était épuisé.

« Ying'er a repris sa vie d'accompagnatrice, bien convaincue que l'amour véritable n'existe pas. Cette année, moins de deux mois après avoir empoché son diplôme universitaire, elle a épousé un Américain. Dans la première lettre qu'elle m'a envoyée d'Amérique, elle m'écrit : "Ne pense jamais à un homme comme à l'arbre à l'ombre duquel tu peux te reposer. Les femmes ne sont que de l'engrais, qui se décompose pour permettre à l'arbre de se fortifier… L'amour véritable n'existe pas. Les couples qui paraissent s'aimer restent ensemble par intérêt personnel, que ce soit pour l'argent, le pouvoir ou l'influence."

« Quel dommage que Ying'er ait compris cela trop tard !

Jin Shuai, émue par le sort de son amie, s'est tue.

— Jin Shuai, avez-vous l'intention de vous marier ? ai-je demandé, curieuse.

— Je n'y ai pas beaucoup songé. Je ne comprends pas l'amour. Je connais un professeur qui abuse de son pouvoir pour distribuer ses notes d'examen. Il convoque les étudiantes les plus jolies pour une conversation à cœur ouvert ; ils parlent sur le chemin qui mène à une chambre d'hôtel. C'est un secret de polichinelle, tout le monde le sait à part son épouse. Elle, elle parle avec satisfaction de la façon dont son mari la gâte : il lui achète tout ce qu'elle veut et se charge du ménage, il dit qu'il ne supporte pas qu'elle le fasse. Qui pourrait croire que ce professeur lubrique et ce mari dévoué sont un seul et même homme ?

« Ils disent : "Les femmes privilégient l'émotion, les hommes la chair." Si c'est la vérité, pourquoi se marier ? Les femmes qui restent avec un mari infidèle sont des idiotes.

J'ai dit alors que les femmes étaient souvent victimes de leurs émotions et j'ai raconté à Jin Shuai l'histoire d'une femme professeur d'université que je connaissais. Plusieurs années auparavant, son mari, lui aussi universitaire, s'était rendu compte que beaucoup de gens gagnaient de grosses sommes d'argent en créant leur propre entreprise. Il mourait d'envie de quitter son poste et de se lancer dans l'aventure. Sa femme lui avait fait remarquer qu'il n'était pas un gestionnaire et n'avait pas les compétences pour se lancer dans la bataille, ce qu'il savait, c'était enseigner, faire des recherches et écrire. Son mari l'avait accusée de le mépriser et s'était mis en devoir de lui prouver qu'elle se trompait. Cela s'était soldé par une faillite spectaculaire : il avait épuisé toutes les économies de la famille sans rien gagner en retour. Son épouse était devenue le seul soutien de la famille.

Son mari au chômage refusait de l'aider à la maison. Quand elle lui demandait un coup de main, il refusait sous prétexte qu'on ne pouvait pas lui demander à lui, un homme, d'avoir des occupations féminines. Elle partait tôt le matin au travail et rentrait tard, titubant de fatigue. Son mari, qui ne sortait jamais de son lit avant une heure de l'après-midi et passait sa journée à regarder la télévision, prétendait qu'il était encore plus épuisé par le stress du chômage. Il ne dormait pas bien, il n'avait pas d'appétit, et il avait besoin d'une nourriture saine et de qualité pour reconstituer ses forces.

Sa femme consacrait tout son temps libre à donner des cours privés pour gagner un peu plus, et son mari la critiquait parce qu'elle se négligeait. Il ne pensait pas un instant à la façon dont le reste de la famille était nourri et habillé. Elle ne voulait pas dépenser d'argent à acheter des produits de beauté ou de nouveaux vêtements pour elle, mais son mari ne manquait jamais de beaux costumes et de chaussures en cuir. Il ne rendait pas justice à ses efforts, et se plaignait qu'elle n'était pas aussi bien habillée et élégante qu'avant, en la comparant à son désavantage à des femmes plus jeunes et plus séduisantes. En dépit de toute son éducation, il se comportait comme un paysan anxieux de prouver son pouvoir et sa position d'homme.

Les collègues d'université de la femme lui ont reproché en plaisantant de trop gâter son mari. Certaines de ses étudiantes ont aussi exprimé leur désapprobation. Elles lui ont demandé pourquoi elle se mettait en quatre pour un homme qui n'en valait pas la peine. La femme a répliqué d'un ton désespéré : « Il m'aimait beaucoup autrefois. »

Mon histoire a mis Jin Shuai hors d'elle, mais elle a reconnu que c'était une situation très courante.

—Plus de la moitié des familles chinoises sont composées de femmes qui travaillent trop et d'hommes qui soupirent après leurs ambitions perdues, critiquent leurs femmes et font des crises de nerf. En plus, beaucoup de Chinois pensent que dire un mot gentil à leur femme est indigne d'eux. Je ne comprends pas pourquoi. Comment un homme qui vit sans aucun complexe sur le dos d'une faible femme peut-il encore se respecter ?

— Vous parlez comme une féministe, l'ai-je taquinée.

— Je ne suis pas féministe, mais je n'ai pas trouvé d'hommes dignes de ce nom en Chine. Dites-moi, combien de femmes vous ont écrit pour vous dire qu'elles sont heureuses en ménage ? Et combien de Chinois vous ont déjà demandé de lire une lettre d'amour adressée à leur femme ? Pourquoi les Chinois pensent-ils que dire « Je t'aime » à leur femme les diminue en tant qu'hommes ?

Les deux hommes à la table voisine faisaient des gestes dans notre direction. Je me demandais comment ils interprétaient la véhémence que trahissaient les traits de Jin Shuai.

— Eh bien, c'est quelque chose que les hommes disent en Occident à cause de leur culture.

Je tentais de défendre par là le fait que je n'avais jamais reçu de lettres de ce genre.

— Quoi, vous pensez que c'est une différence de culture ? Non, si un homme n'a pas le courage de dire ces mots-là à la femme qu'il aime à la face du monde, il ne mérite pas le nom d'homme. En ce qui me concerne, il n'y a pas d'hommes en Chine.

Je n'ai rien rétorqué. Face à ce cœur de femme, si jeune et pourtant dur comme la pierre, que pouvais-je rétorquer ? Mais Jin Shuai a ri.

— Mes amies disent que la Chine a fini par s'aligner sur le reste du monde en ce qui concerne les sujets de conversation. Depuis que nous n'avons plus à nous inquiéter pour la nourriture ou les vêtements, nous discutons des relations entre les hommes et les femmes à la place. Mais je pense que la question des hommes et des femmes est plus complexe que ça en Chine. Il faut se débrouiller avec plus de cinquante groupes ethniques différents, les changements politiques innombrables et toutes sortes de prescriptions sur la façon de se comporter et de s'habiller des femmes. Nous avons même plus de dix mots différents pour «épouse».

Un instant, Jin Shuai a eu l'air d'une jeune fille innocente, insouciante. Son enthousiasme lui allait mieux que l'uniforme de cadre du Parti et je la préférais ainsi.

— Xinran, a-t-elle repris, et si on parlait de tous ces fameux dictons qu'on associe aux femmes. Par exemple: «Une femme bien ne connaît qu'un seul homme.» Combien de veuves dans l'histoire de la Chine n'ont pas même envisagé de se remarier par respect pour la réputation de leur famille? Combien de femmes ont «émasculé» leur nature féminine pour sauver les apparences? Oh, je sais, «émasculer» n'est pas le mot approprié, mais il dit bien ce qu'il veut dire. Il y a encore des femmes comme ça de nos jours dans les campagnes. Et puis, il y a celui à propos du poisson…

— Quel poisson?

Je n'avais jamais entendu cette expression et je devais sembler bien ignorante aux yeux de la jeune génération. Jin Shuai a poussé un soupir ostentatoire et tapoté la table de ses ongles vernis.

— Oh, pauvre Xinran. Vous en savez si peu sur les femmes. Comment pouvez-vous espérer comprendre les hommes ? Laissez-moi vous expliquer. Quand les hommes ont bu, ils se mettent à dresser des listes de définitions sur les femmes. Les amoureuses sont des « espadons », avec du goût mais des arêtes. Les secrétaires privées sont des « carpes », plus vous les « mijotez », meilleures elles sont. Les épouses des autres hommes sont des « *fugu* japonais », en manger une bouchée peut tuer, mais risquer la mort est source de fierté.

— Et comment nomment-ils leurs propres épouses ?

— « Morue salée ».

— « Morue salée » ? Pourquoi ?

— Parce que la morue salée se conserve longtemps. Quand il n'y a rien d'autre, la morue est bon marché et ça fait un plat consistant avec du riz. Bon, faut que j'aille « travailler ». Vous n'auriez pas dû me laisser divaguer comme ça si longtemps. Pourquoi n'avez-vous rien dit ?

Tout occupée que j'étais par la surprenante comparaison entre épouse et morue salée, je n'ai pas réagi.

— N'oubliez pas de répondre à mes trois questions pendant votre émission : De quelle philosophie se réclament les femmes ? Que signifie le mot « bonheur » pour une femme ? Et qu'est-ce qui fait d'une femme une femme « bien » ?

Jin Shuai a fini son thé, attrapé son sac à main et elle est partie.

J'ai longtemps médité les questions de Jin Shuai, mais j'ai fini par m'avouer que je ne connaissais pas les réponses. Il semblait y avoir un tel fossé entre sa génération et la mienne. Au cours des années qui ont suivi, j'ai souvent eu l'occasion de m'entretenir avec des étudiantes. Le tempérament, les manières et le style de vie de la nouvelle génération de Chinoises, qui avaient grandi au moment où le pays s'ouvrait à l'économie de marché, étaient complètement différents de ceux de leurs parents. Mais bien qu'elles aient des théories hautes en couleur sur la vie, leurs idées n'étaient bâties que sur du sable.

Pouvait-on leur en faire grief ? Je n'étais pas de cet avis. Quelque part, il y avait eu un manque dans leur éducation qui les avait faites ainsi. Elles n'avaient pas grandi dans un environnement affectif normal.

Depuis les lointaines sociétés matriarcales, les Chinoises ont toujours eu un statut inférieur. Elles étaient considérées comme des marchandises, elles faisaient partie des biens qu'on se partageait comme la nourriture, les ustensiles et les armes. Par la suite, on leur a permis de pénétrer dans le monde des hommes, mais elles ne pouvaient exister qu'à leurs pieds – entièrement dépendantes de la bonne ou mauvaise humeur des hommes. Si vous étudiez l'architecture chinoise, vous vous apercevez qu'une longue période s'est écoulée avant qu'une petite minorité de femmes parvienne à quitter les appartements adossés à la cour familiale (où l'on gardait les outils et où dormaient les serviteurs) pour s'installer près des pièces principales (où résidaient le maître de maison et ses fils).

La Chine a une très longue histoire derrière elle, mais cela fait très peu de temps que les femmes ont pu devenir elles-mêmes et que les hommes ont commencé à les connaître vraiment.

Dans les années 1930, tandis que les femmes en Europe réclamaient déjà l'égalité entre les sexes, les Chinoises commençaient à peine à défier une société dominée par les hommes, refusaient qu'on leur bande les pieds ou que leurs aînés arrangent des mariages pour elles. Mais elles ne savaient pas encore en quoi consistaient les responsabilités et les droits des femmes ; elles ne savaient pas comment s'y prendre pour se forger un monde à elles. Elles cherchaient à tâtons des réponses dans l'espace confiné qui leur était réservé, et dans un pays où toute éducation était proscrite par le Parti. L'effet que cela a produit sur la jeune génération est inquiétant. Pour survivre dans un monde hostile, de nombreuses jeunes femmes ont dû adopter la carapace endurcie de Jin Shuai et réprimer leurs émotions.

4
La Chiffonnière

Le long du mur de la station de radio, non loin des gardes de la sécurité, s'alignaient de petites cabanes composées d'un assemblage de morceaux de tôle, de carton goudronné et de sacs en plastique. Les femmes qui vivaient là ramassaient des ordures, qu'elles revendaient ensuite. Je me demandais souvent d'où elles venaient, ce qui les avait rassemblées ici, et ce qui, dans leur histoire, les avait conduites à mener ce genre de vie. Quoi qu'il en soit, elles avaient eu la sagesse de choisir un endroit relativement protégé pour leurs cahutes, à portée de voix des gardes armés de l'autre côté du mur.

Parmi les cabanes disséminées, on en remarquait une, la plus petite d'entre elles. Les matériaux qui avaient servi à sa construction n'étaient pas différents des autres, mais elle avait été conçue avec minutie. Les murs de tôle avaient été peints en orange vif, et la façon dont était plié le carton du toit lui prêtait un air de tourelle de château. Ses trois étroites fenêtres recouvertes de sacs de plastique rouges, jaunes et bleus, et la porte faite de morceaux de carton colorés mêlés à des bandes découpées dans des bâches de plastique donnaient l'impression d'assurer une protection efficace contre le vent et la pluie. Le soin et l'attention aux détails avec lesquels cette hutte fragile avait visiblement été construite étaient émouvants, et le carillon de verre brisé pendu au-dessus du seuil, qui cliquetait doucement dans la brise, était particulièrement poignant.

La propriétaire de ce château de deux sous était une femme frêle, d'environ cinquante ans. Sa cabane n'était pas son seul trait distinctif ; tout la distinguait des autres chiffonnières. La plupart de ces femmes étaient échevelées, le visage sale, et elles portaient des loques repoussantes, mais cette femme-là était soignée et ses habits élimés bien reprisés étaient d'une propreté irréprochable. Sans le sac qu'elle portait pour ramasser les ordures, vous ne l'auriez jamais prise pour une chiffonnière. Elle ne semblait pas, d'ailleurs, se mêler aux autres.

Quand j'ai parlé à mes collègues de cette femme et de ce qui m'avait frappé en elle, elles m'ont toutes claironné, l'une après l'autre, pour ne pas me donner l'impression de me singulariser, qu'elles aussi l'avaient remarquée. L'une d'elles m'a même dit que les chiffonnières étaient de fidèles auditrices de mes émissions. Je ne savais pas si elles se moquaient de moi.

Le Grand Li, qui est responsable des questions de société, nous avait écoutées sans intervenir. Il a alors tapoté son bureau avec son stylo, signe qu'il allait adresser un discours à ses collègues plus jeunes.

—Vous ne devriez pas prendre les chiffonnières en pitié. Elles ne sont pas aussi pauvres qu'elles en ont l'air. Leur esprit transcende ce monde terrestre d'une manière que les gens ordinaires ne peuvent concevoir. Il n'y a pas de place dans leurs vies pour les possessions matérielles, c'est pourquoi elles satisfont facilement leurs désirs matériels. Et si vous jugez les gens d'après l'argent, vous vous rendrez compte que certaines de ces femmes ne sont pas plus démunies que d'autres qui travaillent.

Il nous a raconté que dans une boîte de nuit à la mode, il avait vu une chiffonnière couverte de bijoux boire du cognac français à cent yuans le verre.

—Quelle absurdité ! s'est exclamée Mengxing, qui est chargée du programme musical. Elle est beaucoup plus jeune que le Grand Li et n'accorde pas le moindre crédit à ce qu'il peut dire.

Le Grand Li, d'ordinaire le plus réservé des hommes, touché au vif, a proposé un pari à Mengxing. Les journalistes adorent attiser les dissensions, aussi chacun y est allé avec enthousiasme de sa proposition. Il a été décidé que l'enjeu serait une bicyclette.

Pour mettre à exécution son pari, le Grand Li a dû mentir à sa femme, il a dit qu'il devait assurer des reportages en soirée, et Mengxing a raconté à son petit ami qu'il lui fallait faire des recherches sur la musique contemporaine et qu'elle rentrerait tard. Plusieurs soirs d'affilée, ils se sont rendus ensemble dans cette boîte de nuit où le Grand Li prétendait avoir rencontré la chiffonnière.

Mengxing a perdu. Tout en sirotant son whisky, la chiffonnière a dit à Mengxing que la vente de ses ordures lui rapportait 900 yuans par mois. Le Grand Li nous a raconté que Mengxing avait mis plusieurs heures à s'en remettre. Mengxing gagnait environ 400 yuans par mois, et elle était considérée comme une des employées les mieux loties de son échelon.

Dès lors, elle n'a plus jamais fait la difficile quand on lui proposait un dossier, elle ne se souciait plus de sa valeur artistique ou non ; elle a accepté absolument tout ce qui pouvait lui rapporter de l'argent. Tout le monde au bureau était d'avis que cette nouvelle attitude pragmatique s'expliquait par la perte de sa bicyclette.

J'avais remarqué la femme bien mise qui habitait son château de cartons, mais je n'avais pas prêté beaucoup d'attention à la manière dont ces chiffonnières passaient leurs journées. A vrai dire, quelque chose en moi se rétractait quand je pensais à elles. Toutefois, après l'expérience de Mengxing, quand je voyais des gens fouiller les ordures, je me demandais s'ils appartenaient vraiment à la catégorie des « gros bonnets ». Les cabanes des chiffonnières ne leur servaient peut-être que de lieu de travail, alors qu'elles vivaient dans des appartements ultramodernes.

C'est la grossesse de ma collègue Xiao Yao qui m'a poussée à entrer en contact avec la chiffonnière. Dès que Xiao Yao a su qu'elle allait avoir un bébé, elle s'est mise en quête d'une nourrice. Je comprenais qu'elle s'en préoccupe neuf mois avant la naissance : trouver quelqu'un sur lequel on puisse compter pour s'occuper d'un enfant et du travail ménager n'est pas chose aisée.

La nourrice que j'employais, moi, était une fille de la campagne de dix-neuf ans, gentille, honnête et consciencieuse, qui s'était enfuie de chez elle pour échapper à un mariage forcé. Elle avait une intelligence naturelle, mais n'avait jamais reçu la moindre éducation, ce qui plaçait sur sa route toutes sortes d'obstacles : elle ne savait pas faire la différence entre un billet et un autre, ou entre un feu vert et un feu rouge. A la maison, elle éclatait en sanglots parce qu'elle ne savait pas ouvrir le couvercle du cuiseur à riz, ou confondait les «œufs de cent ans» avec des œufs pourris et les jetait à la poubelle. Un jour, elle m'a montré du doigt une poubelle au bord de la route et m'a dit avec le plus grand sérieux qu'elle avait mis mes lettres dans cette « boîte à poste ». Je lui laissais des instructions détaillées sur ce qu'elle devait et ne devait pas faire, et je lui téléphonais du bureau à intervalles réguliers pour m'assurer que tout allait bien. Heureusement, rien de vraiment grave ne s'est jamais produit, et Panpan et elle avaient une relation très affectueuse. Pourtant, un jour, je n'ai pu retenir ma colère. C'était l'hiver et en arrivant à la maison après mon émission, j'ai trouvé Panpan, qui n'avait alors que dix-huit mois, assis dans la cage d'escalier du cinquième étage avec pour seul vêtement un mince pyjama. Il était tellement tétanisé par le froid qu'il poussait de faibles petites plaintes. Je l'ai pris dans mes bras et j'ai réveillé la nourrice endormie, en me sentant coupable de ne pouvoir donner à mon enfant le temps ou le soin d'une vraie mère.

Je ne parlais jamais de mes problèmes de mère avec mes collègues, mais toutes sortes d'histoires terrifiantes circulaient. Les journaux en étaient remplis. Des servantes négligentes avaient laissé des enfants tomber du rebord de la fenêtre au quatrième étage ; d'autres, ignorantes et stupides, les avaient mis dans des machines à laver le linge, ou les avaient enfermés dans le frigidaire au cours d'une partie de cache-cache. Il y avait des cas d'enfants battus ou kidnappés contre des demandes de rançon.

Peu de couples osaient demander à leurs parents de les aider, car cela signifiait vivre sous le même toit. La plupart étaient prêts à accepter des vies plus astreignantes afin d'éviter le regard critique de la génération précédente. La cruauté des belles-mères chinoises, surtout les traditionnelles, les moins instruites d'entre elles, qui avaient dû plier l'échine devant leurs propres belles-mères, était légendaire. D'un autre côté, qu'une femme quitte son travail pour se consacrer à plein temps à son rôle de mère était hors de question, car il était quasiment impossible de subvenir aux besoins d'un foyer avec un seul salaire. Quant aux maris à la maison, on n'en avait jamais entendu parler.

En entendant Xiao Yao demander qu'on l'aide à trouver une nourrice bon marché, affectueuse et digne de confiance, le Vieux Chen a déclaré avec désinvolture : « Il y a tant de femmes tout près d'ici qui ramassent des ordures, pourquoi ne demandez-vous pas à l'une de ces pauvres femmes de travailler pour vous ? Vous n'aurez pas à craindre qu'elle s'enfuie, et elle ne coûtera pas très cher. »

On dit des hommes qu'ils ont une bonne vision d'ensemble des problèmes, mais que les femmes sont plus à même d'apprécier les détails. Je n'avais jamais accordé un grand crédit à cette affirmation, ni à aucune des généralisations de ce genre, mais cette remarque jetée en l'air par le Vieux Chen, avec ce type de génie proche de l'imbécillité, m'a stupéfiée. Je n'étais apparemment pas la seule. Plusieurs de mes collègues féminines ont tout de suite renchéri avec enthousiasme : « Mais bien sûr ! Comment se fait-il que nous n'y ayons pas pensé plus tôt ? »

La phrase célèbre du président Mao – « Une seule étincelle suffit à enflammer une prairie » – a trouvé là une éclatante confirmation. Choisir une chiffonnière pour nourrice est devenu un sujet de conversation enfiévré parmi mes collègues pendant plusieurs jours. Comme tous leurs enfants étaient d'âge différent, elles pensaient trouver quelqu'un qu'elles pourraient se partager. Elles ont mis au point des programmes détaillés sur la façon de la surveiller et de la rétribuer, et établi des listes de règles à respecter.

Peu de temps après, on m'a conviée à « une rencontre de femmes » dans la petite salle de réunion près des toilettes pour femmes. J'avais à peine pris place en leur demandant d'un ton gêné si elles ne s'étaient pas trompées de personne, qu'elles ont déclaré que j'avais été élue à l'unanimité pour choisir une nourrice parmi les chiffonnières vivant près de la station de radio. D'une façon militante qui ne supportait pas la contradiction, elles ont mis en avant les critères qui les avaient conduites à me choisir pour représentante. C'était la première fois que mes collègues me manifestaient de telles marques d'approbation. Elles m'ont dit que je leur semblais sincère, que j'avais un bon contact humain et du sens commun, et que j'étais scrupuleuse, réfléchie et méthodique. Je les soupçonnais d'avoir d'autres motifs, mais leur estime m'a touchée.

Pendant les jours qui ont suivi cette rencontre, j'ai inventé toutes sortes d'excuses pour me rendre aux cabanes des chiffonnières. Mais mes incursions se sont révélées décevantes : à observer ces femmes fouiller la terre à la recherche de détritus à récupérer, il était difficile de voir en elles des personnes responsables, raisonnables, et encore plus de penser à les introduire dans l'intimité d'un foyer. Elles essuyaient leur morve sur tout ce qui leur tombait sous la main, et celles qui avaient des enfants les fourraient sous leur bras pour avoir les mains libres pour ramasser des ordures. Un simple morceau de papier pour écran, elles se soulageaient au bord de la route.

La seule chiffonnière qui aurait pu faire l'affaire était la propriétaire du château de cartons. Dans ses activités quotidiennes, elle semblait déployer de la prévenance, de la propreté et de la sensibilité. Après plusieurs faux départs, j'ai fini par rassembler assez de courage pour lui adresser la parole alors qu'elle rentrait chez elle.

— Bonjour ! Je m'appelle Xinran, je travaille à la station de radio. Excusez-moi, puis-je vous parler un instant ?

— Bonjour. Je vous connais. Vous présentez *Mots sur la brise nocturne*. J'écoute votre émission tous les soirs. Que puis-je faire pour vous ?

— Il se trouve que…

Moi, la présentatrice de radio qui pouvait parler indéfiniment en face d'un micro, je suis devenue tout à coup si incohérente que j'avais du mal à suivre moi-même mes propres balbutiements.

La chiffonnière a vite compris de quoi il retournait. Elle a répondu d'un ton calme, mais ferme :

— Je vous prie de remercier vos collègues de la bonne opinion qu'elles ont de moi, mais il me serait très difficile d'accepter leur offre généreuse. J'aime ma vie sans attaches.

Elle a balayé d'une seule phrase tranquille tous les talents de persuasion que mes collègues avaient cru voir en moi.

Quand j'ai mis mes collègues au courant de cette réaction, elles n'en ont pas cru leurs oreilles. « La grande présentatrice radio ne peut faire changer d'avis une chiffonnière… »

Je n'y pouvais rien. Quelque chose dans le regard de la dame chiffonnière interdisait toute discussion. J'avais l'impression qu'il y avait plus qu'un simple refus dans son expression, mais je ne savais pas ce que c'était.

A partir de ce moment-là, observer le château de cartons et sa propriétaire est devenu partie intégrante de ma routine quotidienne. Un soir d'automne, j'ai eu l'occasion de m'approcher de la petite cabane. Après avoir fini mon émission, j'ai longé les huttes des chiffonnières comme d'habitude. En passant devant le château de cartons, j'ai entendu s'en échapper le faible bruit d'une chanson – c'était la chanson folklorique russe « Vertes prairies ». Cela a éveillé en moi une intense curiosité. Après la Révolution culturelle, la Chine avait traversé une seconde guerre froide avec la Russie, et peu de gens connaissaient cette chanson ; et, surtout, peu la connaissaient suffisamment bien pour la chanter. Ma mère avait étudié le russe à l'université et me l'avait apprise. Comment se faisait-il que cette chiffonnière la connaisse ?

Je me suis approchée du château de cartons. La chanson s'est arrêtée soudain, et une des fenêtres s'est ouverte sans bruit. La dame chiffonnière, vêtue d'une chemise de nuit faite maison, a demandé :

— Qu'y a-t-il ? Vous désirez quelque chose ?

— Je… je suis désolée de vous déranger, je voulais seulement vous écouter chanter, vous avez une belle voix !

— C'est vrai ! Xinran, vous aimez cette chanson ?

— Oui, oui ! Je l'aime beaucoup. J'en aime beaucoup les paroles et la mélodie, surtout tard le soir. C'est comme un tableau aux proportions parfaites.

— Vous la chantez vous-même ?

— Un peu, pas très bien. Je ne sais pas en rendre toute la saveur.

— Vous, les gens de radio, vous êtes drôles. Vous faites vivre les mots, mais vous ne savez pas chanter. Qu'est-ce que la saveur d'une chanson alors ? Sucré ? Acide ? Amer ?

— Excusez-moi, mais comment devrais-je vous appeler ?

— Vous nous appelez les chiffonnières, non ? Je pense que c'est un bon nom, alors appelez-moi Chiffonnière. Chiffonnière me convient.

— N'est-ce pas un peu incorrect ?

— Ne nous soucions pas de cela, Xinran. Appelez-moi seulement Chiffonnière A ou B. Ça n'a pas d'importance. Ainsi vous m'écoutiez chanter. Vous vouliez me demander autre chose ?

— Non, je passais seulement devant chez vous en rentrant après mon émission. Quand je vous ai entendue chanter cette chanson populaire russe, j'ai trouvé que c'était un peu inhabituel. Excusez-moi, mais je voudrais vous demander, comment se fait-il que vous la connaissiez ?

— C'est mon mari qui me l'a apprise ; il a étudié en Russie.

La Chiffonnière n'a rien ajouté d'autre, ni ne m'a invitée à entrer dans son château, mais cela ne m'a pas offusquée, la chanson russe m'avait permis d'accéder à une partie de ses souvenirs.

Après notre conversation de ce soir-là, la Chiffonnière ne m'a pas manifesté plus de chaleur quand je la croisais. Mon esprit débordait de questions : son mari avait étudié à l'étranger, alors comment en était-elle venue à mener cette vie ? Sa façon de parler et ses gestes étaient si raffinés – de quelle sorte de famille était-elle issue ? Quel genre d'éducation avait-elle reçu ? Avait-elle des enfants ? Et si oui, où étaient-ils ?

Peu de temps après, à l'approche du Nouvel An, je suis partie en reportage à Pékin. Une amie de la radio de Pékin m'a proposé une visite au Centre Lufthansa, un ensemble commercial qui vend des marchandises de marque importées. J'ai repéré une boîte de chocolats à la liqueur d'une marque russe connue. C'était cher, mais j'ai décidé de l'acheter malgré tout. Mon amie s'est moquée de mon ignorance : les meilleurs chocolats étaient suisses ; qui avait jamais entendu parler de chocolats à la liqueur russes ? Mais je les destinais à la Chiffonnière. J'étais sûre que quelqu'un qui chantait si bien une chanson populaire russe les apprécierait.

A mon retour de Pékin, je n'ai pu me retenir d'aller tout droit au château de cartons avant même de rentrer chez moi. Sur le point de frapper à la porte de la Chiffonnière, j'ai hésité. Les Chinois disent : « Dans ce monde, il n'y a pas d'amour sans raison, ni de haine sans cause. » Comment lui expliquer la raison cachée derrière mon cadeau, alors que je ne la connaissais pas moi-même ?

La Chiffonnière a pris respectueusement la boîte, les deux mains tendues, profondément émue. D'ordinaire impassible, son visage trahissait son trouble à la vue des chocolats. Son mari avait adoré ce type de chocolats à la liqueur – j'avais vu juste, les gens de sa génération pensaient que les meilleurs produits étaient soviétiques – et cela faisait plus de trente ans qu'elle n'en avait vu de semblables.

Son visage a repris peu à peu son calme habituel, et elle a fini par me demander pourquoi je lui offrais un cadeau d'un tel prix.

— Parce que nous sommes toutes deux des femmes et que je veux entendre votre histoire, ai-je répondu avec une franchise qui m'a étonnée moi-même.

— Très bien ! La Chiffonnière semblait avoir pris une décision importante. Mais pas ici, ici, il n'y a pas de murs. Personne, encore moins une femme, n'expose au tout-venant les cicatrices de sa poitrine.

Nous avons marché dans le jardin botanique, jusqu'à une petite éminence où seuls les arbres et moi pouvions entendre le récit de la Chiffonnière.

Elle m'a livré son histoire par bribes. Elle ne s'est pas attardée sur les causes ou les conséquences, et j'avais l'impression qu'elle n'était pas encore tout à fait décidée à me révéler les épreuves qu'elle avait connues. Ses mots n'ont fait qu'ouvrir un peu la boîte où elle s'était enfermée, mais n'ont pas levé le voile de son visage.

Jeune homme, le mari de la Chiffonnière avait étudié à Moscou pendant trois ans, et était entré en politique peu de temps après son retour. Cela avait coïncidé avec les terribles événements du Grand Bond en avant. Sous l'œil attentif du Parti, qui tirait les ficelles et échafaudait des plans pour lui, il avait épousé la Chiffonnière. Alors que toute la famille se réjouissait de la naissance d'un second enfant, son mari était mort subitement d'une crise cardiaque. Vers la fin de l'année suivante, le plus jeune de ses enfants était mort de la scarlatine. La douleur de la perte de son mari et de son enfant avait enlevé à la Chiffonnière toute envie de continuer à vivre, au point qu'un jour, elle avait emmené l'enfant qui lui restait sur la rive du Yangtse avec l'intention de rejoindre son mari et son bébé dans l'autre monde.

Au bord du Yangtse, elle s'apprêtait à dire adieu à la vie lorsque son fils lui avait demandé d'un air innocent : « On va rejoindre papa ? »

La Chiffonnière avait été choquée : comment un enfant de cinq ans pouvait-il savoir ce qu'elle cachait en son cœur ? Elle avait demandé à son fils : « A ton avis ? »

Il avait répondu d'une voix forte : « Bien sûr que nous allons voir papa ! Mais je n'ai pas apporté ma petite voiture pour lui montrer ! »

Elle avait éclaté en sanglots et n'avait pas posé à son fils d'autre question. Il savait ce qu'elle ressentait. Il comprenait que son père n'était plus de ce monde, mais comme tous les jeunes enfants, il n'avait pas une conscience claire de la différence entre la vie et la mort. Ses larmes avaient ranimé ses sentiments maternels et son sens du devoir. Elle avait pleuré, l'enfant dans ses bras, et avait laissé le bruit du fleuve la laver de sa faiblesse et lui redonner courage. Puis elle avait ramassé le billet d'adieu qu'elle avait écrit et était rentrée chez elle avec son fils.

Il lui avait demandé : « Alors, on va pas voir papa ? »

Elle avait répondu : « Papa est trop loin, et tu es trop petit pour aller là-bas. Maman va t'aider à grandir, et tu pourras emporter plus de choses, et des plus belles quand tu iras le rejoindre. »

Après cette scène, la Chiffonnière avait fait tout son possible pour donner à son fils ce qu'il y avait de mieux. Elle disait qu'il s'était très bien débrouillé.

Mais pourquoi ce fils, qui devait être marié et établi dans une carrière maintenant, permettait-il que sa mère, qui avait peiné pour lui toute sa vie, en soit réduite à la condition de chiffonnière ?

—Où est votre fils ? Pourquoi… ? lui ai-je demandé d'une voix hésitante.

La Chiffonnière ne m'a pas donné de réponse franche. Elle s'est contentée de dire que personne ne pouvait rendre justice au cœur d'une mère. Elle m'intimait de ne pas chercher à en savoir plus.

Le Nouvel An était passé et la fête du Printemps approchait. C'est la fête la plus importante de l'année pour les Chinois, et l'occasion pour beaucoup de renforcer leurs relations commerciales. Tous les ans, les responsables des médias tirent tout le parti possible des festivités. Quelles que soient leurs fonctions, ils reçoivent des montagnes de cadeaux et des douzaines d'invitations à des galas et des dîners. Je n'étais encore qu'une humble présentatrice, sans aucun pouvoir officiel, mais des gens riches et influents cherchaient à faire ma connaissance à cause de la popularité de mon émission. L'attention qu'ils me portaient n'était pas une reconnaissance de ma réussite, c'est au nombre de mes auditeurs que je la devais. Tous les responsables en Chine connaissent ce vieil aphorisme transmis de génération en génération depuis les Tang : « L'eau porte le bateau, elle peut aussi le faire chavirer. » Les gens simples comme mes auditeurs étaient l'eau, et les officiels le bateau.

Parmi les brillantes invitations rouge et or que je reçus, il y en avait une provenant d'un membre élu récemment au conseil municipal et qui était très en vue. La rumeur disait que ce jeune homme promettait d'accomplir de grandes choses ; il nourrissait l'ambition de devenir l'un des rares privilégiés destinés à devenir cadres à l'échelle de la province. J'avais très envie de savoir quels talents particuliers possédait cet homme – qui n'avait que quelques années de plus que moi – pour naviguer à l'aise dans le labyrinthe de la politique chinoise. Je décidai d'assister au dîner qu'il donnait ; l'invitation spécifiait un buffet de type occidental, ce qui était quelque chose d'assez nouveau.

La réception avait lieu dans la maison du politicien, qui, sans être une demeure seigneuriale, était assez impressionnante. Le salon à lui seul aurait pu servir de logement à quatre ou cinq personnes de mon genre. Comme j'étais arrivée assez tard, la pièce était déjà emplie du bavardage de la foule et du cliquetis des verres. Mon hôtesse s'est fait un devoir de me présenter à plusieurs notabilités en faisant bien attention de respecter le grade de chacun. Une pensée irrévérencieuse m'a traversé l'esprit : quand ces personnages révérés se rendaient aux toilettes, y allaient-ils en ordre hiérarchique ? Si tel était le cas, les moins gradés devaient terriblement souffrir.

Le buffet occidental était somptueux, et semblait assez authentique, à en juger par les photos que j'avais vues dans les magazines. Pour montrer qu'elle réservait aux femmes des médias un traitement de faveur, l'hôtesse zélée, dans une débauche d'intimité, a rassemblé les quelques journalistes présentes dans sa propre chambre, et elle a sorti une boîte de chocolats à la liqueur mise de côté à notre intention.

Je suis tombée des nues : les chocolats ressemblaient en tout point à ceux que j'avais offerts à la Chiffonnière. L'hôtesse a ouvert la boîte. Sous le couvercle étaient inscrites les paroles de la chanson populaire russe « Vertes prairies », que j'avais copiées à la main pour lui souhaiter le Nouvel An.

Cette famille puissante était aussi éloignée du château de cartons de la Chiffonnière que les cieux l'étaient de la terre. Comment les chocolats avaient-ils atterri ici ? Cette question m'a donné la migraine et mon pouls s'est accéléré. Je n'avais plus envie de m'attarder à ce banquet et j'ai trouvé une excuse pour m'éclipser et me rendre au château de cartons, en courant comme une possédée.

La Chiffonnière n'était pas chez elle. J'ai dû attendre longtemps, jusque tard dans la nuit, qu'elle revienne. Dès qu'elle m'a vue, elle s'est écriée avec animation :

— Le Nouvel An et la fête du Printemps sont les saisons les plus propices à la collecte des ordures. Dans toutes les poubelles, grandes ou petites, on trouve de la nourriture encore emballée, et des objets utiles que les gens ont jetés. Honnêtement, à quelle

époque vivons-nous ! Les gens ont oublié le temps de
la misère.

Je n'ai pu me contenir plus longtemps, et je l'ai
interrompue pour lui demander d'un ton mauvais :

— Comment se fait-il que je vienne de voir la
boîte de chocolats que je vous ai offerte dans la maison d'un politicien en vue ? Est-ce qu'on vous les a
volés ? Que s'est-il passé ?

La Chiffonnière a écouté ce torrent de questions
avec une expression indéchiffrable sur le visage. Elle
tremblait, mais elle a réussi à se contrôler puis a
déclaré :

— Après la fête du Printemps, nous prendrons
rendez-vous, et je vous raconterai tout.

Sur ces mots, elle a fermé sa porte sans plus m'accorder d'attention. Je suis restée figée sur place. Le
carillon tintant dans le vent glacial m'a sortie de ma
transe, et j'ai repris le chemin de ma maison.

La fête du Printemps semblait ne jamais vouloir
finir. J'étais pleine de remords. Vivre seule dans cette
hutte de fortune battue par le vent et la pluie, sans
famille ou amis, était déjà assez dur en soi ; le poids
de mes questions cruelles était la dernière chose dont
avait besoin la Chiffonnière. J'ai pensé à plusieurs
reprises lui rendre visite, mais je savais que ce qu'elle
avait dit était définitif : inutile d'essayer avant la fin
de la fête du Printemps.

Le premier jour de travail après cette période de
vacances, je me suis rendue en hâte au bureau. En
passant devant le château de cartons, j'ai remarqué
que la porte était cadenassée. La Chiffonnière partait
toujours très tôt ; rien là de très surprenant : qui aurait

eu envie de s'attarder au lit dans une cabane minuscule qui ne protégeait vraiment ni de la chaleur ni du froid ? A l'entrée de la station de radio, le gardien m'a appelée pour me dire que quelqu'un avait déposé une lettre pour moi la veille. De nombreux auditeurs prenaient la peine d'apporter leurs lettres en personne. Ils trouvaient cela plus sûr, et croyaient que procéder ainsi avait plus de chances de retenir mon attention. J'ai remercié le gardien, mais sans y faire particulièrement attention, et j'ai déposé la missive sur mon plateau en passant.

Ce jour-là, je me suis faufilée quatre ou cinq fois dehors jusqu'au château de cartons, mais la porte était toujours cadenassée et rien n'indiquait le passage de la Chiffonnière. Je commençais à me sentir légèrement déçue qu'elle n'ait pas tenu sa promesse, mais j'étais résolue à l'attendre. Je voulais lui présenter mes excuses et éclaircir l'histoire des chocolats. J'ai décidé de rester au bureau jusqu'à l'arrivée de l'équipe de nuit, et de lire mon courrier.

Vers huit heures et demie du soir, je suis sortie une fois de plus, mais la porte du château de cartons était toujours cadenassée. Je me demandais pourquoi elle n'était pas encore rentrée. Avait-elle fait des trouvailles si importantes ? De retour dans mon bureau, j'ai continué à lire mon courrier. L'écriture de la lettre que j'ai ouverte à ce moment-là était belle, délicate. De toute évidence, son auteur était une femme instruite, une femme qui avait reçu la meilleure des éducations. Ce que j'ai lu m'a pétrifiée.

Chère Xinran,

Merci. Merci pour votre émission – je l'écoute tous les jours. Merci pour votre sincérité – cela fait des années que je n'ai pas eu d'amie. Merci pour la boîte russe de chocolats à la liqueur – cela m'a fait me souvenir que j'ai eu autrefois un mari.

J'ai donné les chocolats à notre fils. Je pensais qu'il les apprécierait, comme son père avant lui.

C'est très difficile pour un fils de vivre avec sa mère, et très difficile pour son épouse. Je ne veux pas être une gêne dans la vie de mon fils ou la lui compliquer à essayer de se partager entre son épouse et sa mère. Toutefois, il m'est impossible de renoncer à ma nature féminine et aux habitudes de toute une vie de mère. Si je mène ce genre de vie, c'est pour pouvoir rester près de mon fils, pour l'apercevoir quand il se rend à son travail tôt le matin. Je vous en prie, ne lui parlez pas de moi. Il croit que je vis à la campagne.

Xinran, je le regrette, mais je m'en vais. Je suis professeur de langues étrangères, et je dois retourner à la campagne auprès de mes élèves. Comme vous l'avez dit un jour au cours de votre émission, les gens âgés devraient avoir un coin à eux où passer leurs vieux jours agréablement.

Veuillez pardonner ma froideur envers vous. J'ai donné toute la chaleur qu'il y avait en moi à mon fils, son père se perpétue en lui.

En vous souhaitant un heureux et paisible printemps,

la Chiffonnière.

Je comprenais pourquoi la Chiffonnière était partie. Elle m'avait permis de plonger en son cœur, et la honte qu'elle ressentait lui interdisait de me regarder de nouveau en face. Je regrettais de l'avoir contrainte à quitter ce monde qu'elle avait soigneusement élaboré, mais je regrettais aussi qu'elle se soit consumée à donner de la lumière à ses enfants de cette façon, en se résignant à rester à l'écart. Son identité de mère constituait son seul article de foi.

J'ai gardé le secret de la Chiffonnière et n'ai jamais parlé à son fils du stratagème qu'elle avait inventé pour rester près de lui. Mais je ne suis jamais retournée chez lui, car la Chiffonnière, dont je chéris la mémoire, n'en avait elle-même jamais franchi le seuil. Son fils semblait vivre dans l'aisance, mais celle des deux qui était véritablement riche, c'était elle.

5
Les mères qui ont survécu au tremblement de terre

Quand ma collègue Xiao Yao a eu son bébé, je me suis organisée pour lui rendre visite à l'hôpital avec plusieurs autres femmes du bureau. Mengxing était très excitée, parce qu'elle n'avait jamais mis les pieds dans une maternité. Le directeur Zhang du service des relations extérieures lui a conseillé de ne pas y aller : en Chine, on croit que les femmes qui ne sont pas mères portent malheur aux nouveaux-nés. Mengxing a écarté l'objection comme un racontar de vieilles femmes, et est partie pour l'hôpital avant nous.

Nous sommes arrivées à l'hôpital, chargées de provisions pour Xiao Yao : du sucre brun et du ginseng pour fortifier le sang, des pieds de porc et du poisson pour enrichir le lait maternel, et du poulet et des fruits pour l'aider à se rétablir. Mengxing était en train de bavarder avec Xiao Yao quand nous sommes entrées dans la chambre. Elle mangeait un des œufs durs teints en rouge qui symbolisent le bonheur à la naissance d'un nouvel enfant.

Les parents ainsi que les beaux-parents de Xiao Yao étaient là, et la chambre était remplie de cadeaux. Xiao Yao semblait heureuse et étonnamment reposée après l'épreuve de l'accouchement. Avoir mis au monde un garçon était une des raisons de cette aura de bien-être, ai-je pensé alors.

Depuis d'innombrables générations, on accorde foi à cette maxime : « Il y a trente-six vertus, mais rester sans héritier est une malédiction qui les abolit toutes. » Une femme qui a donné naissance à un fils est irréprochable.

Quand Xiao Yao était venue pour accoucher, elle avait dû partager une salle avec sept autres femmes. Elle avait demandé plusieurs fois à son mari de lui procurer une chambre individuelle, mais il avait refusé. En apprenant qu'elle avait eu un fils, son mari s'était immédiatement débrouillé pour accéder à son désir.

La chambre était étroite mais très claire. Chacune a trouvé un endroit où s'installer, et mes collègues se sont mises à discuter avec animation. Je ne suis pas douée pour ce genre de conversation car je n'aime pas parler de ma vie et de ses histoires de familles incomplètes. Enfant, j'ai été séparée de mon père et de ma mère ; adulte, je n'ai pas eu de famille vraiment à moi – hormis mon fils. Tranquille dans mon coin, j'écoutais tout en pliant un morceau de papier d'emballage en forme de lapin.

Par-dessus la conversation de mes collègues, j'ai entendu des voix dans le couloir. Un homme parlait d'une voix basse mais déterminée.

— Je t'en prie, change d'avis. C'est beaucoup trop risqué.

— Je n'ai pas peur. Je veux faire l'expérience de l'accouchement, a répondu une voix de femme.

— Peut-être que ça ne te fait pas peur, mais à moi si. Je ne veux pas risquer que mon enfant se retrouve sans mère.

— Si je ne lui donne pas naissance de façon naturelle, je ne mériterai pas le nom de mère, a repris la femme d'un ton irrité.

— Mais tu sais que dans ton état, tu ne peux…

— Les médecins n'ont pas dit que c'était cent pour cent impossible ! a interrompu la femme. Je veux seulement le faire moi-même…

Leurs voix se sont évanouies comme ils s'éloignaient.

Quand je suis partie, la belle-mère de Xiao Yao m'a glissé furtivement dans la main un morceau de tissu rouge et m'a demandé de le brûler pour « chasser le mauvais œil apporté par Mengxing ». Je n'ai pas osé refuser. En quittant l'hôpital, j'ai jeté le bout de tissu dans le four d'une échoppe de nourriture, mais sans rien dire à Mengxing, car elle détestait s'avouer vaincue.

Trois mois plus tard, j'ai reçu une invitation à un dîner de deuil de la part d'une famille que je ne connaissais pas. Les auditeurs m'invitaient souvent à des réunions de famille, mais c'étaient en général des mariages. On invite rarement des étrangers à une célébration de deuil, et cela m'a intriguée. Le dîner devait avoir lieu dans un restaurant et non dans un crématorium, et le carton demandait aux invités d'apporter avec eux un nom de garçon. Je n'avais jamais entendu parler de pratiques de ce genre auparavant.

J'ai décidé de m'y rendre, et j'ai apporté le nom de Tianshi (clef des cieux) avec moi. L'hôte a reçu les invités un bébé d'un mois dans les bras ; sa femme était morte en couches. Quand il a découvert qui j'étais, il m'a demandé avec des larmes dans la voix pourquoi sa femme avait refusé de subir une césarienne alors qu'elle savait que sa vie était en danger. L'expérience de l'accouchement naturel était-elle plus importante que la vie ?

Je me suis alors demandé si je n'avais pas affaire au couple dont j'avais surpris la conversation à l'hôpital. La décision de cette femme inconnue m'a choquée, mais à un niveau plus profond, je comprenais son désir de connaître cette expérience unique. Son mari endeuillé ne pouvait pas comprendre et il ne comprenait pas. Il voulait que je l'aide à comprendre les femmes.

Je ne sais pas si on a donné au petit garçon le nom de Tianshi, mais en partant ce soir-là, j'espérais qu'une clef serait envoyée des cieux à son père pour lui ouvrir l'esprit des femmes.

Pourtant, je n'ai vraiment compris ce qu'être mère veut dire qu'en 1992, lors d'une visite de la cité industrielle de Tangshan, qui avait été entièrement reconstruite après le terrible tremblement de terre du 28 juillet 1976 qui avait coûté la vie à 300 000 personnes.

Comme la radio de Nankin était un organe de diffusion important en Chine, je devais souvent parcourir le pays pour assister à des congrès régionaux sur le développement des programmes de radio et de télévision. L'unique but de ces congrès était de ressasser la politique du Parti plutôt que d'engager de véritables débats. Pour compenser le manque de stimulation intellectuelle, les organisateurs s'arrangeaient souvent pour faire visiter la région aux participants pendant la durée de leur séjour. Cela m'a donné de nombreuses occasions de m'entretenir avec des femmes dans différentes régions de Chine.

Au cours d'un de ces congrès à Tianjin, j'ai profité de l'occasion pour visiter Tangshan. Le tremblement de terre de 1976 est un exemple connu de l'effondrement du système de communications en Chine à cette époque-là. En 1976, les instances gouvernementales chinoises étaient confrontées à la mort de trois personnages cruciaux : Mao Zedong, le Premier ministre Zhou Enlai et le maréchal Zhu De. La crise politique qui s'en est suivie, ajoutée aux insuffisances de la technologie chinoise, a fait que le gouvernement ignorait tout du tremblement de terre. Il a fallu qu'un homme venant de Tangshan parvienne jusqu'à Pékin pour que l'information passe. Même alors, les gens l'ont pris pour un fou. L'agence locale de Xinhua, qui couvrait Tangshan, a appris le tremblement de terre, non du bureau du gouvernement central, mais de la presse étrangère, qui avait reçu des rapports de centres qui possédaient des appareils de sismographie plus sophistiqués que les nôtres.

Sur place, j'ai entendu parler d'un orphelinat d'un genre inhabituel, fondé et géré par des mères qui avaient perdu leurs enfants pendant le tremblement de terre. Elles le finançaient avec les indemnités qu'elles avaient reçues. J'ai téléphoné pour convenir d'une visite. L'orphelinat avait été construit avec l'aide des militaires d'une garnison locale et il était situé en banlieue, près d'un sanatorium de l'armée. En approchant de la barrière basse en bois et des bosquets environnants, je fus accueillie par des voix d'enfants qui jouaient. C'était un orphelinat sans dirigeants officiels ; certains diraient, une famille sans hommes.

Quelques mères et plusieurs dizaines d'enfants vivaient là ensemble.

Les enfants prenaient l'air dans la cour, et les mères étaient en train de préparer des beignets dans la cuisine quand je suis arrivée. Elles m'ont reçue avec leurs mains enfarinées et m'ont dit qu'elles aimaient beaucoup mon émission. Toujours vêtues de leurs tabliers, elles m'ont fait faire le tour de l'orphelinat.

Chaque mère vivait avec cinq ou six enfants dans une grande pièce, simplement meublée, mais accueillante. Les habitations de ce type sont courantes en Chine du Nord : la moitié de la pièce est occupée par un *kang*, un lit-poêle sur lequel tout le monde dort. Des édredons individuels délimitent les emplacements où dormir. Pendant la journée, on roule les édredons sur un côté et l'on dresse une petite table sur le *kang* pour former une sorte de salon et de salle à manger pour la famille. L'autre moitié de la pièce est occupée par des rangements, un canapé et des chaises pour les invités.

A la différence des foyers normaux, les pièces de l'orphelinat étaient décorées de couleurs exubérantes, selon les goûts des enfants. Chacune avait son style de décoration propre, mais trois choses étaient communes à toutes les pièces. La première était un cadre contenant les photos de tous les enfants qui avaient vécu à l'orphelinat. La seconde était une peinture grossière d'un œil débordant de larmes, avec deux mots inscrits sur la pupille : « le futur ». La troisième, un livre où l'histoire de chacun des enfants était consignée.

Les femmes étaient très fières des enfants, et elles m'ont conté avec délectation les récits de leurs exploits, mais c'étaient leurs histoires à elles que j'étais impatiente d'entendre.

Lors de ma première visite, j'ai réussi à m'entretenir avec une seule des mères, Mme Chen. Elle avait reçu une pension de l'armée, et avait eu trois enfants. Je l'ai interrogée tout en l'aidant à cuire les beignets destinés aux enfants et en l'appelant « Tante » comme c'était l'usage du temps de mes parents.

— Tante Chen, puis-je vous demander ce qui est arrivé le jour du tremblement de terre ? Je sais que ces souvenirs doivent être très pénibles…

— Vous savez, il ne se passe pas une journée sans que j'y repense. Je ne crois pas qu'aucun survivant puisse jamais oublier. Tout était si irréel… Ce matin-là, avant l'aube, j'ai été réveillée par un bruit étrange, un grondement et un sifflement, comme si un train était entré dans notre maison. Je croyais rêver – les rêves peuvent être si étranges –, mais au moment où j'allais appeler à l'aide, la moitié de la chambre s'est effondrée, avec mon mari dans son lit. La chambre des enfants de l'autre côté de la maison m'est apparue soudain, comme un décor de théâtre. Mon fils aîné regardait fixement, la bouche ouverte ; ma fille pleurait et criait en tendant les bras vers moi ; et mon petit garçon dormait gentiment.

« Tout est arrivé si vite… La scène devant mes yeux a soudain disparu comme un rideau qui tombait. J'étais terrorisée, mais je pensais que j'étais en train de faire un cauchemar. Je me suis pincée fort, mais ça ne m'a pas réveillée. De désespoir, j'ai attrapé une paire de ciseaux et les ai plantés dans ma jambe. Quand j'ai senti la douleur et vu le sang, j'ai compris que ce n'était pas un rêve. Mon mari et les enfants étaient tombés dans un abîme.

«Je me suis mise à hurler comme une folle, mais personne n'a semblé m'entendre. Le bruit des murs qui s'effondraient et des meubles qui se brisaient emplissait l'air. Je me suis traînée, la jambe en sang, face au trou béant qui avait été l'autre moitié de ma maison. Mon mari et mes enfants s'étaient évanouis devant mes yeux. Je voulais pleurer, mais je n'avais pas de larmes. Je n'avais plus envie de vivre.

Ses yeux se sont emplis de larmes.

— Je suis désolée, Tante Chen… ai-je bredouillé, accablée.

Elle a secoué la tête.

— Cela fait presque vingt ans maintenant, mais presque tous les jours à l'aube, j'entends un train qui gronde et qui siffle, et les cris de mes enfants. Parfois je suis si effrayée par ces sons que je me mets au lit très tôt avec les enfants et je glisse un réveil sous mon oreiller pour me réveiller avant eux. Quand il sonne, je m'assieds jusqu'à ce qu'il fasse jour, parfois je me rendors après quatre heures. Mais au bout de quelques jours de ce traitement, j'ai envie d'entendre ces bruits de cauchemar de nouveau, parce que j'y entends aussi les voix de mes enfants.

— Vous vous sentez mieux maintenant, entourée par tous ces enfants?

— Bien mieux, surtout la nuit. Je les regarde dormir et je me sens réconfortée d'une façon que je ne peux expliquer. Je lève leurs mains jusqu'à mon visage quand je suis assise près d'eux. Je les embrasse et les remercie de me garder en vie.

— Eux aussi vous remercieront quand ils seront grands : c'est un cycle d'amour.

— C'est juste, des vieux aux jeunes et puis dans l'autre sens. Bien, les beignets sont cuits, je vais appeler les enfants. Vous en mangerez aussi ?

J'ai décliné son offre en disant que j'allais revenir le lendemain. Mon cœur était trop plein pour parler à qui que ce soit. J'étais émotionnellement et physiquement épuisée.

Cette nuit-là, j'ai perçu dans mes rêves le bruit de grondement et les cris des enfants que Tante Chen avait décrits, et je me suis éveillée trempée de sueur froide. Le soleil entrait à flots par les rideaux de résille, et les éclats de voix d'enfants sur le chemin de l'école pénétraient par la fenêtre. Une vague de soulagement m'a envahie.

La réunion de ce jour-là s'est terminée tôt. J'ai refusé l'invitation à dîner d'amis de Tianjin et me suis dépêchée d'attraper un train pour Tangshan. A l'orphelinat, j'ai rencontré une femme du nom de Mme Yang, qui s'occupait du repas des enfants. Elle supervisait leur dîner quand je suis arrivée.

— Regardez comme ils mangent de bon cœur, a-t-elle dit.

— C'est parce que vous êtes bonne cuisinière.

— Pas seulement. Il y a des choses que les enfants préfèrent, par exemple qu'on donne des formes spéciales à la nourriture. Même si ce n'est que de la pâte à pain cuite à la vapeur mais en forme de lapin ou de chiot, ils en mangent plus volontiers. Ils aiment les sucreries, les plats aigres-doux ou le porc cantonais. Les choses faciles à mâcher, comme les boulettes de viande ou de légumes. Les enfants pensent toujours

111

que ce qui est dans le bol de leurs petits camarades est meilleur, alors je les laisse choisir et échanger comme ça leur chante. Ça stimule leur intérêt pour la nourriture. Ma fille était comme ça ; si vous lui donniez une portion de la même chose dans différents bols, elle était toute contente.

Elle secoua la tête avec douceur. D'une voix hésitante, j'ai dit alors :

— On m'a raconté que votre fille…

— Je vous raconterai l'histoire de ma fille, si vous voulez, mais pas ici. Je ne veux pas que les enfants me voient pleurer. C'est un tel réconfort de les voir manger et rire si gaiement, ils me font vraiment…

Elle s'est interrompue, la voix soudain épaisse de larmes. Je l'ai incitée doucement.

— Tante Yang ?

— Pas ici, allons dans ma chambre.

— Votre chambre ?

— Oui, je suis la seule à avoir une chambre à moi, parce que mon autre travail consiste à tenir les registres de santé et de biens personnels des enfants. On ne peut pas laisser les enfants toucher à ces choses.

La chambre de Mme Yang était très petite ; un mur était presque entièrement recouvert par une photographie qui avait été tellement agrandie qu'elle ressemblait à une fresque avec une myriade de points de couleur. Elle montrait une jeune fille aux yeux vifs, les lèvres ouvertes comme sur le point de parler.

En regardant la photo, Mme Yang a dit :

—C'est ma fille. La photo a été prise à la fin de l'école primaire. C'est la seule que je possède d'elle.

— Elle est très jolie.

— Oui. Même au jardin d'enfants, elle était toujours en train de faire l'actrice et de prononcer des discours.

— Elle devait être très intelligente.

— Je crois, elle n'était pas première de sa classe, mais elle ne m'a jamais causé le moindre souci. Mme Yang caressait la photographie tout en parlant : Voilà presque vingt ans qu'elle m'a quittée. Je sais qu'elle ne voulait pas mourir. Elle avait quatorze ans. Elle comprenait ; elle ne voulait pas mourir.

— On m'a dit qu'elle avait survécu au tremblement de terre ?

— Oui, mais il aurait mieux valu pour elle qu'elle soit écrasée tout de suite. Elle a attendu quatorze jours – quatorze jours et deux heures, en sachant que la mort approchait. Elle n'avait que quatorze ans…

Mme Yang s'est effondrée en larmes. Incapable de retenir mes propres larmes, je lui ai dit :

— Tante Yang, pardonnez-moi.

Je lui ai posé la main sur l'épaule. Elle a continué à sangloter pendant quelques instants. « Je… je vais bien. Xinran, vous ne pouvez imaginer quelle scène terrible ça a été. Je n'oublierai jamais l'expression de son visage. » Elle a regardé la photographie de nouveau avec des yeux aimants. « Sa bouche était un peu ouverte, comme ça… » Puis elle s'est maîtrisée :

— Non, vous êtes très occupée. Vous avez fait tout ce trajet rien que pour écouter nos histoires ; je ne peux pas vous laisser repartir les mains vides.

— Ça n'a pas d'importance, j'ai le temps, l'ai-je réconfortée.

Elle était résolue. « Non, non. Je vais vous raconter. » Elle a pris une profonde inspiration.

—Mon mari était mort l'année précédente, et ma fille et moi vivions au cinquième étage dans un appartement que nous avait attribué l'unité de travail. Nous n'avions qu'une seule chambre, avec une cuisine et une salle de bains commune. Ce n'était pas une grande pièce, mais on n'y était pas à l'étroit. Parce que je déteste les grandes chaleurs et le froid intense, ma partie de la chambre se trouvait près du mur de séparation, et celle de ma fille près du mur extérieur. Ce matin-là, j'ai été réveillée brusquement par un grondement, des coups sourds et un tremblement violent. Ma fille a crié et a essayé de sortir de son lit pour me rejoindre. J'ai moi aussi essayé de me lever, mais je ne pouvais pas tenir debout. Tout penchait, le mur penchait vers moi. Soudain, le mur près de ma fille a disparu, et nous nous sommes retrouvées au bord du cinquième étage. Il faisait très chaud, on était en sous-vêtements. Ma fille a poussé un grand cri et croisé les bras sur sa poitrine, mais avant qu'elle ait pu réagir, elle a été projetée par-dessus bord par un autre mur qui s'est écroulé.

« J'ai hurlé son nom en m'accrochant à des clous pour les vêtements plantés dans le mur. Ce n'est que quand le balancement a cessé et que j'ai réussi à me tenir sur le sol en pente que j'ai compris que c'était un tremblement de terre. J'ai cherché frénétiquement une façon de descendre et je suis sortie en titubant et en criant le nom de ma fille.

« Je ne me suis pas rendu compte que je n'étais pas habillée. Les autres survivants ne portaient pas grand-chose sur eux non plus. Certains même étaient nus, mais personne ne s'en souciait. Nous courions en tous sens, éperdus dans le demi-jour, en pleurant et criant le nom de nos proches.

«Dans la cacophonie, je me suis enrouée à force de demander à tous ceux que je rencontrais si quelqu'un avait vu ma fille. Certains de ceux que je rencontrais me demandaient si moi aussi j'avais vu leurs parents. Tous étaient égarés et hurlaient, personne ne comprenait rien. Au fur et à mesure que les gens ont mesuré l'horreur de la situation, un silence de deuil s'est installé. On aurait pu entendre tomber une épingle. J'avais peur de bouger, de peur de faire trembler la terre de nouveau. On contemplait la scène devant nous, les bâtiments effondrés, les canalisations éventrées, les trous béants dans le sol, les cadavres partout, à même le sol, pendant aux poutres des toits et hors des maisons. Une nuée de poussière et de fumée s'élevait. Il n'y avait ni soleil ni lune, personne ne savait l'heure qu'il était. On ne savait plus si on était encore sur la terre des vivants.

J'ai encouragé Mme Yang à boire un peu d'eau.

— De l'eau ? Ah, oui… Je ne saurais dire combien de temps ça a pris, mais j'ai commencé à avoir soif à force de m'époumoner. Quelqu'un a alors fait écho à mes pensées en demandant d'une voix faible : « De l'eau… » et cela nous a ramenés aux problèmes immédiats de survie. Un homme d'un certain âge est sorti de la foule et a dit : « Si nous voulons vivre, nous devons nous entraider et nous organiser. » Nous avons acquiescé dans un murmure.

«Le jour commençait à se lever, et tout devant nous est devenu plus distinct, et plus horrible. Soudain quelqu'un a crié : "Regardez là-haut, il y a quelqu'un de vivant !" Dans la lumière blême, nous avons vu une fille suspendue en l'air entre les murs effondrés de deux bâtiments. Ses cheveux pendaient sur son visage, on ne voyait pas la partie inférieure de son corps bloquée par les éboulis, mais à la couleur et à la forme de son soutien-gorge, et aux mouvements de son torse qui se débattait, j'ai reconnu ma fille. J'ai crié : "Xiao Ping !" Je ne cessais de répéter son nom, avec une joie et un chagrin sauvages. Elle continuait à se tortiller désespérément, et j'ai compris qu'elle ne pouvait ni m'entendre ni me voir. Je me suis frayé un chemin dans la foule, en faisant des gestes dans sa direction et en criant avec des sanglots que c'était ma fille. Les éboulis gênaient ma progression. Les gens se sont mis à essayer d'escalader le mur qui emprisonnait ma fille, mais il avait une hauteur d'au moins deux étages, et ils n'avaient pas d'outils. J'ai crié son nom encore et encore. Elle ne m'avait toujours pas entendue.

« Quelques femmes, puis quelques hommes se sont alors mis à crier avec moi. Bientôt, tout le monde criait : "Xiao Ping ! Xiao Ping !"

« Xiao Ping a fini par nous entendre. Elle a levé la tête et utilisé sa main libre, la gauche, pour repousser les cheveux de son visage. Je savais qu'elle me cherchait. Elle avait l'air égarée ; elle ne pouvait pas me voir dans la foule de corps nus ou à demi nus. Un homme près de moi a commencé à pousser tous ceux qui m'entouraient. Personne n'a saisi au début ce qu'il faisait mais on a vite compris qu'il essayait de dégager l'espace autour de moi pour que Xiao Ping puisse me voir. Ça a marché ; Xiao Ping a crié "Maman !" et elle m'a fait signe de sa main libre.

« Je lui ai répondu, mais ma voix était rauque et faible. J'ai levé les bras et les ai agités. Je ne sais pas combien de temps nous avons passé ainsi à nous appeler et nous faire des signes. Finalement, quel-qu'un m'a fait asseoir. Il y avait toujours un grand espace vide autour de moi, pour que Xiao Ping puisse me voir. Elle aussi était fatiguée, sa tête pendait et elle ouvrait la bouche pour aspirer de l'air. En y repensant, je me demande pourquoi elle ne m'a jamais demandé de la sauver. Elle n'a jamais dit quelque chose comme "Maman, sauve-moi", pas un mot.

— Quand avez-vous commencé à compter ces quatorze jours et deux heures dont vous parliez ?

— Quelqu'un a crié à Xiao Ping : «Il est cinq heures trente du matin, on va venir te porter secours bientôt ! » Il voulait la réconforter, l'aider à tenir. Mais les secondes, les minutes et les heures passaient, et les secours ne venaient pas.

— Parce qu'il a fallu du temps aux gens avant de découvrir ce qui s'était passé, ai-je dit en me souve-nant que cela avait pris longtemps avant qu'un bulle-tin de nouvelles nous parvienne.

Mme Yang a hoché la tête.

—Quelle sorte de pays était-ce donc en 1976 ? Une grande cité gisait en ruine, trois cent mille per-sonnes étaient mortes, et personne ne le savait. La Chine était un pays arriéré ! Je crois que si nous avions été un peu plus évolués, on aurait pu épargner la vie de beaucoup de gens. Xiao Ping aurait survécu.

— Quand est-ce que les sauveteurs sont arrivés ?

— Je ne peux pas le dire avec certitude. Je me sou-viens seulement que l'armée est arrivée en premier. Les soldats étaient en sueur à force d'avoir couru, mais pas un ne s'est arrêté pour reprendre haleine, ils se sont divisés en équipes et tout de suite ils se sont mis au travail. Equipés de cordes et de pitons, deux soldats ont commencé à escalader le mur où Xiao Ping était prise. Le mur semblait sur le point de s'écrouler d'un moment à l'autre et de les écraser tous. J'avais du mal à respirer en les voyant se rapprocher peu à peu d'elle…

Mme Yang s'est tue quelques instants, avant de reprendre :

—Quand Xiao Ping a vu que quelqu'un venait à son aide, elle a éclaté en sanglots. Le premier soldat à parvenir jusqu'à elle a enlevé sa veste d'uniforme pour la couvrir. Un seul de ses bras était libre, alors il a noué la veste autour d'elle comme une tunique tibétaine. L'autre soldat lui a tenu une bouteille d'eau à la bouche. Ils ont commencé à déblayer les briques et les pierres autour de Xiao Ping, et ont vite libéré son bras droit, qui était couvert de bleus et saignait. Pour une raison inconnue, ils ont soudain cessé de creuser. J'ai crié vers eux en demandant ce qu'il y avait, mais ils ne pouvaient pas m'entendre. Un peu plus tard, ils sont descendus et sont venus vers moi. En faisant des gestes de leurs mains ensanglantées, ils m'ont dit que la partie inférieure du corps de Xiao Ping était enserrée entre des plaques de béton armé, qu'ils ne pouvaient pas creuser à la main. Je leur ai demandé pourquoi leurs mains étaient ensanglantées. Ils les ont cachées derrière leur dos en disant qu'ils n'avaient pas le droit de se servir d'outils pour libérer les gens, de crainte de les blesser.

« Quand tout a été fini, je me suis rendu compte que les ongles et les bouts de doigts de certains soldats étaient entamés à force de creuser, mais ils ont bandé leurs mains dans du tissu et ont continué. Certains soldats criaient furieusement tout en creusant, parce

118

qu'ils entendaient des gémissements et des appels à l'aide venant de dessous les éboulis. Que pouvaient-ils faire à mains nues ? Les équipements lourds de secours ne pouvaient parvenir jusqu'à la ville parce que les rues étaient détruites. Combien de gens sont morts en attendant les secours ?

Mme Yang a poussé un soupir et essuyé les larmes de ses yeux.

— Xiao Ping devait être très forte.

— Oui. Elle pouvait hurler si une branche l'égratignait, et blêmir à la vue du sang. Mais pendant ces derniers quatorze jours, elle a été si forte, c'est elle qui me réconfortait, elle disait : « Maman, je suis insensible, ça ne me fait pas mal du tout ! » Quand on a fini par libérer son corps, j'ai vu que ses jambes avaient été réduites en bouillie. La personne qui l'a préparée pour l'enterrement a dit que son bassin s'était brisé sous la pression. J'espère qu'elle avait vraiment perdu toute sensation dans la partie inférieure de son corps pendant ces quatorze jours, quand elle était exposée aux éléments. Je comptais chaque minute qui passait. Pendant tout ce temps, les gens ont essayé toutes sortes de méthodes pour la sauver, c'était une course contre la montre, mais rien n'a marché.

« Finalement, les soldats m'ont aidée à grimper jusqu'à Xiao Ping, ils ont fabriqué une sorte de siège pour que je puisse la tenir dans mes bras pendant de longues périodes d'affilée. Son petit corps faible était glacé, et pourtant nous étions en été.

« Pendant les premiers jours, Xiao Ping pouvait encore me parler, et elle agitait les mains en me racontant des histoires. Au bout du quatrième jour, elle était si faible qu'elle ne pouvait lever la tête qu'avec difficulté. On lui apportait de la nourriture et des médicaments tous les jours, et quelqu'un est venu la soigner, mais la moitié inférieure de son corps devait continuer à saigner et la gangrène progressait. De plus en plus de gens étaient inquiets de son sort, mais il n'y avait rien à faire. Tout Tangshan était en ruine ; il n'y avait pas assez de secouristes ou de matériel d'urgence et les routes qui menaient à la ville étaient impraticables. Ma pauvre fille…

— Tante Yang, ai-je murmuré.

Nous pleurions toutes les deux.

— Les derniers jours, je pense que Xiao Ping a dû comprendre qu'il n'y avait plus d'espoir pour elle, même si les gens trouvaient toutes sortes de prétextes pour lui donner du courage. Elle gisait épuisée dans mes bras, incapable de bouger. Le matin du quatorzième jour, elle a fait l'effort de redresser son torse et m'a dit : « Maman, je sens que les médicaments que tu m'as donnés me font de l'effet. J'ai une certaine force en moi, regarde ! »

« Quand les gens l'ont vue s'asseoir, ceux qui l'avaient veillée pendant quatorze jours se sont tous mis à applaudir et à crier leur joie. Je croyais qu'un miracle était arrivé. Quand Xiao Ping a vu combien tout le monde était ému, elle a paru avoir un sursaut d'énergie. Son visage, qui était mortellement pâle, a pris une teinte rouge vif et elle s'est adressée à tous ceux qui voulaient son bien d'une voix forte et claire, en les remerciant et en répondant à leurs questions. Quelqu'un lui a suggéré de chanter une chanson, et la foule l'a encouragée de ses applaudissements. Au début, Xiao Ping a hésité, mais les gens ont continué à applaudir : "Une chanson, Xiao Ping ! Xiao Ping, une chanson !" Finalement elle a hoché la tête faiblement et s'est mise à chanter : "L'étoile rouge brille d'une lumière merveilleuse, l'étoile rouge brille dans mon cœur…"

« Tout le monde connaissait cette chanson à l'époque, et beaucoup de gens se sont mis à chanter avec Xiao Ping. Entendre chanter au milieu de cette désolation a ranimé l'espoir. Pour la première fois depuis des jours, les gens souriaient. Après quelques vers, la voix de Xiao Ping s'est altérée, et elle est retombée dans mes bras.

Mme Yang est restée silencieuse un long moment. Elle a fini par se secouer et a repris :

— Xiao Ping ne s'est pas réveillée. Je pensais qu'elle dormait, et quand j'ai compris mon erreur, il était trop tard. Elle n'a rien dit d'autre ; sa dernière expérience de ce monde a été celle de gens souriant et chantant autour d'elle. Quand le médecin m'a dit qu'elle était morte, je suis restée calme : ces quatorze jours et deux heures m'avaient vidée de toutes mes larmes. Ce n'est que quatre jours plus tard, quand ils ont fini par extraire le corps de Xiao Ping, qui commençait à sentir mauvais, que je me suis mise à pleurer. Son corps était dans un tel état… Ma propre chair, mon propre sang… J'ai souffert, oh j'ai souffert !

J'ai sangloté avec elle.

— Pardonnez-moi, Tante Yang. Pardonnez-moi.

— La pauvre enfant, pendant ces quatorze années, elle n'a vu que trois films, *La Guerre des souterrains*, *La Guerre des mines* et *La Bataille du Nord et du Sud*, et huit opéras. Elle n'a jamais su ce qu'était une jolie robe ou une paire de chaussures à talons…

— C'est une période tragique de l'histoire de la Chine. Je viens de cette époque-là aussi, et je ne savais pas non plus ce qu'était la jeunesse ou la beauté.

Mme Yang a soupiré.

— Il y a des gens qui prétendent que le tremblement de terre était un châtiment divin pour les événements de la Révolution culturelle. Mais qui étaient ces dieux qui prenaient leur revanche ? Je n'ai jamais rien fait pour les offenser, rien qui soit immoral. Pourquoi ont-ils tué ma fille ?

— Oh, Tante Yang, ne dites pas cela ! La mort de Xiao Ping n'était pas une punition. Ne croyez pas cela, jamais. Si là où elle est maintenant, Xiao Ping savait que vous souffrez à ce point, elle s'inquiéterait. Il vous faut vivre du mieux que vous pouvez : c'est la meilleure récompense que vous puissiez donner à Xiao Ping pour son sacrifice, vous ne trouvez pas ?

— Oui, c'est vrai… mais je… eh bien, n'en parlons plus. Vous êtes occupée, faites ce que vous avez à faire, ne prêtez pas attention à mes stupides bavardages.

— Merci, Tante Yang. J'ai pris sa main : Je crois que vous voyez beaucoup de bonheur et de rires parmi les enfants ici. Je suis sûre qu'en grandissant, ces enfants seront une continuation de l'âme de Xiao Ping et des choses merveilleuses qu'elle a laissées en ce monde.

J'ai levé les yeux sur la photographie de Xiao Ping, et j'ai eu l'impression qu'elle m'implorait de ne pas laisser sa mère seule. Qu'elle me parlait avec la voix de Panpan.

Quelques jours plus tard, je suis retournée à Tangshan pour un entretien avec la responsable de l'orphelinat, la directrice Ding.

Mme Ding avait exercé des responsabilités administratives dans l'armée pendant plus de dix ans. Son mari avait dû quitter l'armée en raison de problèmes de santé, et elle était revenue du sud-ouest de la Chine s'installer à Tangshan avec sa famille à peu près un an avant le tremblement de terre. Elle avait perdu sa fille dans la catastrophe, et son fils avait perdu ses deux jambes. Par la suite, son mari était mort d'une crise cardiaque. Elle avait élevé son fils infirme avec l'aide du gouvernement. Il avait appris seul la comptabilité et s'était porté volontaire pour tenir les comptes quand plusieurs mères avaient parlé de fonder l'orphelinat. Peu de temps après ma visite, ses blessures se sont infectées et il est mort.

Pour éviter de raviver des souvenirs pénibles pour Mme Ding, j'ai essayé de parler à son fils. Mais il m'a dit qu'il était trop jeune à l'époque et ne se souvenait pas du tremblement de terre. Il m'a dit aussi que sa mère ne lui avait jamais raconté les circonstances exactes de la mort de sa sœur. Il avait seulement entendu dire qu'elle n'était pas morte dans la catastrophe mais qu'elle s'était tuée par la suite. Il avait très envie d'interroger sa mère, mais dès qu'il abordait le sujet, elle le faisait taire.

Il ne me restait qu'à demander à la directrice Ding si elle acceptait que je l'interroge. Elle a acquiescé, mais m'a suggéré de patienter jusqu'au jour de la fête nationale avant de revenir la voir. Quand je lui ai demandé pourquoi, elle m'a répondu :

—Mon histoire ne sera pas longue, mais la raconter va me rendre malade pendant plusieurs jours. J'aurai besoin de temps pour me remettre.

Le jour de la fête nationale tombait avant un week-end, aussi nous disposerions de trois jours d'affilée. C'étaient de vraies vacances à cette époque où les jours fériés étaient rares.

La veille de ces vacances, alors que je venais d'arriver à Tangshan, la directrice Ding m'a téléphoné pour me fixer un rendez-vous.

Je me suis rendue à l'orphelinat, et j'ai cherché à la rassurer en lui disant que nous pourrions arrêter l'entretien à n'importe quel moment, si elle trouvait cela trop douloureux. Elle m'a adressé un petit sourire.

—Xinran, c'est gentil de votre part, mais n'oubliez pas que j'étais dans l'armée et que j'ai vu bien des choses en Corée.

J'ai donc commencé :

— On m'a dit que vous n'avez perdu aucun membre de votre famille dans le tremblement de terre ?

— C'est exact, mais la survie a été un désastre pour nous tous.

— Est-ce que je me trompe si je dis que votre mari est mort de chagrin après ce qui est arrivé à votre fille ?

— Non, et j'ai failli en mourir aussi. Mais la pensée de mon fils infirme m'a soutenue. Je me considérais comme une partie de lui, c'est ce qui m'a permis de continuer à vivre.

D'une voix hésitante, je l'ai incitée à poursuivre :

— Votre fille s'est suicidée parce que…

— A ce jour, seules trois personnes savent pourquoi, mon mari, ma fille et moi.

— Oh ?

— Oui. On a dû vous dire et vous redire à quel point le tremblement de terre avait détruit la ville. Je n'ai pas besoin d'insister. En fait, les mots ne peuvent pas arriver à décrire ce qui se passe à ce moment-là. On ne connaît cette impression de fin du monde que si on en fait l'expérience soi-même. Dans une situation comme ça, on pense d'abord à sa famille.

« La terre tremblait encore quand mon mari et moi avons réussi à quitter le bâtiment dans lequel nous habitions, qui était sur le point de s'écrouler. On a découvert que la chambre où dormaient nos enfants avait été éventrée, mais nos enfants avaient disparu. J'avais le cœur serré de peur. Parce qu'il y avait un aéroport militaire près de chez nous, l'armée nous a rapidement porté secours. Ils ont facilement dégagé mon fils des décombres, mais ses jambes étaient broyées, alors ils l'ont amputé au-dessus du genou, comme vous avez vu. Il a eu de la chance, car avec la chaleur qu'il faisait, ses blessures se seraient gangrenées et auraient mis sa vie en danger. Deux jours ont passé et on n'avait toujours pas retrouvé ma fille, j'ai cru devenir folle. Je voyais des gens blessés, mutilés et morts qu'on sortait des éboulis et qu'on emportait tous les jours ; rarement une personne entière avec rien qui lui manque, ou qui ne soit pas blessée.

« Alors que j'avais presque abandonné tout espoir, quelqu'un m'a dit qu'on avait transporté beaucoup de blessés sur les pistes de l'aéroport. Tant qu'il y avait un fil d'espoir, il fallait que j'aille voir.

125

« Mais quand je suis arrivée à l'aéroport, ce que j'ai vu m'a atterrée ; les longues pistes étaient couvertes sur quatre ou cinq rangées d'innombrables corps gémissants. Ce n'est qu'à ce moment-là que j'ai compris que ce tremblement de terre n'avait pas seulement détruit notre maison, mais une ville entière, des centaines de milliers de gens. Emplie de terreur, j'ai commencé à essayer de retrouver ma fille parmi ces rangées de morts et de blessés ; ils devaient être vivants quand on les avait apportés, mais certains étaient morts avant qu'on puisse leur donner les premiers soins. C'était difficile d'arriver à identifier quelqu'un : très peu portaient de vêtements ; certains visages de femmes étaient dissimulés sous les cheveux ; certains étaient couverts de boue. Au bout d'une demi-journée, je n'avais pas parcouru la moitié de la première file. Quand le soir est tombé, je suis retournée aux tentes que la garnison avait mises à notre disposition. J'avais l'intention de reprendre mes recherches le lendemain.

« Beaucoup de gens dormaient dans la tente où j'étais. Hommes et femmes, riches et pauvres confondus. Les gens s'effondraient là où il y avait de la place, épuisés d'avoir couru dans tous les sens, à chercher sans manger ni boire, à vivre d'espoir.

« Alors que je commençais à dodeliner de la tête, j'ai surpris la conversation de deux hommes non loin de moi :

« — Qu'est-ce que tu mijotes ? Tu dors pas encore ?

« — Je pense à cette fille…

« — Encore ?

« — Non, pas de cette façon. Je me demandais seulement si elle allait pas mourir là où on l'a laissée.

« — Diable, j'avais pas pensé à ça !

« — Ce qu'on a fait était pas joli, et si elle meurt ?

« — Qu'est-ce que tu veux dire ? Tu veux aller voir ? Alors, on ferait mieux de se dépêcher. Comme ça, y aura encore de la place quand on reviendra, on va être trempés par la pluie si on dort dehors.

« Je me suis retournée pour voir qui parlait, et j'ai été stupéfaite de voir un fil multicolore pendre de la poche du short d'un des hommes. Cela ressemblait à la ficelle avec laquelle ma fille s'attachait les cheveux. Je n'arrivais pas à croire que c'était ma fille dont ils parlaient, mais si c'était le cas ? Je me suis ruée sur eux et je leur ai demandé d'où venait la ficelle de couleur. Ils ne voulaient pas me répondre, ce qui n'a fait que renforcer mes soupçons. Je les ai invectivés, en les pressant de me dire où se trouvait la fille dont ils parlaient ; effrayés, ils ont marmonné quelque chose à propos d'un fossé près d'une piste, puis ils se sont enfuis. Je n'ai pas pu leur demander de détails, encore moins les retenir ; tout ce que je voulais savoir, c'était si cette fille était ma fille.

« Je suis partie en courant dans la direction que ces hommes avaient indiquée. Quand j'ai atteint le bord d'un fossé, j'ai entendu de faibles gémissements, mais je ne voyais pas d'où ils venaient dans le noir. A ce moment-là, deux soldats en patrouille m'ont rejointe ; ils avaient des torches électriques et gardaient les blessés le long des pistes. Je leur ai demandé de fouiller le fossé avec leurs torches. Dans le faible faisceau d'une torche, on a vu une fille nue. J'étais dans un état de confusion totale ; je souhaitais à la fois que ce soit ma fille et que ça ne soit pas elle.

127

Quand les deux soldats m'ont aidée à la transporter sur la piste, j'ai compris que c'était bien ma fille.

« "Xiao Ying, Xiao Ying !" J'ai crié son nom ; elle me regardait, l'air égaré, sans la moindre réaction.

« "Xiao Ying, c'est maman !" Soudain, j'ai remarqué que la partie inférieure de son corps était gluante et mouillée, mais je n'avais pas le temps de penser à ça et je me suis dépêchée de lui enfiler les vêtements que les soldats m'ont donnés. Etrangement, Xiao Ying a baissé de nouveau le pantalon.

« Quand je lui ai demandé pourquoi elle avait fait ça, elle s'est contentée de fermer les yeux et de fredonner. Elle était épuisée et s'est vite endormie. Je suis restée allongée longtemps près d'elle avant de finir par m'endormir moi aussi.

« A l'aube, j'ai été réveillée par le ronflement d'un moteur d'avion. Quand j'ai vu Xiao Ying étendue à côté de moi, je suis restée interdite ; elle baissait son pantalon avec une expression de démence sur le visage, et ses jambes et son entrejambe étaient tout ensanglantés. C'est à ce moment-là que je me suis souvenue de ce qu'avaient dit les deux hommes. Avaient-ils profité du désastre pour la violer ? Je n'osais pas le croire. Et ma fille, une fille vive, radieuse, avait perdu l'esprit.

« Le médecin a dit que le choc avait été trop fort pour Xiao Ying, et il a dit à mon mari et moi qu'elle avait été violée. C'est tout ce que j'ai entendu avant de m'évanouir. Quand j'ai repris mes esprits, mon mari me tenait la main, le visage baigné de larmes. On s'est regardés en silence et on a pleuré : notre fille avait été brutalisée et était devenue folle, notre fils avait perdu ses jambes…

La directrice Ding s'est tue.

— Puis-je vous demander si vous avez fait soigner Xiao Ying ? ai-je dit tout doucement.

— Oui, mais nous n'avons pas compris qu'elle continuerait à éprouver cette terreur même si elle guérissait. Deux ans et demi plus tard, quand elle a commencé à retrouver une mémoire à peu près normale, la veille du jour où nous pensions la ramener à la maison pour débuter une vie nouvelle, elle s'est pendue dans sa chambre d'hôpital. Dans la lettre qu'elle nous a laissée, elle dit :

Chers Papa et Maman,
Pardonnez-moi, je ne peux pas continuer à vivre. Vous n'auriez pas dû me sauver. Il n'y a rien dans les souvenirs qui me reviennent que les choses qui s'écroulent autour de moi, et la cruauté et la violence de ces hommes. C'est tout ce qu'il me reste dans ce monde, et je ne peux pas vivre avec ces souvenirs tous les jours. Me souvenir est trop pénible, je m'en vais.
Votre fille, Xiao Ying.

— Quel âge avait Xiao Ying alors ?

— Seize ans, son frère onze. (Mme Ding a fait une pause.) Mon mari s'est arraché les cheveux de douleur, il disait que c'était lui qui lui avait fait du mal, mais bien sûr ce n'était pas de sa faute. Cette nuit-là, il s'est couché très tard. J'étais épuisée et je me suis endormie, mais quand je me suis réveillée, son corps était froid, et la tristesse marquait ses traits. Le certificat de décès qu'a établi le médecin dit qu'il est mort d'une crise cardiaque suite à un épuisement extrême.

J'avais du mal à respirer.

— Madame Ding, j'ai du mal à comprendre comment vous avez pu supporter tout cela.

Elle a hoché la tête avec résignation.

— Et vous ne voulez pas que votre fils sache la vérité ?

— Il a déjà résisté à la mutilation infligée à son corps ; comment pourrait-il supporter le même dommage infligé à son esprit et ses sentiments ?

— Mais vous avez continué bravement.

— Oui, mais je n'ai pas été vraiment courageuse. Je fais partie de ceux qui sont forts face aux autres, une soi-disant citadelle d'après les autres femmes, mais quand je me retrouve seule, je pleure toute la nuit : pour ma fille, mon mari, mon fils, et pour moi-même. Parfois, j'ai même du mal à respirer tant ils me manquent. Certaines personnes disent que le temps guérit tout, mais il ne m'a pas guérie, moi.

Dans le train du retour, je n'ai cessé de pleurer tout le long du trajet. J'ai recommencé à pleurer quand j'ai pris mon stylo pour consigner le drame de ces mères. J'ai beaucoup de mal à imaginer leur courage. Elles continuent à vivre. Le temps les a portées jusqu'au présent, mais chaque minute, chaque seconde, il leur a fallu se battre avec des scènes de mort ; et jour après jour, nuit après nuit, elles ont porté la douleur de la perte de leurs enfants. C'est une douleur que personne ne peut leur enlever : le plus petit objet domestique – une aiguille et du fil, une paire de baguettes et un bol – peut leur ramener les visages souriants et les voix des âmes mortes. Mais il faut qu'elles vivent ; elles doivent sortir de leurs souvenirs et se tourner vers la réalité. Je ne comprends que maintenant pourquoi il y avait l'image d'un œil dans chaque chambre de l'orphelinat – ce grand œil, débordant de larmes, cet œil avec « le futur » écrit sur la pupille. Elles n'ont pas cadenassé leur tendresse de mère dans le souvenir de leurs enfants ; elles ne se sont pas noyées dans leurs larmes en comptant sur la compassion des autres. Avec la grandeur des mères, elles ont construit de nouvelles familles pour les enfants qui avaient perdu leurs parents. Pour moi, ces femmes sont la preuve exemplaire de l'incroyable vitalité des Chinoises. En tant que mère, je peux imaginer le sentiment de perte qu'elles ont connu, mais je ne sais pas si je serais capable de donner si généreusement du sein d'une douleur comme la leur.

Quand j'ai présenté un programme fondé sur ces entretiens, j'ai reçu plus de sept cents lettres en cinq jours. Des gens me demandaient de transmettre leurs respects aux mères de l'orphelinat, et de les remercier. D'autres envoyaient de l'argent, en me demandant d'acheter des cadeaux pour les enfants. Ils partageaient les émotions que l'émission avait soulevées en eux : une femme écrivait qu'elle éprouvait de la gratitude envers ses enfants ; une fille, qu'elle avait envie de prendre sa mère dans ses bras pour la première fois ; un garçon, qui avait quitté la maison depuis plusieurs mois, disait qu'il avait décidé de rentrer chez ses parents et de leur demander pardon. Toutes les tables de mon bureau étaient couvertes de lettres, et une grande boîte en carton près de la porte était remplie de cadeaux pour les enfants et les mères. Dedans, il y avait des choses venant du Vieux Chen, du Grand Li, de Mengxing, Xiao Yao, du Vieux Zhang… et de nombreux autres collègues.

6
Ce que croient les Chinoises

Je n'avais pas oublié les trois questions de l'étudiante Jin Shuai : De quelle philosophie se réclament les femmes ? Que signifie le mot « bonheur » pour une femme ? Et qu'est-ce qui fait d'une femme une femme « bien » ? Au fil de mes enquêtes pour mes émissions, j'essayais d'y répondre.

Je pensais qu'il serait intéressant de demander à mes collègues plus âgés et plus expérimentés, le Grand Li et le Vieux Chen, leurs opinions sur les philosophies qui sous-tendaient la vie des femmes. Il va de soi qu'à une époque où la foi dans le Parti venait toujours en premier, il me fallait faire attention à la façon dont je poserais cette question.

—Bien sûr, les femmes croient dans le Parti avant toute chose, commençai-je, mais n'ont-elles pas d'autres croyances ?

Le Vieux Chen accepta avec empressement de débattre de ce sujet.

—Les Chinoises ont une tournure d'esprit religieuse, déclara-t-il, mais il semble qu'elles puissent croire en plusieurs religions à la fois. Les femmes qui croient aux exercices physiques et spirituels du Qigong changent constamment de type de Qigong et de maître : leurs dieux vont et viennent. On ne peut

133

pas leur en tenir rigueur : les difficultés de la vie les poussent à chercher une façon de s'en sortir. Comme le président Mao l'a dit : « La pauvreté fait naître un désir de changement. » Maintenant nous croyons en Mao Zedong et au communisme, mais avant on croyait au Ciel, à l'Empereur Céleste, au Bouddha, à Jésus et Mahomet. En dépit de notre longue histoire, nous n'avons pas de foi indigène. Les empereurs et les dirigeants étaient considérés comme des divinités, mais ils changeaient tout le temps et les gens ont pris l'habitude d'adorer différents dieux. Comme on dit : « Pour cent personnes, cent croyances différentes. » En fait, on pourrait dire qu'on ne croit vraiment en rien. Les femmes sont beaucoup plus pragmatiques que les hommes, aussi elles ont tendance à mettre tous les atouts dans leur manche. Et comme elles ne voient pas bien quel est le dieu qui a le plus de pouvoir ou l'esprit qui est le plus utile, elles croient en tous, juste pour mettre toutes les chances de leur côté.

Je savais que ce qu'il disait était vrai, mais je me demandais comment les gens réussissaient à concilier les doctrines antagonistes des différentes religions. Le Vieux Chen sembla deviner mes pensées.

— Je crois que presque toutes les femmes comprennent ce qu'est la religion. La plupart essaient seulement de faire comme les autres, de peur d'être mal vues.

Le Grand Li était d'accord avec le Vieux Chen. Il souligna le fait que, surtout depuis qu'on avait institué la liberté religieuse en 1983, un foyer pouvait avoir plusieurs autels consacrés à des dieux différents. La plupart des gens qui priaient le faisaient pour demander la fortune ou d'autres bénéfices. Il me

parla de ses voisins : un des grands-parents était boud-
dhiste et l'autre taoïste, et ils se disputaient constamment. Loin des bâtons d'encens, la petite-fille
chrétienne avait édifié une croix ; les grands-parents
le lui reprochaient sans cesse, en disant qu'elle serait
la cause de leur mort précoce. La mère de la fille
croyait en une forme de Qigong et le père croyait au
dieu de la Richesse. Eux aussi étaient tout le temps en
train de se chamailler : la femme disait que l'avidité
de l'homme portait atteinte à sa spiritualité, et
l'homme accusait les mauvaises influences de la
femme de faire du tort à sa fortune. Le peu d'argent
que possédait cette famille était dépensé en rituels
religieux ou en images saintes, mais ils n'en étaient
pas plus riches ni plus heureux pour autant.

Le Grand Li me parla aussi d'une femme chef
d'entreprise de ses connaissances qui avait la réputation d'être très religieuse. Dans ses discours
publics, elle faisait l'éloge du Parti communiste,
unique espoir de la Chine ; une fois redescendue du
podium, elle prêchait le bouddhisme, disait aux
gens qu'ils seraient récompensés dans leur prochaine vie en fonction de leurs actes dans celle-ci.
Quand le vent tournait, elle se faisait l'avocate d'un
certain type de Qigong miraculeux. Quelqu'un de
son unité de travail m'a dit qu'elle épinglait un
badge du Parti communiste sur son manteau, une
image du Bouddha sur sa petite culotte et un portrait
du Grand Maître Zhang de la secte Zangmigong sur
son soutien-gorge.

En voyant mon regard incrédule, le Grand Li m'a
assuré que le nom de cette femme était souvent mentionné dans les journaux. Elle était élue « Travailleuse

modèle » tous les ans, et avait été choisie comme membre extraordinaire du Parti plusieurs fois.

— Ce genre de religiosité ne doit pas être trop du goût du Parti, ai-je dit d'un ton légèrement irrévérencieux.

Le Vieux Chen a tapoté la table et déclaré, l'air sévère :

— Xinran, faites attention à ce que vous dites. Ce genre de propos pourrait vous coûter votre tête.

— Devons-nous encore avoir peur ?

— Ne soyez pas si naïve ! Dans les années cinquante, le Parti a lancé un appel pour que « cent fleurs s'épanouissent et rivalisent entre elles ». Que s'est-il passé ? Ceux qui ont répondu à l'appel ont tous été emprisonnés ou envoyés dans des villages perdus dans les montagnes. Certains n'avaient fait qu'exprimer leurs pensées dans leur journal intime, et ils ont dû pour cela supporter les dénonciations publiques et la prison.

Le Vieux Chen était un homme bon. Il m'a mise en garde :

— Vous ne devriez pas trop parler de foi et de religion. Vous n'allez vous attirer que des ennuis.

Pendant les quelques années qui ont suivi, je me suis entretenue avec un certain nombre de femmes sur leurs croyances, et ces entretiens ont confirmé l'opinion qu'elles étaient vraiment capables de croire à tout un éventail de religions en même temps. A Zhengzhou, j'ai rencontré une cadre à la retraite qui réussissait à concilier sa dévotion au Parti communiste avec une foi intense dans un *Fangxiang gong* (un Qigong des odeurs et des parfums) – un genre de

Qigong où l'idée est d'amener le maître à émettre un parfum qui vous permette d'inhaler sa bonté et de donner de la force à votre corps. Avant cela, elle croyait dans des exercices pour garder la forme et des remèdes aux plantes. Quand je lui ai demandé si elle croyait au bouddhisme, elle m'a dit de ne pas parler trop fort mais a reconnu que, oui, elle y croyait. Les personnes âgées de sa famille avaient toujours dit qu'il valait mieux croire à tout plutôt que de ne croire à rien. Elle m'a aussi raconté qu'elle croyait en Jésus qui était le père Noël et venait chez vous vous aider à la fin de l'année. Comme je m'étonnais que Jésus et le père Noël soient une seule et même personne, elle a répliqué que j'étais trop jeune pour comprendre et m'a demandé de ne pas diffuser notre conversation :

—On dit : « A la maison, croyez en vos propres dieux et faites ce que vous voulez ; au-dehors, croyez au Parti et surveillez vos actes. » Mais je ne voudrais pas qu'on apprenne ce que je viens de vous dire. Je ne veux pas que les gens me fassent subir de mauvais traitements maintenant que je suis vieille.

— N'ayez crainte, je n'en parlerai à personne, l'ai-je rassurée.

Elle a pris un air dubitatif.

—C'est ce que vous dites, mais par les temps qui courent, à qui se fier ?

La pratique du Qigong gagnait beaucoup de terrain en Chine à cette époque-là. Les gens s'en remettaient totalement aux maîtres qui le pratiquaient, et je me méfiais de leur ascendant. En 1995, j'ai rencontré une conférencière de l'Université de Pékin qui était une fervente adepte d'un nouveau type de Qigong appelé *Falungong* – ou devrais-je dire de son fondateur, Li

Hongzhi. Li Hongzhi enseignait que le monde était divisé en trois strates ; celle du gardien du seuil – lui ; celle occupée par les esprits d'une vertu hors du commun – le dieu chrétien, le Bouddha, etc. ; et la troisième où vivaient les gens ordinaires. « Maître Li est le dieu qui sauvera l'humanité de cette montagne d'ordures qu'est devenue la planète avant qu'elle n'explose, m'a-t-elle dit. Il n'a pas recours à la magie pour sauver les gens, mais il leur conseille des exercices spirituels pour accroître les vertus de vérité, de générosité et de tolérance, et les rendre aptes à monter au Ciel. » Elle disait croire aussi au dieu chrétien et sembla se troubler quand je lui demandai comment elle faisait pour s'y retrouver, puisque Li Hongzhi enseignait que, pour pratiquer le *Falungong,* on ne devait pas avoir d'autres dieux ou esprits dans le cœur.

Et qu'en était-il de la jeune génération ? J'ai rencontré un jour deux jeunes femmes d'environ vingt ans devant une église protestante à Nankin. L'une d'elles était habillée à la mode et avait de longs cheveux brillants dénoués. L'autre n'était pas aussi élégamment mise, et ses cheveux étaient attachés par une queue-de-cheval. J'ai supposé que la jeune femme élégante était venue à l'église parce que c'était à la mode, et que son amie était venue par curiosité, mais je me trompais.

Je leur ai demandé si elles allaient souvent à l'église. En jetant un coup d'œil à son amie, la jeune femme bien mise a répondu :

— C'est la première fois, c'est elle qui m'a entraînée.

La fille à la queue-de-cheval l'a interrompue de sa voix flûtée :

— Moi, c'est seulement la seconde fois que je viens.

— Vous êtes venue seule la première fois ? Ou avec quelqu'un d'autre ?

— Je suis venue avec ma grand-mère, elle est chrétienne.

— Et ta mère ne l'est pas ? a demandé son amie.

— C'est-à-dire, ma mère dit qu'elle est chrétienne, mais elle ne va jamais à l'église.

Je leur ai demandé à toutes les deux :

— Vous croyez au dogme chrétien ?

La fille bien habillée a répliqué :

— Je n'y ai jamais cru, on m'a seulement dit que c'était vraiment intéressant.

— Qu'entendez-vous par intéressant ? ai-je insisté.

— Tant de gens dans le monde croient en Jésus, il doit y avoir une bonne raison.

— Il y a tant de gens dans le monde qui ont foi dans l'islam et le bouddhisme, qu'en est-il alors ?

Elle a haussé les épaules.

—Je ne sais pas.

Son amie à la queue-de-cheval a dit :

— De toute façon, il faut bien que les femmes croient à quelque chose quand elles ont la quarantaine.

Ce raisonnement m'a surprise.

— Ah bon ? Pourquoi ?

— Regardez les gens qui prient dans les églises et font brûler des bâtons d'encens dans les temples. Ce sont toutes des femmes d'âge mûr.

— Et pourquoi, selon vous ?

La jeune femme chic a interposé de façon énigmatique :

139

— Les hommes travaillent dur pour gagner de l'argent, les femmes travaillent dur parce que c'est leur destin.

Son amie a ajouté :

— Ma grand-mère dit qu'elle ne croyait pas en Dieu quand elle était jeune, mais que quand elle a commencé à croire, bien des problèmes lui ont semblé moins graves. Et ma mère dit qu'après qu'elle s'est mise à croire en Dieu, elle a cessé de se disputer avec mon père. C'est vrai, ils avaient de violentes disputes, mais maintenant, quand il arrive à mon père de se mettre en colère, ma mère se met devant la croix et prie, et mon père se calme.

— Les femmes n'accomplissent rien d'important, de toute façon. Prier n'importe quel dieu vaut toujours mieux que jouer au mah-jong, a déclaré la jeune femme chic.

Sa remarque désinvolte m'a interloquée :

— Peut-on mettre en parallèle le mah-jong et la religion ?

La fille à la queue-de-cheval a dit :

— Il ne s'agit pas de ça. Ma mère dit que les femmes qui ne croient à rien vivent au jour le jour. Si elles avaient de l'argent, elles se paieraient du bon temps, mais elles n'en ont pas assez pour voyager, ou même pour sortir boire un verre. Alors elles restent à la maison et jouent au mah-jong. Comme ça, elles se font un peu d'argent.

— Qu'en est-il des femmes pieuses ?

— Les gens qui ont une religion sont différents, a repris la jeune femme bien habillée, en hochant la tête.

Ce que son amie a confirmé :

— Très différents. Les femmes pieuses lisent les Ecritures, participent à des activités religieuses et aident les autres.

— Ainsi, quand vous aurez quarante ans, vous allez adhérer à une religion ? ai-je demandé à toutes deux.

La jeune femme bien habillée a haussé les épaules sans s'avancer, mais son amie a répliqué d'un ton assuré :

— Si je suis riche, je ne croirai pas. Si je suis encore aussi pauvre que maintenant, je croirai.

— En quelle religion allez-vous croire ?

— Ça dépendra de la religion en vogue à ce moment-là.

Les jeunes filles sont parties, et je suis restée seule, bouche bée de stupéfaction devant l'église.

7
La femme qui aimait les femmes

Mes collègues disaient: « Les journalistes deviennent de plus en plus circonspects avec le temps. » A mesure que je gagnais une certaine expérience du fonctionnement de la radiodiffusion et essayais de repousser les limites imposées à mon émission, je commençais à entrevoir ce qu'ils entendaient par là. A tout moment, un journaliste pouvait commettre une erreur mettant sa carrière, si ce n'est sa liberté, en danger. Nous vivions dans un monde régi par un ensemble minutieusement contingenté de règles, et si on les enfreignait, cela pouvait entraîner de graves conséquences. La première fois que j'ai présenté une émission de radio, mon directeur avait l'air si nerveux que je pensais qu'il allait s'évanouir. Ce n'est que plus tard, quand je suis devenue chef de service moi-même, que j'ai découvert comment, en accord avec les règles de radiodiffusion chinoises, quand un bulletin était coupé ne fût-ce que trente secondes, le nom de la personne en charge de l'équipe faisait le tour du pays – une action disciplinaire qui pouvait sérieusement affecter les promotions futures. Les erreurs les plus infimes pouvaient se traduire par une réduction de la prime mensuelle (qui était bien plus élevée que le salaire); les erreurs graves menaient souvent à une régression à un échelon inférieur, si ce n'est au renvoi pur et simple.

Deux ou trois fois par semaine, les journalistes de la radio devaient assister à un cours d'études politiques. Les séances développaient les vues de Deng Xiaoping sur l'ouverture de la Chine et les théories de Jiang Zemin concernant l'économie. Les principes et l'importance politique des informations nous étaient inculqués encore et encore, et aucune séance ne s'achevait sans quelque condamnation de collègues pour des transgressions variées : ne pas avoir annoncé les noms des chefs dans le bon ordre hiérarchique, avoir échoué à restituer les fondements de la propagande du Parti dans un commentaire, avoir manqué de respect envers ses aînés, ne pas avoir mis le Parti au courant d'une liaison amoureuse, s'être comporté avec « indécence » ; tout cela et d'autres manquements de ce genre étaient mis au ban public. Pendant ces sessions, j'avais le sentiment que la Chine était encore aux prises avec la Révolution culturelle : la politique régulait encore tous les aspects de la vie quotidienne ; certains groupes de gens étaient soumis à la censure et aux jugements, ce qui donnait aux autres le sentiment d'accomplir quelque chose.

Je trouvais très difficile de me souvenir de toutes ces informations politiques, mais j'étais sûre de retenir le précepte le plus important : « Le Parti est seul juge. » Le temps est venu où ma propre compréhension de ce principe a été mise à l'épreuve.

Le succès de mon émission m'avait valu beaucoup de louanges. Les gens m'appelaient la première présentatrice à « lever le voile » des Chinoises, la première journaliste à fouiller dans la véritable réalité de leurs vies. La station de radio m'avait promue et j'avais bénéficié de notables aides financières. J'avais aussi, finalement, réussi à monter une émission avec ligne directe et à prendre des appels à l'antenne.

Les studios consacrés au direct comportaient tous deux pièces, l'une pour la console de diffusion du présentateur, la musique et les papiers, l'autre pour le contrôle. Les appels sur ma ligne directe me parvenaient via la contrôleuse, qui activait le mécanisme de retardement. Elle avait environ dix secondes pour décider si un appel était recevable ou non à l'antenne et pour le couper sans que les auditeurs s'en rendent compte.

Un soir, j'étais sur le point de conclure mon émission avec un peu de musique douce – ce que je faisais habituellement pendant les dix dernières minutes – quand j'ai pris un dernier appel :

— Xinran, bonsoir, j'appelle de Ma'anshan. Merci pour votre émission. Elle me donne beaucoup à réfléchir et me réconforte, moi et beaucoup d'autres femmes. Aujourd'hui, j'aimerais vous demander ce que vous pensez de l'homosexualité. Pourquoi tant de gens rejettent-ils les homosexuels ? Pourquoi la Chine considère-t-elle l'homosexualité comme un délit ? Pourquoi les gens ne comprennent-ils pas que les homosexuels ont les mêmes droits et sont confrontés aux mêmes choix dans la vie que tout le monde ?…

Alors que l'interlocutrice continuait à déverser son flot de questions, j'ai senti une sueur froide m'envahir. L'homosexualité était un sujet tabou selon le code des médias ; je me suis demandé, affolée, pourquoi la contrôleuse n'avait pas coupé l'appel.

Impossible de me dérober : des milliers de gens attendaient ma réponse et je ne pouvais pas dire que c'était un sujet considéré comme interdit. Ni que le temps nous manquait : il restait encore quinze bonnes minutes avant la fin de l'émission. J'ai augmenté le volume de la musique tout en cherchant frénétiquement dans mes souvenirs de lectures sur l'homosexualité une façon d'aborder le sujet de façon diplomatique. La femme venait de poser une question pertinente, qui devait traîner dans l'esprit des auditeurs :

— L'homosexualité a son histoire propre, de la Rome antique à l'Occident et des dynasties Tang et Song en Chine jusqu'à nos jours. Il y a des arguments philosophiques qui établissent que tout ce qui existe a une raison d'être, alors pourquoi considère-t-on en Chine que l'homosexualité est une aberration ?

A ce moment-là, j'ai aperçu à travers l'écran de verre la contrôleuse qui décrochait le téléphone intérieur. Elle a blêmi et coupé immédiatement l'appel au beau milieu d'une phrase, alors que c'était strictement interdit. Quelques instants plus tard, le directeur du service est entré en trombe dans la pièce de contrôle et m'a dit dans l'interphone : « Soyez prudente, Xinran ! »

J'ai laissé la musique pendant une minute de plus avant d'ouvrir le micro.

— Bonsoir, amis de la radio, vous écoutez *Mots sur la brise nocturne*. Mon nom est Xinran, et je débats en direct avec vous du monde des femmes. De dix à douze tous les soirs, vous pouvez vous mettre à l'écoute de la vie des femmes, des battements de leurs cœurs et écouter leurs histoires.

Je faisais de mon mieux pour gagner du temps tout en mettant de l'ordre dans mes pensées.

— Nous venons de recevoir l'appel d'une auditrice qui en sait long sur la société et l'histoire, et compatit aux expériences d'un groupe de femmes qui ont un style de vie non conventionnel.

«Pour autant que je sache, l'homosexualité n'est pas, comme le dit notre auditrice, un produit spécifique de la société contemporaine; on en trouve mention dans l'histoire occidentale et orientale. On raconte que pendant les guerres de conquête de la Rome antique, les chefs allaient jusqu'à encourager leurs soldats à pratiquer l'homosexualité. Cependant, il s'agissait peut-être à l'époque plus d'une question d'utilité que d'une véritable approbation. Les relations homosexuelles aidaient les soldats à supporter la guerre et l'éloignement de leurs familles. Par un retournement cruel, les attachements sentimentaux formés entre les soldats leur insufflaient une énergie accrue pour venger leurs amants morts ou blessés.

«En Chine, l'homosexualité n'a pas été pratiquée que sous les Tang et les Song; on en trouve déjà mention sous la dynastie Wei. Les relations que nous en possédons proviennent toutes de la cour impériale. Mais l'homosexualité n'a jamais dominé aucune société – peut-être parce que l'humanité a un besoin naturel de l'amour entre hommes et femmes pour procréer. Comme les hommes avisés et les sages de la Chine classique l'ont dit: "Tout concourt à trouver sa place, et le sort décide."

«Nous sommes tous d'accord pour dire que chacun a le droit de choisir son style de vie, et le droit d'exprimer ses besoins sexuels. Toutefois, l'humanité est en perpétuel changement. Chaque pays, ethnie et région avance du mieux qu'il peut vers une humanité future, en quête d'un système parfait. Personne ne peut cependant prononcer de conclusion définitive sur les bienfaits et les méfaits de cette quête, et en attendant d'avoir atteint cette perfection, nous avons besoin de conseils pour nous guider. Nous avons aussi besoin de tolérance et de compréhension.

« Je ne pense pas que l'hérédité seule puisse expliquer l'homosexualité, et je ne crois pas non plus qu'on puisse tenir l'environnement familial pour seul responsable. La curiosité est une explication encore moins crédible. Je crois que ses sources sont multiples et variées. Nous faisons tous des expériences différentes dans la vie, et nous faisons des choix similaires mais différents. Reconnaître la différence veut dire que nous ne devrions pas nous attendre à ce que les autres partagent nos opinions sur l'homosexualité, car de telles espérances peuvent entraîner des préjugés d'une autre sorte.

« A nos amis homosexuels qui ont souffert de préjugés, j'aimerais demander pardon de la part des gens irréfléchis qu'ils ont pu rencontrer. Nous avons tous besoin de compréhension dans ce monde.

J'ai monté le volume de la musique, fermé le micro et inspiré profondément. Tout à coup je me suis rendu compte que, dans la pièce de contrôle de l'autre côté de la séparation de verre, s'étaient rassemblés tous les cadres supérieurs de la station. Le patron de la radio et le directeur de la programmation se sont précipités dans mon studio, m'ont saisi les mains et les ont secouées vigoureusement.

— Merci, merci, Xinran ! Vous vous en êtes très très bien sortie !

Les paumes du grand patron étaient moites.

— Vous nous avez sauvé la peau ! a bredouillé le directeur de la programmation, les mains tremblantes.

— Assez bavardé, allons dîner ! On mettra ça sur le compte du bureau, a dit le Vieux Wu, le directeur administratif.

J'étais confondue par tant d'attentions.

Par la suite, j'ai compris ce qui était arrivé. La contrôleuse m'a dit que, l'esprit occupé par le résultat des examens d'entrée de son fils à l'université, elle n'avait pas prêté attention à l'appel avant que le directeur de service paniqué ne lui téléphone. Le Vieux Wu écoutait l'émission chez lui, comme il le faisait tous les jours. En comprenant que l'émission avançait en terrain miné, il avait immédiatement appelé le directeur de la programmation, qui avait en hâte appelé le patron de la radio : être conscient de la situation et ne pas le signaler aurait constitué une erreur plus grave encore. Ils s'étaient tous rendus au studio aussi vite qu'ils avaient pu, en écoutant mon émission en route. Quand ils étaient arrivés dans la pièce de contrôle, la crise s'était résolue d'elle-même.

La première fois que j'ai entendu parler d'homosexualité, c'était à l'université. Parce que j'avais une belle peau, les étudiantes m'appelaient « Boule de Neige » et elles me caressaient les joues et les bras de façon admirative. Voyant cela, un assistant m'a taquinée : « Attention, c'est du harcèlement homosexuel ! »

Je connaissais le mot « harcèlement », mais je n'avais pas la moindre idée de ce dont parlait l'assistant. Il m'a expliqué :

—L'homosexualité, c'est quand une femme aime une femme ou un homme un homme. C'est interdit par la loi.

— Quoi ? La loi interdit aux mères d'aimer leurs filles, ou aux pères d'aimer leurs fils ? ai-je rétorqué.

L'assistant a secoué la tête.

— Il s'agit là de relations de sang, pas d'amour sexuel. Mais je perds mon temps. Autant jouer de la musique à un buffle. N'y pensez plus, oubliez ça.

La seconde fois que j'ai entendu parler d'homosexualité, c'est à une réunion d'anciennes collègues de ma mère. Apparemment, ma mère avait autrefois travaillé avec deux femmes qui partageaient la même chambre. Quand leurs conditions de vie s'étaient améliorées et que l'unité de travail leur avait alloué une chambre à chacune d'elles, elles avaient décliné l'offre. Elles se conduisaient comme des sœurs, ainsi personne n'avait trouvé à y redire à l'époque. Leurs contemporaines étaient occupées par leurs histoires de fiançailles, de mariages et d'enfants, puis de petits-enfants. Réduites à un état d'épuisement physique et mental par les exigences de leurs familles, dans leur vieil âge, elles s'étaient souvenues des deux femmes, pour envier la vie aisée et tranquille qu'elles menaient ensemble. Tous les ragots et les suppositions que personne n'avait osé formuler dans sa jeunesse avaient alors refait surface, et le groupe d'anciennes collègues en avait conclu que les deux femmes étaient homosexuelles.

En écoutant ces femmes plus âgées tirer leurs conclusions, j'ai pensé que les deux femmes dont elles parlaient étaient libres de tout souci : elles n'éprouvaient probablement pas d'amertume envers les hommes, et ne connaissaient aucun des soucis exténuants que causent les enfants. L'homosexualité n'est peut-être pas une perversion après tout, ai-je pensé, peut-être est-ce seulement une voie différente. Je ne comprenais pas pourquoi cela allait contre la loi, mais il semblait n'y avoir personne autour de moi avec qui aborder la question.

Un jour, j'ai eu le courage de demander au chef d'un service de gynécologie. Elle m'a regardée, interloquée.

— Pourquoi me posez-vous cette question ?

— Est-ce si mal de demander ? Je veux seulement savoir ce qui rend ces femmes différentes des autres.

— Mis à part certains aspects psychologiques et leurs mœurs sexuelles, elles ne sont pas différentes des femmes ordinaires, a décrété la gynécologue sur un ton qui ne m'encourageait pas à pousser mes investigations plus loin.

Mais j'ai insisté.

— Si la psychologie et les mœurs sexuelles d'une femme sont différentes de celles des autres, est-ce qu'on la compte encore au rang des femmes normales ?

La gynécologue soit ne savait pas comment approfondir la question, soit ne voulait pas le faire.

La troisième fois que j'ai été confrontée à la question de l'homosexualité, c'est quand la radio m'a envoyée couvrir une campagne en faveur de l'ordre public dans les villes.

Quand l'organisateur de l'opération m'a rencontrée, il s'est exclamé :

— Comment se fait-il que la radio m'ait envoyé une femme ? Ce doit être une erreur ! Oh bon, puisque vous êtes là, autant que vous restiez. Mais j'ai bien peur que vous ne puissiez pas faire de reportage sur le terrain.

Ses collègues ont éclaté de rire, mais je n'étais pas plus avancée. Une fois les opérations commencées, la raison de leur bonne humeur m'est apparue : ils effectuaient des descentes surprises dans les toilettes publiques pour hommes – dont la puanteur était indescriptible – et arrêtaient les homosexuels pris en flagrant délit.

J'avais des doutes au sujet de cette campagne : n'y avait-il pas assez de voleurs et d'autres criminels à appréhender ? Et se pouvait-il qu'il y ait autant d'hommes dans les toilettes à avoir des relations sexuelles en même temps ? Fait incroyable, plus d'une centaine furent arrêtés cette nuit-là. Vers la fin de l'opération, j'ai demandé, ahurie, à l'un des membres du personnel de l'ordre public :

— Est-ce qu'il y a aussi des gens responsables du maintien de l'ordre dans les toilettes pour femmes ?

— Comment sommes-nous supposés procéder avec les femmes ? Vous plaisantez, non ? a-t-il répliqué, en secouant la tête d'étonnement devant ma naïveté.

L'auditrice qui a abordé la question de l'homosexualité pendant mon émission en direct a été la première personne à me faire entrevoir véritablement le problème.

Une semaine environ après son appel, je suis rentrée à la maison, très énervée après avoir présenté mon émission. Vers deux heures du matin, alors que je commençais tout juste à m'endormir, la sonnerie du téléphone a retenti.

— Xinran, vous vous souvenez de moi ? a demandé une voix de femme. Vous vous souvenez sûrement; je vous ai posé une question délicate à l'antenne l'autre jour.

En colère et agacée, je me demandais qui avait bien pu être assez dénué de bon sens pour donner mon numéro privé à cette femme. Le mal était fait, qu'y pouvais-je?

Je rageais en silence; la femme a dit:

— Je sais ce que vous pensez. N'en voulez pas au chroniqueur de service de m'avoir donné votre numéro. J'ai prétendu que j'étais une parente de Pékin et qu'on m'avait volé mon sac en descendant du train, avec mon carnet d'adresses dedans. J'avais besoin que vous veniez me chercher. Pas mal, non?

— Pas mal, pas mal, ai-je répété d'un ton froid. Y a-t-il quelque chose que je puisse faire pour vous? Je me souviens, vous êtes de Ma'anshan, c'est juste?

— Oui, je savais que vous vous souviendriez. Vous êtes fatiguée?

J'étais épuisée.

—Hum, oui, un peu. Que voulez-vous?

Elle a semblé comprendre.

— Bon, vous êtes fatiguée. Je vais vous laisser. Je vous téléphonerai demain après votre émission.

Sur ce, elle a raccroché.

Le lendemain, j'avais presque oublié son appel, mais j'étais rentrée depuis moins d'une heure quand le téléphone a sonné.

—Xinran, je téléphone plus tôt aujourd'hui. Je vous en prie, ne craignez rien. Je ne serai pas longue. Je voulais seulement vous dire que je vous suis très reconnaissante d'avoir demandé pardon aux homosexuels pour les torts qu'ils ont subis. Voilà, c'est tout pour l'instant, bonne nuit!

De nouveau, elle a raccroché avant que j'aie pu ouvrir la bouche. J'étais rassurée : ses intentions étaient bonnes et elle semblait assez respectueuse.

Cette femme m'a téléphoné à la même heure tous les soirs pendant trois semaines. Elle me disait ce qu'elle pensait de mon émission de ce soir-là, me recommandait des livres et de la musique que je pourrais trouver utile d'insérer dans mon programme, ou se contentait de me donner des conseils de bon sens sur la vie en général. Elle ne parlait que deux ou trois minutes à chaque fois, et ne me laissait jamais l'occasion de répondre. Elle ne m'a pas dit son nom.

Un jour, alors que je quittais la station de radio vers une heure du matin, un voisin m'attendait devant les grilles. C'était très étrange ; ma nourrice lui avait demandé de venir car elle avait une peur de tous les diables. Une femme bizarre avait appelé à la maison et lui avait dit : « Quittez Xinran ! »

J'étais très anxieuse.

La même heure exactement cette nuit-là que lors des trois semaines précédentes, le téléphone a sonné. Avant que la femme ait pu dire quoi que ce soit, je me suis écriée :

— C'est vous qui avez téléphoné plus tôt ?

— Oui, j'ai parlé à votre nourrice et je lui ai dit qu'elle devrait vous quitter, a-t-elle répondu, tout à fait calme et maîtresse d'elle-même.

— Pourquoi avez-vous fait cela ?

— Pourquoi pas ? Elle ne devrait pas être la seule près de vous – vous devez appartenir à d'autres femmes.

— Ecoutez, je suis heureuse d'échanger des idées ou de parler de la vie en général avec vous. Mais si vous vous mêlez de ma vie privée, je ne veux plus rien avoir à faire avec vous. Je ne me mêle pas de la vie des gens, et je ne laisse pas les autres se mêler de la mienne.

Elle s'est tue un instant, puis elle a repris d'un ton suppliant :

— Je ferai ce que vous dites, mais vous ne pouvez abandonner notre amour.

L'idée que cette femme puisse être amoureuse de moi me rendait très nerveuse. Je n'ai pas décroché le téléphone pendant plusieurs jours de suite et je pensais à part moi que, comme les fans obsédés par des pop stars, son engouement finirait bien par passer ; inutile de me faire du souci.

Un après-midi, le patron de la radio m'a convoquée dans son bureau pour m'annoncer :

— Une présentatrice de Radio Ma'anshan du nom de Taohong a fait une tentative de suicide. Son père m'a envoyé le mot qu'elle a laissé. Elle dit qu'elle a pour vous un amour très profond, mais que vous l'avez repoussée.

Je suis restée sans voix. Cette Taohong devait être mon auditrice mystérieuse. Je ne me doutais pas du tout qu'elle était présentatrice de radio elle aussi – et je me doutais encore moins que refuser de prendre ses appels provoquerait un tel drame.

Le patron de la radio m'a conseillé la discrétion pendant un certain temps. Apparemment, la première chose que Taohong avait dite en reprenant conscience avait été : « Il faut que je voie Xinran ! »

Quelques jours plus tard, comme j'assistais à une réunion de la commission des projets, un collègue est venu m'annoncer que j'avais une visite. Il m'a escortée jusqu'à la salle de réception ; une jeune femme vêtue d'élégants vêtements d'homme m'y attendait. Ses cheveux étaient coupés court, si bien que de dos, il était impossible de deviner que c'était une femme. Avant que le collègue qui était venu me chercher ait pu nous présenter, elle s'est approchée de moi et m'a saisi les bras de ses deux mains en disant d'un ton sentimental :

— Ne dites rien, laissez-moi profiter de cet instant. J'ai tout de suite compris que vous étiez ma Xinran !

— Votre Xinran ? a demandé mon collègue.

— Oui, ma Xinran ! Je suis Taohong, votre Taohong !

Mon collègue s'est éclipsé. Il était au courant de l'histoire de Taohong, aussi j'ai supposé qu'il était parti chercher du renfort.

Taohong, les yeux fixés sur moi, a repris :

— Vous êtes plus jolie encore que je l'imaginais, si féminine, si douce. Enfin, je vous rencontre ! Venez, venez vous asseoir. Laissez-moi vous regarder ! Ça fait plus de six mois… Je ne suis pas venue une seule fois pendant tout ce temps. Je voulais vous connaître, vous comprendre au travers de votre émission et de l'image que j'ai de vous dans mon cœur. Je suis d'accord avec vous, les femmes sont la force créatrice de l'univers. Ce sont elles qui prêtent au monde beauté, amour et sensibilité. Elles sont pures et honnêtes. Les femmes sont les meilleures de toutes les créatures…

Mon collègue était revenu avec trois ou quatre autres présentateurs, et ils s'étaient installés non loin de nous et bavardaient tout en gardant un œil sur moi.

— Regardez ce que je vous ai apporté. Ces livres

sont pleins de dessins de femmes. Regardez comme leurs corps sont beaux. Regardez cette image, l'expression du visage, comme cette bouche est séduisante. Je les ai apportés spécialement pour vous ; vous pouvez les garder et les contempler à votre aise. Je vous ai aussi apporté ceci… pour vous donner du plaisir. Et ça aussi. Quand je frotterai votre corps avec, vous aurez l'impression d'approcher le paradis !

Mes collègues ont regardé furtivement les objets que Taohong avait déposés devant moi. J'étais malade d'embarras. J'avais toujours trouvé que le sexe sans émotion était bestial ; je ne savais même pas que ce genre d'instruments pour éveiller les sensations sexuelles de façon mécanique existaient.

Taohong était maintenant lancée :

— Avec l'aide de la technologie moderne, nous pouvons accomplir des choses dont nos ancêtres rêvaient sans pouvoir se les procurer. Nous pouvons pousser nos sensations aussi loin que nous le désirons…

J'ai essayé de l'interrompre en désignant du doigt une liasse de papiers, qui ressemblaient à de la publicité, qu'elle serrait contre elle.

— Taohong, que tenez-vous là ? Vous n'en avez pas parlé.

— Oh, je savais que vous alliez m'en parler. Ce sont les statuts de l'Association homosexuelle chinoise. Vous en avez entendu parler ? Nous avons organisé un congrès, il y a un an et demi. Les réservations d'hôtel, l'agenda, tout était prêt, mais le gouvernement a tout fait capoter. Ce n'était pas très grave. On avait déjà réalisé presque tout ce qu'on voulait ; au cours de plusieurs dîners avant le congrès, on a défini nos principes, passé des résolutions et discuté de nos besoins physiques, de la façon de profiter au mieux du sexe…

Je me souvenais du congrès qu'évoquait Taohong. J'avais failli me rendre à Pékin pour couvrir l'événement. La veille de la date prévue pour mon départ, quelqu'un du bureau national de la Sécurité publique m'avait appelée pour me prévenir qu'ils allaient envoyer du personnel prêter main-forte à la police de Pékin afin d'empêcher ce congrès. Ils avaient l'intention de perquisitionner et de fermer un grand hôtel, et d'arrêter certains membres clés de l'Association homosexuelle. J'avais immédiatement appelé plusieurs psychologues et médecins qui, je le savais, avaient été invités à ce congrès, pour les avertir de ne pas s'y rendre ; je redoutais que cela se transforme en bain de sang.

Heureusement, comme Taohong me l'a appris alors, la clôture du congrès n'avait pas donné lieu à des violences. Pour empêcher la situation de dégénérer, la police avait fait en sorte d'ébruiter son intention d'intervenir, et l'Association homosexuelle avait d'elle-même annulé le congrès. Les deux clans avaient réussi à atteindre la majeure partie de leurs buts : le gouvernement contrôlait la situation, et l'association avait malgré tout pu se réunir pour préparer le congrès. Les manœuvres politiques des Chinois devenaient plus subtiles.

Une vague de nausée m'a submergée quand j'ai lu le titre racoleur de l'un des imprimés que Taohong avait apportés : « Techniques du sexe oral, partie 4 : Utilisation de la mâchoire supérieure. » J'avais beaucoup de mal à supporter ces discussions crues sur le sexe. Taohong, au vu de mon expression de dégoût, a dit d'une voix patiente : « Ne vous obligez pas à regarder maintenant. Essayez de nouveau plus tard et vous découvrirez les plaisirs du sexe. »

Mes collègues ont émis de petits ricanements.

Désireuse d'échapper aux railleries de mes collègues, j'ai proposé :

— Allons nous promener.

— Vraiment ? Si vous voulez ; on aurait dû partir flâner dans les rues plus tôt. On va faire un beau couple.

Nous avons quitté la station de radio et Taohong m'a demandé où nous allions. Je lui ai dit de ne pas chercher à le savoir : elle le saurait en arrivant. Cela a ravivé son entrain, c'était exactement le genre d'aventure qui lui plaisait, cet air de mystère ; elle ne m'en adorait que plus fort.

Je l'ai emmenée au temple du Chant du Coq, un vieux temple de Nankin dont on entendait sonner les cloches de loin. Quand je me sentais troublée ou déprimée, j'allais parfois m'asseoir dans la pagode du Bouddha guérisseur du temple. Ecouter les cloches en contemplant le ciel bleu et les nuages blancs allégeait mon humeur et me donnait du courage, affermissait ma confiance en moi. J'ai pensé que Taohong serait elle aussi émue par le son des cloches. A la grille du temple, elle a marqué un moment d'hésitation puis demandé fébrilement :

— Si j'entre, est-ce que je serai purifiée ? Est-ce que ça m'enlèvera quelque chose ?

— Ce que cela enlève ne peut être que de peu de poids. Un acte de purification ne suffit pas à balayer les émotions et le sens de nos actes. C'est du moins mon avis, lui ai-je répondu.

159

A l'instant où Taohong a franchi la grille, les cloches du temple se sont mises à sonner. Elle a murmuré d'un ton rêveur :

— Je me suis sentie émue un instant. Pourquoi ?

Je ne savais que lui répondre.

Debout dans la pagode du Bouddha guérisseur, ni l'une ni l'autre n'avons beaucoup parlé. Quand les cloches se sont ébranlées de nouveau, j'ai posé à Taohong deux questions : Quand avait-elle commencé à aimer des femmes ? Et qui avait été sa première amante ?

Taohong a déversé son histoire sans se faire prier, comme si elle avait attendu ce moment.

Pour le père de Taohong, ne pas avoir de fils avait été une cause de grande honte. Après sa naissance, sa mère avait développé un cancer de l'utérus qui lui interdisait d'avoir d'autres enfants ; elle était morte des suites de ce cancer. Son père se désolait parce que la lignée familiale était rompue, mais il n'y pouvait rien. Il s'était mis à traiter Taohong comme un fils et il l'avait élevée en tous points comme un garçon, avec des habits, une coupe de cheveux et des jeux de garçon. Taohong n'était jamais allée dans des toilettes publiques, parce qu'elle hésitait entre les toilettes pour hommes et celles pour femmes. Elle était fière de son comportement masculin, et ne ressentait à l'époque aucune attirance particulière pour les femmes.

Mais l'année où elle avait fêté son quatorzième anniversaire, les événements d'une nuit d'été l'avaient transformée et avaient radicalement modifié son opinion sur les hommes et les femmes. C'était l'été précédant son entrée au lycée. On lui

avait présenté le lycée comme une épreuve épou-
vantable : le cours de sa vie allait en dépendre, les
succès qu'elle y remporterait décideraient de son
avenir. Elle avait bien l'intention de profiter au
mieux de son été, avant de s'atteler à ces dures
études qui dureraient trois ans, et elle passait la plupart de ses soirées avec ses amies.

Cette nuit-là, vers onze heures, elle s'est mise en
route pour rentrer chez elle. Elle n'avait pas beaucoup
de chemin à parcourir, et les endroits qu'elle devait
traverser n'étaient pas déserts. A quelques pas de
chez elle, une bande de quatre hommes a surgi de
l'ombre, et ils se sont emparés d'elle.

Ils l'ont emmenée, les yeux bandés et bâillonnée,
jusqu'à ce qui ressemblait à un abri pour outils sur un
chantier de construction. Il y avait trois autres
hommes dans la pièce, ce qui mettait la bande à sept.
Ils ont dit à Taohong qu'ils voulaient voir ce qu'elle
était vraiment, homme ou femme, et ils ont commencé à la déshabiller. Ils ont eu un moment d'hésitation à la vue du corps de la jeune fille puis leurs
visages se sont enflammés, et ils se sont jetés tous les
sept sur elle. Taohong s'est évanouie.

Quand elle s'est réveillée, elle s'est retrouvée nue
et ensanglantée, allongée sur un banc de travail. Les
hommes ronflaient sur le sol ; certains d'entre eux
avaient encore leurs pantalons autour des chevilles.
Taohong, terrorisée, est restée assise un certain temps
avant de se lever maladroitement du banc. Elle a
écrasé la main d'un des hommes ; le cri de douleur
qu'il a poussé a réveillé les autres. Ils l'ont regardée,
paralysés par la culpabilité, ramasser ses vêtements
un à un et les enfiler.

Taohong n'a pas prononcé un seul mot pendant les trente minutes qu'il lui a fallu pour se rhabiller avec difficulté.

Depuis lors, elle détestait tous les hommes, son père y compris. Elle les trouvait tous répugnants, bestiaux, brutaux. Elle n'avait eu ses règles que deux fois avant cette horrible nuit.

Elle a continué à s'habiller en garçon, sans pouvoir expliquer pourquoi, et n'a jamais raconté à personne ce qui lui était arrivé. Les violeurs ne lui avaient laissé aucun doute, elle était bien une femme. Elle a commencé à se demander à quoi les femmes ressemblaient. Elle ne croyait pas être une beauté elle-même, mais elle voulait voir ce qu'était la beauté féminine.

Pour sa première tentative, elle a jeté son dévolu sur la plus jolie fille de sa classe de première année au lycée. Elle a dit à sa compagne de classe qu'elle avait peur de rester seule quand son père était en voyage d'affaires et elle lui a demandé de passer la nuit chez elle.

Avant de se coucher, elle a dit à sa camarade qu'elle dormait nue. Cela a mis mal à l'aise la jeune fille qui n'en avait pas l'habitude, mais Taohong lui a dit qu'elle allait la masser, et elle a accepté de se déshabiller. Taohong a été étonnée par la douceur et la souplesse de ce corps de fille, surtout par la poitrine et les hanches. Le plus léger contact avec sa peau lui montait à la tête, et son corps était parcouru de frissons. Pendant qu'elle frottait vigoureusement la jeune fille à lui en faire perdre le souffle, son père est entré.

Avec un calme parfait, tout en tirant un édredon sur leurs corps nus, elle a demandé : « Pourquoi es-tu rentré, tu ne m'avais pas dit que tu partais en voyage ? » Son père, hébété, a battu en retraite et quitté la chambre sans un mot.

Quand j'ai interrogé le père de Taohong au télé-phone, il m'a dit qu'à partir de ce jour-là, il avait compris que sa fille avait grandi et, qui plus est, qu'elle appartenait à un groupe à part. Il n'a pu se résoudre à lui demander pourquoi elle était homo-sexuelle, mais il a posé plusieurs fois la question à sa mère morte en nettoyant sa tombe lors de la fête de Qingming (le Jour des morts).

Taohong a pris l'habitude d'amener régulièrement des filles à la maison « pour un massage ». Elle trou-vait que les femmes étaient des êtres exquis, mais dans les sentiments qu'elle éprouvait pour elles, il n'y avait pas d'amour.

Elle est tombée amoureuse pour la première fois pendant les réunions de préparation du congrès homosexuel dont elle m'avait parlé. On lui avait alloué une chambre d'hôtel qu'elle devait partager avec une femme de quatorze ans son aînée. C'était une personne gracieuse, posée et très chaleureuse. Elle a demandé à Taohong pourquoi elle assistait à ce congrès, et a appris ainsi que Taohong aimait les femmes. Elle lui a dit que l'amour sexuel était une expérience exaltante et que celui des femmes était le plus précieux de tous. Quand elles ont appris que le congrès était annulé, elle l'a emmenée dans un autre hôtel pour un cours «d'initiation sexuelle». Taohong a fait l'expérience d'une ferveur et d'un plaisir qu'elle n'avait jamais connus auparavant. Cette femme lui a donné des conseils d'hygiène et lui a montré comment se servir d'instruments. Elle lui a longuement parlé de l'histoire de l'homosexualité, en Chine et ailleurs.

Taohong était tombée amoureuse de cette femme, parce que c'était la première personne à partager ses idées et son savoir avec elle, la première à l'avoir protégée et lui avoir donné du plaisir physique. Mais la femme lui avait dit qu'elle ne l'aimait pas et ne pourrait pas l'aimer ; elle ne pouvait pas oublier, et encore moins remplacer, celle qu'elle avait aimée il y avait de nombreuses années, une femme qui enseignait à l'université et qui était morte dans un accident de voiture. Taohong était très émue ; elle a dit alors qu'elle se doutait depuis l'enfance que l'amour était une chose plus pure et plus sainte que le sexe.

Après que Taohong a répondu à mes deux questions, nous avons quitté le temple. En marchant, elle m'a avoué qu'elle avait cherché une femme avec qui partager le même genre de relation qu'avec sa première amante. Elle lisait beaucoup et avait réussi l'examen pour devenir présentatrice à la radio de Ma'anshan huit mois plus tôt. Elle s'occupait aussi d'une émission en direct sur le cinéma et la télévision. Elle m'a raconté qu'un de ses auditeurs lui avait écrit pour lui conseiller d'écouter *Mots sur la brise nocturne*. Ce qu'elle avait fait, tous les jours pendant six mois, en nourrissant l'espoir que j'étais celle qui pourrait devenir sa nouvelle amante.

J'ai cité à Taohong un adage que je répétais souvent à l'antenne : « Si vous ne pouvez rendre une personne heureuse, ne lui donnez pas d'espoir », et je lui ai dit sans détours :

—Taohong, merci, je suis très contente d'avoir fait votre connaissance, mais je ne vous appartiens

164

pas, et je ne peux pas devenir votre amante. Croyez-moi, quelqu'un d'autre vous attend ailleurs. Continuez à lire et à élargir vos horizons, et vous finirez par la trouver. Ne la faites pas attendre.

Taohong a été subjuguée :

— Alors, est-ce que je peux vous considérer comme ma seconde ex-amante ?

— Non, vous ne pouvez pas, parce qu'il n'y a pas eu d'amour entre nous. L'amour doit être mutuel ; aimer ou être aimé dans la solitude ne suffit pas.

— Comment est-ce que je dois penser à vous alors ?

Taohong commençait à entendre raison.

— Pensez à moi comme à une grande sœur. Les liens familiaux sont les plus forts.

Elle a dit qu'elle y penserait, et nous nous sommes séparées.

Quand, quelques jours plus tard, j'ai reçu un appel d'une auditrice qui préférait rester anonyme, j'ai tout de suite reconnu la voix de Taohong.

— Sœur Xinran, a-t-elle dit. J'aimerais que tout le monde ait votre sincérité, votre bonté et votre savoir. Vous voulez bien m'accepter comme petite sœur ?

8
La femme dont le mariage fut arrangé
par la révolution

Un adage chinois dit : « La lame frappe l'oiseau qui tend le cou. » Je n'étais pas présentatrice de radio depuis longtemps quand l'importance du courrier d'auditeurs que je recevais, les promotions et les récompenses qui m'étaient attribuées ont commencé à m'attirer des petites remarques de la part de mes collègues. Les Chinois disent : « Si vous vous tenez droit, pourquoi redouter que votre ombre soit tordue ? » C'est pourquoi j'essayais de garder ma bonne humeur face à la jalousie que je suscitais. Finalement, c'est la voix des Chinoises elles-mêmes qui m'a rapprochée de mes collègues.

La station de radio avait mis à ma disposition quatre répondeurs téléphoniques qui pouvaient prendre de longs appels ; les bandes pouvaient enregistrer jusqu'à quatre heures d'affilée. Tous les soirs après huit heures, ces machines étaient prêtes à recueillir les messages des femmes qui voulaient donner leur avis sur l'émission, demander de l'aide ou raconter leur histoire. Le message de bienvenue les invitait à s'épancher pour qu'elles puissent envisager leur avenir d'un cœur plus léger, et les assurait qu'il n'était pas nécessaire qu'elles déclinent leur identité ou précisent d'où elles appelaient. Le matin, quand

167

j'arrivais au bureau, je trouvais de plus en plus de collègues – programmateurs, reporters et présentateurs – attendant avec impatience de pouvoir écouter les histoires que dévidaient les bandes, dont les voix trahissaient l'embarras, l'anxiété ou la peur.

Un jour, voici ce que nous avons entendu :

— Allô, il y a quelqu'un ? Xinran est-elle là ? Ah bon. Ce n'est qu'une bande.

La femme s'est interrompue un bref instant.

— Xinran, bonsoir. J'ai bien peur de ne pas faire partie de vos auditrices les plus fidèles ; je ne réside pas dans votre province et je n'écoute pas votre émission depuis longtemps. Mes collègues parlaient de vous et de votre émission l'autre jour, elles disaient que vous aviez installé des téléphones spéciaux où les auditeurs pouvaient laisser des messages, et que toutes les femmes pouvaient raconter leur histoire de façon anonyme. Elles ont dit que vous passiez ces histoires à l'antenne le lendemain pour que vos auditeurs puissent en discuter librement en direct, dans l'espoir d'aider les femmes à mieux se comprendre entre elles, d'aider les hommes à comprendre les femmes, et de resserrer les liens familiaux.

«Ces derniers jours, j'ai écouté votre émission tous les soirs. La réception n'est pas très bonne, mais j'aime beaucoup l'émission. J'ai été surprise de découvrir à quel point les histoires des femmes se ressemblaient tout en étant différentes. Je suis sûre que vous n'êtes pas autorisée à tout diffuser. Mais même ainsi, je pense que de nombreuses femmes vous seront redevables de ce que vous faites. Vos lignes leur donnent l'occasion d'aborder des sujets dont elles n'ont pas osé ou pas pu parler depuis leur plus jeune âge. Il faut que vous sachiez que c'est un grand soulagement pour les femmes d'avoir un espace où s'exprimer sans crainte d'être blâmées ou de provoquer des réactions négatives. C'est un besoin psychologique qui est tout aussi important que les besoins physiques.

Suivit un long silence.

—Xinran, il faut que je rassemble mon courage pour vous raconter mon histoire. Cela me tient à cœur de dire aux gens dans quel genre de famille je vis. Et aussi d'entendre ma propre histoire, parce que je n'ai jamais pris le risque de me retourner vers mon passé avant, de peur que mes souvenirs ne détruisent ma foi en la vie. J'ai lu un jour que le temps guérissait tout, mais plus de quarante ans n'ont pas réussi à me libérer de ma haine et de mes regrets ; ils n'ont fait que les engourdir.

Elle a poussé un léger soupir.

—Aux yeux des autres, j'ai tout ce qu'une femme peut désirer. Mon mari occupe un poste important dans l'administration de la province ; mon fils, qui a presque quarante ans, dirige une succursale d'une banque nationale ; ma fille travaille à la Sécurité sociale et moi dans un bureau municipal. Je mène une vie tranquille, paisible : je n'ai pas de souci d'argent ni d'inquiétude pour l'avenir de mes enfants comme la plupart des gens, et je n'ai pas à redouter un éventuel licenciement.

« A la maison, on ne manque de rien. Mon fils a un grand appartement à lui, et ma fille, qui dit qu'elle reste célibataire par principe, vit avec nous. Tous les trois, nous partageons un grand appartement de presque deux cents mètres carrés, avec des meubles

169

design et une technologie dernier cri – même le siège des toilettes est d'importation. Presque tous les jours, quelqu'un vient s'occuper du ménage et apporter des fleurs fraîches. Mais ce confort domestique n'est qu'une vitrine : il n'y a pas de réelle communication dans la famille, pas de sourires ou de rires. Quand nous sommes seuls, tout ce qu'on entend, c'est les bruits de la simple survie animale : manger, boire, aller aux toilettes. C'est seulement quand nous avons des invités qu'on sent un souffle d'humanité. Dans cette famille, je n'ai ni les droits d'une épouse ni l'autorité d'une mère. Mon mari dit que je suis comme un tissu gris délavé, pas assez bon pour y tailler un pantalon, servir de couvre-lit ou même de torchon. Je suis tout juste bonne à essuyer la boue des pieds. Pour lui, ma seule utilité c'est d'être la preuve vivante de son "caractère généreux, intègre et consciencieux" afin qu'il puisse s'élever encore plus dans la hiérarchie de l'administration.

« Ce sont ses mots à lui, Xinran – il les a dits en ma présence.

La femme s'est interrompue, étouffée par les sanglots.

—Il m'a dit ça d'un ton si désinvolte ! J'ai pensé le quitter un nombre incalculable de fois. Je voulais retrouver mon amour de la musique, satisfaire mon envie d'une vraie famille, redevenir la personne que j'étais – savoir à nouveau ce que cela veut dire être une femme. Mais mon mari a dit que si je le quittais, il m'en ferait tellement voir que je regretterais de ne pas être morte. Il ne supporterait pas que je mette sa carrière en danger, ou que je fasse de lui un objet de ragots. Je sais qu'il tiendrait parole : depuis toutes ces

170

années, aucun de ses ennemis politiques n'a échappé à sa soif de vengeance. Les femmes qui ont rejeté ses avances se sont toutes retrouvées piégées aux plus mauvais postes, sans pouvoir partir ou obtenir une mutation avant une très longue période. Parfois même leurs maris se sont retrouvés ruinés. Je ne peux pas m'enfuir.

« Vous vous demandez peut-être pourquoi je ne pense pas avoir d'autorité en tant que mère. Les enfants m'ont été enlevés très tôt après leur naissance, et on les a envoyés à la garderie de l'armée parce que le Parti disait qu'ils pouvaient constituer une gêne pour le travail du "commandant" – leur père ; cela a été le cas pour la plupart des enfants de militaires à l'époque. D'autres familles pouvaient voir leurs enfants une fois par semaine, mais nous, nous étions souvent en voyage, et nous ne voyions nos enfants qu'une ou deux fois par an. Nos rares rencontres étaient souvent interrompues par des visites ou des coups de téléphone, et les enfants n'étaient pas très à l'aise avec nous. Parfois ils rentraient même à la garderie avant l'heure. Père et mère n'étaient pour eux que des mots. Ils étaient plus attachés aux nourrices qui s'occupaient d'eux depuis si longtemps qu'à nous.

« Quand ils ont été un peu plus âgés, la position de leur père leur a valu beaucoup de passe-droits dont ne bénéficiaient pas les autres enfants. Cela peut avoir une mauvaise influence sur des enfants qui grandissent, et leur donner un sentiment de supériorité et des habitudes de mépris envers les autres pour le reste de leur vie. Ils me considéraient moi aussi comme un objet de mépris. C'est de leur père qu'ils ont appris

171

comment traiter les gens et en obtenir ce qu'on veut ; ils ont adopté son comportement comme un moyen de réaliser leurs ambitions. J'ai essayé de leur enseigner à être bons, en me servant de mes idées et de mon expérience, avec l'espoir que l'amour et les soins maternels les changeraient. Mais ils jugeaient de la valeur d'une personne selon son statut social, et la réussite de leur père leur prouvait que c'était lui le modèle à imiter. Si mon propre mari ne me considérait pas comme digne de respect et d'amour, quelle chance avais-je avec mes enfants ? Ils croyaient que je n'étais bonne à rien.

Elle a soupiré de dépit.

—Il y a quarante ans, j'étais une jeune fille innocente et romantique, je sortais juste d'un lycée de filles dans une petite ville. J'étais beaucoup plus heureuse que les autres filles de mon âge ; mes parents avaient étudié à l'étranger et ils avaient l'esprit ouvert. Je ne m'étais jamais soucié de mariage comme mes camarades de classe. La plupart d'entre elles avaient été promises dès le berceau ; les mariages des autres avaient été arrangés pendant le collège. Si l'homme y tenait ou si la tradition familiale l'exigeait, les filles devaient quitter le collège pour se marier. Nous trouvions que les plus malchanceuses étaient celles qui devenaient épouses ou concubines très jeunes. La plupart des filles qui quittaient l'école pour se marier étaient dans ce cas ; on les donnait à des hommes qui voulaient « tâter de quelque chose de nouveau ». Beaucoup de films dépeignent maintenant les concubines comme la prunelle des yeux de leur mari ; ils montrent comment elles se servent de leur position pour peser de tout leur poids sur la famille, mais c'est loin de correspondre à la réalité. Un homme qui pouvait épouser plusieurs femmes venait en général d'une grande famille avec ses règles de conduite innombrables et ses traditions domestiques. Ces familles avaient plus de dix façons de saluer les gens et de leur présenter des hommages, par exemple. La plus légère dérogation à ces règles pouvait être cause de déshonneur pour la famille. S'excuser ne suffisait pas – les jeunes épouses étaient punies pour le moindre écart supposé. L'épouse plus âgée les frappait, les privait de nourriture pendant deux jours, leur donnait à faire des tâches pénibles ou les obligeait à s'agenouiller sur une planche à laver. Vous imaginez comment mes camarades de classe, qui sortaient d'une école moderne à l'occidentale, supportaient tout cela ! Elles n'y pouvaient rien ; on leur avait inculqué depuis leur plus tendre enfance que c'étaient les parents qui avaient le dernier mot pour choisir le mari.

« Beaucoup de filles m'enviaient de pouvoir sortir de la maison et aller à l'école. A cette époque, les femmes obéissaient aux "trois soumissions et quatre vertus" ; soumission au père, puis au mari et, après sa mort, au fils ; vertus de fidélité, de charme physique, de décence en paroles et en actes, et d'attention aux soins domestiques. Pendant des milliers d'années, on avait enseigné aux femmes à respecter leurs aînés, à se montrer pleines d'égards envers leurs maris, à surveiller le four et à faire des travaux d'aiguille, tout cela sans mettre un pied hors de la maison. Qu'une femme étudie, lise et écrive, discute des affaires de l'Etat comme un homme, et même donne des conseils aux hommes, c'était une hérésie pour la plupart des

173

Chinois de cette époque. Mes camarades de classe et moi appréciions notre liberté et notre chance à leur juste valeur, mais, par ailleurs, nous étions désorientées, nous n'avions pas de modèles pour nous aider à régler nos conduites.

« Nous venions toutes de familles libérales qui comprenaient l'importance des études, mais la société autour de nous et l'inertie imposée par la tradition rendaient difficile le choix d'un mode de vie indépendant.

« J'étais très redevable à mes parents qui n'avaient jamais rien exigé de moi et ne m'avaient pas obligée à suivre les préceptes de la tradition comme les autres. Non seulement j'avais le droit d'aller à l'école – même si c'était une école de filles – mais j'avais aussi le droit de manger à la même table que les amis de mes parents et de me mêler aux discussions politiques et autres. Je pouvais assister à toutes les réunions que je voulais et pratiquer les activités et les sports de mon choix. Il y avait bien quelques "personnes bien intentionnées" ici et là dans la ville qui trouvaient à redire à mes façons modernes, mais pendant toute mon enfance et mes années d'études, j'ai été très heureuse. Plus important que tout, j'étais libre.

Elle a marmonné doucement pour elle-même : « Libre… »

—Je m'imprégnais avidement de tout ce qu'il y avait autour de moi. Rien ne restreignait mes choix. J'étais impatiente d'entreprendre quelque chose de grandiose et de spectaculaire ; je brûlais du désir d'accomplir un brillant exploit qui étonnerait le monde et je rêvais d'être une beauté accompagnée d'un héros.

174

Quand j'ai lu un livre sur la révolution intitulé *L'Etoile rouge*, j'y ai découvert un monde que je n'avais rencontré avant que dans les livres d'histoire. Etait-ce là le futur que je voulais ? J'étais pleine d'enthousiasme et j'ai décidé de rejoindre le mouvement révolutionnaire. A mon grand étonnement, mes parents ont alors usé d'un ton tout à fait différent de leur ton libéral habituel. Ils m'ont interdit d'y aller, en m'expliquant que ma décision était déraisonnable et injustifiée. Ils m'ont dit que mes idées immatures n'entraîneraient que déception et amertume parce qu'elles n'étaient pas réalistes. J'ai pris leur désaccord pour une critique personnelle, et j'ai très mal réagi. Piquée au vif, et avec un entêtement juvénile, j'ai décidé de leur prouver que je n'étais pas une fille comme les autres.

« Au cours des quarante années qui ont suivi, leurs paroles ont souvent résonné à mes oreilles. J'ai compris que mes parents n'avaient pas parlé seulement pour moi ; ils parlaient du futur de la Chine.

« Une nuit, au milieu de l'été, j'ai emballé des vêtements et quelques livres, et j'ai quitté ma famille paisible et heureuse, telle une héroïne de roman. Je me souviens aujourd'hui encore de mes pensées quand j'ai franchi la grille de la maison : père, mère, je regrette, j'ai la ferme intention de devenir quelqu'un dont on parlera dans les livres, et vous serez fiers de moi alors.

« Par la suite, mes parents ont en effet eu l'occasion de voir mon nom imprimé dans de nombreux livres et articles, mais seulement en tant qu'épouse, rien d'autre. Je ne sais pas pourquoi, mais ma mère me demandait toujours : "Es-tu heureuse ?" Jusqu'à sa mort, je n'ai pas pu répondre franchement à cette question, mais je crois que ma mère connaissait la réponse.

Elle s'est tue quelques instants, puis a repris d'une voix troublée : « Etais-je heureuse ? » Elle a murmuré comme à part elle : « Qu'est-ce que le bonheur... Suis-je heureuse ? »

— J'étais très heureuse quand je suis arrivée pour la première fois dans la zone libérée par le Parti. Tout était si nouveau et si étrange : dans les champs, on ne pouvait distinguer les paysans des soldats ; sur le terrain d'entraînement, les gardes civils et les soldats évoluaient côte à côte. Hommes et femmes portaient les mêmes vêtements et effectuaient les mêmes tâches ; les chefs ne portaient pas de signes distinctifs de leur rang. Tout le monde parlait de l'avenir de la Chine ; chaque jour apportait son lot de critiques et de condamnations de l'ancien régime. Nous étions abreuvés de récits de blessures et de morts au combat. Dans cette atmosphère, les jeunes étudiantes étaient traitées comme des princesses, recherchées pour la vivacité de leur esprit et leur beauté. Les hommes qui rugissaient et se battaient férocement sur le terrain étaient doux comme des agneaux quand ils étaient assis près de nous en classe.

« Je ne suis restée que trois mois dans la zone libérée. Après cela, on m'a envoyée dans une équipe qui travaillait à la réforme agraire sur la rive nord du fleuve Jaune. Mon unité de travail, une troupe culturelle qui dépendait du quartier général, était chargée d'enseigner au peuple la politique du Parti communiste au moyen de la musique, de la danse et de toutes sortes d'autres activités culturelles. C'était une région pauvre ; à part la trompette chinoise dont on jouait pour les noces et les enterrements, il n'y avait aucune vie culturelle, aussi nous avons été accueillis avec beaucoup d'intérêt.

« J'étais une des rares filles de la troupe qui sache chanter, danser, jouer la comédie et faire de la musique ; danser, c'est ce que je faisais de mieux. Chaque fois que nous avions un rassemblement avec des officiers plus âgés, ils se battaient pour danser avec moi. J'étais dégourdie et j'avais toujours le rire à la bouche : tout le monde me surnommait "l'alouette". J'étais un petit oiseau heureux et sans souci, alors.

« Vous savez ce qu'on dit : "Le poulet dans sa mangeoire a du grain, mais le pot à soupe n'est pas loin, la grue sauvage n'a rien, mais son monde est vaste." Une alouette en cage partage le même sort qu'un poulet. Le soir de mon dix-huitième anniversaire, le groupe a organisé une fête pour moi. A cette époque, on n'entendait pas parler de gâteau d'anniversaire ni de champagne. Tout ce que nous avions se résumait à un ou deux biscuits que mes compagnons avaient économisés sur leurs rations, avec un peu de sucre dissous dans de l'eau. Les conditions étaient dures, mais nous étions contents. J'étais en train de chanter et de danser quand le chef du régiment m'a fait signe d'arrêter et de le suivre. A contrecœur, je suis allée avec lui dans son bureau, où il m'a demandé avec gravité :

« — Est-ce que tu es prête à remplir une mission que l'organisation du Parti te confierait ?

« — Bien sûr, ai-je répliqué sans hésiter.

« J'avais toujours désiré rejoindre le Parti, mais comme mon milieu familial n'était pas révolutionnaire, je savais que je devrais travailler beaucoup plus dur que les autres pour me faire accepter.

« — Et tu serais d'accord pour t'acquitter de n'importe quelle mission sans poser de conditions ?

« J'étais troublée. Le chef du régiment avait toujours été direct avec moi ; pourquoi était-il si vague et si imprécis aujourd'hui ? Mais j'ai répliqué aussitôt : "Oui, vous pouvez me confier une mission."

« Ma détermination n'a pas du tout semblé lui faire plaisir, mais il m'a dit de me mettre en route immédiatement pour ma "mission urgente", je devrais voyager de nuit jusqu'à la base de l'administration régionale. Je voulais dire au revoir à mes amis, mais il a dit que c'était inutile. C'était la guerre, et j'ai accepté sans protester, je suis partie avec deux soldats désignés pour m'escorter. Ils n'ont pas prononcé un seul mot de tout le trajet qui a duré deux heures, et je ne leur ai pas posé de questions non plus, c'était la règle.

« Une fois à la base régionale, on m'a présentée à un officier supérieur en uniforme. Il m'a regardée de haut en bas, et a dit : "Pas mal du tout… Bien, à partir d'aujourd'hui, vous êtes ma secrétaire. Il vous faudra étudier et travailler dur pour vous réformer et vous efforcer de rejoindre le Parti dès que possible." Puis il a donné l'ordre à quelqu'un de me conduire dans une chambre où me reposer. La chambre était très confortable ; il y avait même un édredon neuf sur le *kang*. Apparemment, travailler pour un chef était quelque chose de différent, mais j'étais tellement épuisée que je n'ai pas réfléchi plus avant et je me suis endormie.

« Plus tard dans la nuit, j'ai été réveillée par un homme qui grimpait dans le lit. Terrifiée, j'allais hurler quand il a mis la main sur ma bouche et dit à voix basse :

« —Chut, ne troublez pas le repos des autres camarades. C'est votre mission.

« — Mission ?

« — Oui, à partir d'aujourd'hui, c'est votre mission.

« La voix impassible appartenait à l'officier supérieur rencontré un peu plus tôt. Je n'avais pas la force ni les moyens de me défendre. Je n'ai pu que pleurer.

« Le lendemain, le Parti m'a informée qu'ils allaient organiser une fête sans cérémonie pour célébrer notre mariage le soir même. Cet officier était dorénavant mon mari.

« Longtemps, je me suis demandé comment cela avait pu se produire. Comment avais-je pu être "mariée par la révolution" ? Pendant ces quarante dernières années, j'ai vécu pétrifiée par l'humiliation. La carrière de mon mari est tout pour lui ; les femmes ne sont là que pour assouvir un besoin physique, rien de plus. Il dit : "Si une femme ne vous est pas utile, pourquoi s'en encombrer ?"

« Ma jeunesse a été écourtée brutalement, mes espérances réduites à néant, et tout ce qui était beau en moi utilisé par un homme.

Elle s'est tue.

—Désolée, Xinran. Je n'ai pensé qu'à moi en me laissant aller à parler ainsi. Est-ce que votre machine a tout enregistré ? Je sais que les femmes parlent trop, mais j'ai si rarement l'occasion ou le désir de parler ; je vis comme une automate. Du moins, j'ai pu vous parler sans peur. Je me sens plus légère. Merci. Et remerciez votre station de radio et vos collègues aussi. Au revoir.

Mes collègues et moi, nous sommes restés pétrifiés un moment avant de nous ressaisir ; le récit de cette femme nous avait émus, choqués et donné à réfléchir. Quand j'ai demandé la permission de le passer à l'antenne, les autorités ont refusé, sous prétexte que cela risquait de nuire à l'image que le peuple se faisait de nos dirigeants.

9
Ma mère

Le Vieux Chen était parmi ceux qui s'étaient massés autour du répondeur pour écouter l'épouse de cet officier raconter son histoire. Par la suite, il m'a dit que ce récit ne l'avait pas surpris. Beaucoup d'hommes qui avaient rejoint la révolution avaient quitté femmes et enfants pour suivre le Parti. Quand ils obtenaient des postes de responsabilité, le Parti les unissait à de nouvelles épouses, parce que leurs premières femmes étaient retenues dans des zones sous occupation ennemie.

La majorité de ces nouvelles épouses étaient des étudiantes qui professaient une foi ardente dans le Parti communiste et vouaient aux hommes en uniforme un culte de héros. Nombre d'entre elles venaient de familles aisées ; toutes étaient des jeunes femmes cultivées. Elles étaient extrêmement différentes de leurs premières épouses, qui étaient surtout des paysannes. Leur raffinement avivait le désir des officiers pour la nouveauté, et leur éducation en faisait de bons professeurs et officiers d'état-major.

En 1950, après que le Parti communiste a pris le contrôle de la totalité de la Chine, le nouveau gouvernement s'est trouvé confronté au problème des premières épouses de ses dirigeants. La plupart de ces femmes, dont les maris étaient devenus des gradés de haut rang, rejoignaient en masse Pékin avec leurs enfants à la traîne, dans l'espoir de retrouver leurs maris. Le gouvernement était en faveur de la libération des femmes, de l'égalité sexuelle et de la monogamie, et cette situation créait un dilemme. Les officiels avaient fondé de nouvelles familles : qui de ces femmes et de ces enfants allait devoir s'en aller, et qui rester ? Il n'y avait pas de loi qui aurait permis de trancher.

Dans la mesure où telle famille plutôt que l'autre favorisait visiblement leur carrière et consolidait leur position dans la société, le choix semblait aller de soi. Toutefois, les hommes ne savaient que dire à leurs premières épouses, qui avaient enduré toutes ces années d'épreuves à les attendre. Ces femmes illettrées, qui ne savaient même pas déchiffrer les plus simples des caractères chinois, comprenaient une seule chose : elles appartenaient aux hommes qui avaient levé leurs voiles et avaient fait d'elles des femmes.

Pour finir, un document a été rédigé qui accordait une reconnaissance officielle à ces épouses. On leur a donné des droits politiques particuliers et des indemnités à vie. Cependant, peu de ces femmes simples et honnêtes ont mis à profit ce statut spécial ou ces privilèges. Elles se sont contentées d'accepter l'argent du gouvernement – une petite somme, qui n'a guère augmenté avec l'inflation – et ont élevé leurs enfants seules. Rares sont celles qui se sont remariées.

L'une de ces femmes avait dit au Vieux Chen : « Pourquoi raviver mes blessures en tirant parti de mes privilèges ? Les gens vont continuer à parler de mon mari, et cela ne fera que rendre son absence encore plus pénible. »

Par la suite, j'ai découvert que ces nouvelles épouses, comme la femme qui avait raconté son histoire sur le répondeur, étaient pour la plupart malheureuses en ménage : est-ce que le fait de l'apprendre aurait consolé les premières épouses ? Comme cela avait été le cas de mon auditrice anonyme, on avait alloué à de nombreuses nouvelles épouses un mari qu'elles ne connaissaient pas. Leur éducation, leur culture, leur raffinement et la tournure d'esprit romantique à l'occidentale que leur avaient donnés les écoles progressistes où elles étaient allées avaient séduit les maris au premier abord, mais étaient vite devenus des handicaps. Ces hommes avaient grandi dans les champs et dans la brutalité des années de guerre. La génération de leurs aînés leur avait enseigné qu'une femme, ça se soumet et ça se tait. La docilité des femmes avait contribué au début à masquer le fossé existant entre les espérances des maris et celles des nouvelles épouses, mais il n'avait pas fallu longtemps aux hommes pour se détourner et commencer à les traiter comme des marchandises.

Au cours d'une visite que j'ai rendue à mes parents un week-end, j'ai confié à ma mère que j'avais beaucoup de mal à faire la différence entre un mariage de raison et la prison. Ma mère m'a répliqué d'un ton léger : « Et combien de gens en Chine font un mariage d'amour ? » Quand je lui ai demandé pourquoi elle disait cela, elle a trouvé un prétexte pour quitter la pièce. Je savais que ma mère écoutait mon émission presque tous les jours, mais nous ne parlions que rarement de nos sentiments personnels. Toute ma vie, j'avais attendu qu'elle me prenne dans ses bras : elle ne m'a pas une seule fois serrée contre elle ou embrassée, même enfant ; adulte, la réserve traditionnelle chinoise nous a interdit toute démonstration d'affection. Entre 1945 et 1985 (quand se déplacer dans le pays est redevenu possible), beaucoup de familles étaient éclatées. Nous n'avons pas échappé à la règle et j'ai passé très peu de temps auprès de mes parents. Je voulais en savoir plus sur ma mère, sur la femme qui m'avait donné la vie et avait suscité en moi d'innombrables questions sur les femmes. Mon assurance grandissante de journaliste m'a aidée à reconstituer des parties de son histoire.

Ma mère est issue d'une grande famille capitaliste de Nankin, une ville débordante d'activité mais tranquille et harmonieuse, très différente de la Pékin politique, de la Shanghai commerçante et de la bruyante Guangzhou. Sun Yatsen, le fondateur de la Chine moderne, a choisi d'être enterré à Nankin et le Guomindang y a établi, à un moment de son histoire, sa capitale.

Située sur les rives du Yangtse au sud-est de la Chine, près de l'imposante montagne de Zijinshan, la ville comporte des lacs et des espaces verts. Elle est traversée par des boulevards ombragés, bordés d'arbres, dans toutes les directions, et l'ancienneté des palais et des murs d'enceinte autant que la modernité des bâtiments le long de la rivière attestent de la richesse de son héritage culturel. Les Chinois disent que les hommes sont façonnés par l'eau et la terre qui les entourent ; d'après ce que je connais de la famille de ma mère, je pense que c'est vrai.

La famille de ma mère possédait autrefois des biens immobiliers considérables à Nankin ; tout ce qui se trouvait au sud d'une ligne s'étendant de la porte ouest de la ville jusqu'au centre à trois kilomètres de là vers l'est leur appartenait. Mon grand-père maternel était à la tête de l'industrie du chanvre dans trois provinces – Jiangsu, Zhejiang et Anhui – ainsi que d'un certain nombre d'autres usines. Dans la prospère Chine du Sud, l'acheminement par voie d'eau était le moyen de transport privilégié. Mon grand-père commercialisait toutes sortes de choses, des toiles goudronnées pour les bateaux de guerre aux câbles pour les ancres des petits bateaux de pêche.

C'était un entrepreneur et un directeur des plus compétents, même s'il n'avait pas beaucoup étudié. Néanmoins, il comprenait l'importance de l'éducation et de la culture ; il avait envoyé ses sept enfants dans les meilleures écoles, et fondé lui-même une école à Nankin. Même si à cette époque on s'accordait à répéter que « le manque de talent chez une femme est une vertu », ses filles ont bénéficié de la plus complète des éducations.

De mes oncles et tantes, je tiens que dans la maison de mon grand-père, les règles de conduite étaient d'une sévérité extrême. Pendant les repas, si quelqu'un laissait échapper un bruit en mangeant, ou que sa main gauche s'écartait un tant soit peu du bol de riz, ou qu'une autre règle était enfreinte, mon grand-père posait ses baguettes et quittait la table. Personne n'avait le droit de continuer à manger après son départ ; ils devaient attendre le prochain repas pour assouvir leur faim.

Quand le nouveau régime est venu au pouvoir en 1949, mon grand-père a été obligé de céder ses biens au gouvernement pour protéger sa famille. Peut-être par désir de se rebeller contre la sévérité de leur éducation, ses enfants se sont tous engagés activement dans les mouvements révolutionnaires du Parti communiste, et ont combattu des capitalistes comme leur père.

Mon grand-père a cédé une partie de ses biens immobiliers au gouvernement à trois reprises – en 1950, 1959 et 1963 – mais ces sacrifices n'ont pas suffi à le mettre à l'abri. Au début de la Révolution culturelle, il a été désigné à la vindicte publique parce qu'il s'était attiré les éloges de deux des ennemis mortels de Mao Zedong. Le premier était Chiang Kaishek, qui avait mentionné mon grand-père en termes élogieux parce qu'il avait travaillé à développer l'industrie nationale face à l'agression japonaise. Le second était un ancien camarade de Mao, Liu Shaoqi, qui avait félicité mon grand-père pour avoir donné une grande partie de ses biens au pays. Chiang Kaishek avait dû fuir la Chine et se réfugier à Taiwan, et Liu avait été incarcéré après être tombé en défaveur.

Mon grand-père avait déjà plus de soixante-dix ans quand il a été emprisonné. Il a survécu à cette épreuve avec une force de caractère surprenante. Les gardes rouges crachaient ou se mouchaient dans la nourriture grossière et le thé clair qu'ils apportaient aux prisonniers. Un vieillard qui partageait la même cellule que lui est mort de chagrin, de colère et de honte de se voir traiter ainsi, mais mon grand-père a gardé le sourire. Il enlevait la morve et les crachats, et mangeait tout ce qui était mangeable. Les gardes rouges en sont venus à l'admirer et ont même fini par lui apporter une nourriture un peu meilleure que celle des autres.

Quand mon grand-père est sorti de prison à la fin de la Révolution culturelle, un de ses codétenus l'a invité à partager un repas de canard au sel, une spécialité de Nankin, pour fêter l'événement. Quand on a déposé le mets délicat sur la table, l'ami de mon grand-père s'est effondré, foudroyé par une hémorragie cérébrale provoquée par l'excès d'émotion.

Mon grand-père n'a montré ni joie d'avoir recouvré la liberté ni tristesse en apprenant la mort de ses amis et la perte de sa famille et de ses biens ; il semblait que ses sentiments avaient été anesthésiés pour toujours. Ce n'est que quand il m'a permis de lire son journal intime au cours d'un séjour que j'ai fait en Chine en mars 2000, que j'ai compris qu'il n'avait jamais cessé de ressentir les vicissitudes des époques qu'il avait traversées. Son expérience et sa compréhension de la vie l'avaient rendu inapte à s'exprimer par le canal futile de la parole, mais même si l'émotion dans ses journaux n'est jamais patente, ses sentiments les plus intimes y sont consignés.

Ma mère était devenue membre de la Ligue de la jeunesse communiste à l'âge de quatorze ans, et elle était entrée dans l'armée et le Parti à seize. Avant cela, sa réussite scolaire et ses talents de chanteuse et de danseuse lui avaient valu à Nankin une modeste réputation. Dans l'armée, elle avait continué à se distinguer. Elle était première de sa promotion, première aux examens, et l'une des meilleures candidates dans les concours militaires nationaux. Brillante et belle, plus d'un cadre du Parti et de l'armée la courtisait et rivalisait pour une danse pendant les bals. Des années plus tard, ma mère m'a avoué qu'elle se sentait alors comme une Cendrillon à qui la pantoufle de vair de la révolution convenait parfaitement, et que ce rôle comblait tous ses rêves. Emportée par cette vague de succès, elle ne se doutait pas que son milieu familial reviendrait la pourchasser.

Au début des années 1950, l'armée a commencé sa première purge interne de type stalinien. Ma mère a été mise sur la « liste noire » des descendants capitalistes et exclue du cercle enchanteur des révolutionnaires de premier ordre. Elle a dû travailler dans une usine militaire où, en collaboration avec des experts d'Allemagne de l'Est, elle a mis au point une nouvelle machine-outil pour fabriquer de l'équipement militaire. Sur la photo de groupe qui commémore cette réalisation, on a dit à ma mère qu'elle ne pouvait pas rester au premier rang à cause de son milieu familial, et on l'a reléguée derrière.

Pendant le conflit sino-soviétique, elle est devenue une cible de choix. Ses origines capitalistes justifiaient qu'on mette à l'épreuve sa fidélité au Parti. Vers la fin de la Révolution culturelle, elle a dirigé une petite équipe technique qui a conçu un outil qui permettait d'améliorer notablement l'efficacité de rendement. Toutefois, on ne l'a pas autorisée à s'en attribuer le mérite. On lui a refusé le titre de chef de projet parce qu'on jugeait impossible que quelqu'un avec son passé puisse être loyal envers le Parti.

Pendant plus de trente ans, ma mère s'est battue pour avoir droit au même traitement et à la même reconnaissance que ses collègues de même grade, mais sans succès. Rien ne pouvait changer le fait qu'elle était fille d'un capitaliste.

Un ami de la famille m'a dit un jour que la meilleure preuve de la force de caractère de ma mère a été sa décision d'épouser mon père. Quand ils se sont mariés, mon père était un enseignant très respecté dans une académie militaire; il avait eu ma mère pour élève, et nombreuses étaient ses étudiantes qui l'admiraient. Ma mère ne manquait pas de partis parmi les enseignants, mais elle a choisi mon père, qui n'était pas beau, mais qui était le plus brillant de tous. Ses collègues pensaient qu'elle ne l'avait pas épousée par amour, mais pour prouver sa valeur.

L'intelligence de mon père semblait, en vérité, justifier le choix de ma mère; quand elle parlait de lui, elle disait toujours qu'il était terriblement intelligent; c'était un expert de dimension nationale en mécanique et en informatique, et il parlait plusieurs langues étrangères. Elle ne l'a jamais décrit comme un bon mari ou un bon père. Pour mon frère et moi, il n'était pas facile de réconcilier l'opinion qu'elle avait de notre père avec cet homme à l'esprit confus que nous avions si peu l'occasion de voir enfants et que nous appelions « Oncle ».

D'innombrables incidents illustrent la distraction de mon père et constituent, rétrospectivement, des anecdotes amusantes. Au mess des officiers, il avait une fois fourré son assiette sale sous son bras et porté un gros dictionnaire jusqu'à l'évier, qu'il avait rincé devant les yeux médusés de ses collègues. Une autre fois, en lisant un livre, il était entré par la porte ouverte de l'appartement d'une famille voisine, s'était installé sur le sofa et s'y était endormi. La famille intriguée n'avait pas eu le cœur de le réveiller.

Pour prouver qu'il était aussi compétent que ma mère dans la gestion du quotidien, il avait essayé de préparer un repas. Il avait acheté une balance avec vingt poids pour pouvoir suivre les recettes à la lettre. Il était en train de précautionneusement peser le sel quand l'huile dans le wok avait pris feu.

Ma mère m'a raconté qu'un jour, il avait fendu d'un pas précipité la foule sur la place Tien'anmen pour venir à sa rencontre ; ils s'étaient donné rendez-vous près du mémorial révolutionnaire du peuple. Il lui avait raconté avec entrain que son unité de travail venait de lui octroyer deux bouteilles d'huile de sésame. Ce n'est que quand il avait tendu les mains pour les lui montrer, qu'il s'était aperçu que les bouteilles s'étaient brisées en chemin et que tout ce qui lui restait dans les mains était une paire de bouchons.

On prend souvent la compassion pour de l'amour, et les gens se retrouvent prisonniers d'unions malheureuses. De nombreux couples de Chinois qui se sont mariés entre 1950 et 1980 sont tombés dans ce piège. Mis à mal par les bouleversements politiques et les privations physiques, soumis aux pressions de la tradition, bien des hommes et des femmes se sont mariés sous le signe de la compassion et peut-être de la concupiscence, mais pas de l'amour. Ce n'est qu'après le mariage qu'ils ont découvert que ce qui les avait émus, en fait, leur faisait horreur ; et leurs vies familiales sont devenues des déserts affectifs.

Mes parents partageaient les mêmes origines capitalistes honnies – mon grand-père paternel a travaillé pour la compagnie britannique GEC à Shanghai pendant trente-cinq ans – et on peut penser qu'une mutuelle compassion a joué un rôle dans leur mariage. Je crois qu'ils en sont venus à éprouver de l'attachement l'un pour l'autre au fil des années.

S'aimaient-ils ? Etaient-ils heureux ? Je n'ai jamais osé leur poser la question, peu encline à remuer ce qui risquait d'être des souvenirs malheureux pour eux, des souvenirs de séparations forcées, d'emprisonnement et de famille éclatée.

On m'a envoyée vivre chez ma grand-mère à l'âge d'un an. En tout, j'ai vécu avec ma mère moins de trois ans. Je ne me souviens pas d'avoir passé un seul de mes anniversaires entourée de ma famille au complet.

Chaque fois que j'entends le sifflet d'un train à vapeur, je pense à ma mère. Le long son aigu me semble tour à tour chargé de détresse et d'espoir, me ramenant au jour de mon cinquième anniversaire. Ma grand-mère m'avait amenée à la gare de Pékin, et elle me tenait par la main pendant que nous attendions sur le quai. La gare n'était pas aussi bondée qu'elle l'est aujourd'hui, et il n'y avait pas autant de panneaux et de publicités pour distraire le regard. Ne sachant pas pourquoi nous étions là, tout ce dont je me souviens c'est que nous attendions tranquillement et que je jouais avec les doigts raides de ma grand-mère, en essayant de les plier ensemble comme le bord cannelé d'un ravioli chinois.

Un sifflet au son traînant et lugubre sembla propulser un très long train jusqu'à nous. Quand il

s'immobilisa dans un bruit de ferraille et de chuinte-
ment, il avait l'air las de porter autant de gens si loin,
si vite.

Une femme élégante, sa valise se balançant au
rythme de son pas, s'est alors dirigée vers nous ; tout
se déroulait avec la fluidité d'un rêve. Ma grand-mère
m'a pris la main et a montré du doigt la femme, en
disant :

— Voilà ta mère. Dis « maman », allez !

— Tante, ai-je dit en m'adressant à la belle dame
comme je le faisais avec les autres femmes.

— C'est ta mère, dis « maman », pas « Tante », a
insisté ma grand-mère, embarrassée.

Les yeux écarquillés, muette, je regardais fixement la femme. Ses yeux se sont emplis de larmes,
mais elle s'est efforcée de sourire d'un air triste et
fatigué. Ma grand-mère n'a pas essayé de me forcer
une seconde fois ; les deux femmes étaient paralysées.

Ce souvenir particulier est souvent revenu me
hanter. J'en ai ressenti la douleur de façon très aiguë,
surtout quand, devenue mère moi-même, j'ai fait
l'expérience du lien atavique, inéluctable qu'une
mère entretient avec son enfant.

Qu'aurait pu dire ma mère, face à une fille qui
l'appelait « Tante » ?

Avec les années, ma mère a dû oblitérer sa nature
féminine. A force de rivaliser avec des hommes et de
combattre la tache de ses origines familiales pour
réussir dans une carrière et au sein du Parti, elle a ressenti ses enfants comme un poids, elle a eu l'impression que sa famille ruinait sa vie. Autrefois la reine du
bal militaire, elle n'avait plus guère d'attention pour
ses vêtements ou son apparence.

Je l'ai appelée d'Angleterre, un jour où je trouvais que vivre dans une culture différente était particulièrement éprouvant. « Ne t'en fais pas, a-t-elle dit. Ce qui compte le plus, c'est que tu prennes le temps de découvrir ce que cela veut dire d'être une femme. »

Sa réaction m'a sidérée. A plus de soixante ans, ma mère reconnaissait le fait qu'elle avait occulté une partie importante d'elle-même et me priait de ne pas commettre la même erreur.

La seconde fois que je suis rentrée d'Angleterre en Chine, j'ai été stupéfaite de voir qu'elle avait mis du rouge à lèvres pour rencontrer mon ami anglais. Mon père ne contenait qu'à grand-peine l'émotion que lui causait cette résurgence de coquetterie ; il y avait quarante ans qu'elle ne s'était pas maquillée.

10
La femme qui a attendu quarante-cinq ans

Dans la Chine d'aujourd'hui, soit vous avez une famille mais pas les sentiments, soit vous avez des sentiments mais pas de famille. Les conditions de vie font que pour les jeunes, le métier et le logement sont des préliminaires indispensables au mariage. Leurs parents, qui ont dû faire face aux bouleversements des changements de régimes politiques, ont fait de l'exigence de sécurité et de fiabilité les bases de la construction d'une famille. Pour ces deux générations, les arrangements pratiques passent toujours en premier, et quand le sentiment existe, il s'est développé par la suite. Or, ce que la plupart des femmes recherchent et désirent, c'est une famille fondée sur les sentiments. C'est pour cela qu'on trouve tant d'histoires d'amour tragiques dans l'histoire de la Chine – des histoires qui n'ont porté ni fleur ni fruit.

En 1994, mon père s'est rendu à la commémoration du quatre-vingt-troisième anniversaire de la création de l'Université Qinghua – une des meilleures universités chinoises. A son retour, il m'a parlé de la rencontre de deux de ses anciens condisciples, Jingyi et Gu Da, qui étaient amoureux quand ils étaient étudiants. Après l'université, on les avait envoyés dans des régions différentes pour pourvoir aux « besoins de la Révolution », et ils s'étaient perdus de vue pendant le long cauchemar – dix ans – de la Révolution culturelle, qui avait empêché toute communication. La femme, Jingyi, avait attendu et cherché son amoureux pendant quarante-cinq ans. A cet anniversaire, c'était la première fois qu'ils se revoyaient, mais elle n'avait pas pu se jeter dans les bras de son amoureux : son épouse se tenait près de lui. Jingyi s'était efforcée de sourire, de serrer des mains et de faire bonne figure, mais elle était visiblement très troublée, car elle avait quitté la réunion prématurément.

Les anciens étudiants qui avaient été témoins de cette pénible rencontre avaient senti leurs yeux rougir et le nez les picoter d'émotion. Jingyi et Gu Da avaient été la grande histoire d'amour de leur promotion ; tout le monde savait qu'ils s'étaient aimés profondément pendant les quatre ans qu'ils avaient passés ensemble à l'université. Ils se rappelaient comment Gu Da était allé chercher des sucres d'orge pour Jingyi au beau milieu d'une tempête de neige à Pékin, et comment elle l'avait veillé et soigné pendant dix nuits lors de sa pneumonie. Mon père m'a raconté tout cela sur un ton mélancolique, en déplorant les caprices de la destinée et la fuite du temps.

J'ai demandé à mon père si Jingyi s'était mariée. Il m'a répondu que non, qu'elle avait attendu son amoureux pendant tout ce temps. Certains de ses anciens camarades de classe lui avaient dit que c'était pure folie de rester attachée à ce point à son ancien amour : comment garder espoir dans ces années de violents bouleversements politiques ? Face à leur incrédulité, elle s'était contentée de sourire et de se taire. J'ai dit à mon père qu'elle me faisait penser à un nénuphar, s'élevant dans sa pureté au-dessus du marécage. Ma mère, qui avait suivi notre conversation distraitement, a alors déclaré qu'une fois sa tige brisée, un nénuphar se fanait beaucoup plus vite que les autres fleurs. J'avais très envie de savoir si Jingyi avait été brisée.

J'ai trouvé l'adresse de son unité de travail sur la liste des camarades d'université de mon père, mais aucun numéro de téléphone ni adresse personnelle. Elle était affectée dans une usine militaire où s'élaboraient des projets expérimentaux, située dans un lieu difficile à atteindre au cœur de la montagne et où les conditions de vie étaient réduites au strict minimum. J'ai appelé l'usine et appris qu'elle n'était pas encore rentrée de Pékin. On m'a demandé de vérifier qu'elle en était bien partie. J'ai accepté, et demandé à ses collègues d'envoyer aussi quelqu'un à sa recherche. Pendant les trois ou quatre semaines qui ont suivi, j'ai mené mon enquête, demandant à ses amis de l'université si elle les avait contactés, eux ou d'autres amis et parents, mais sans retrouver sa trace. Son unité de travail m'a appelée pour me faire savoir qu'elle avait téléphoné de Pékin pour demander l'autorisation de quitter son poste, mais qu'elle n'avait pas rappelé pour obtenir confirmation. Se pouvait-il qu'elle soit avec son ancien amoureux ? Mais quand j'ai joint Gu Da au téléphone dans la grande usine militaire du Jiangxi au sud-est de la Chine où il travaillait, il ne savait pas où elle se trouvait et il m'a demandé d'une voix désemparée : « Qu'est-il arrivé, où est-elle ? »

Pendant plusieurs semaines, Jingyi est devenue le seul sujet de mes conversations au téléphone avec mes parents. Nous étions tous extrêmement inquiets, mais que pouvions-nous faire ? Elle était perdue quelque part en Chine.

Un soir, j'ai pris l'appel d'une auditrice qui s'est présentée comme une employée d'hôtel près du lac Taihu à Wuxi. Elle m'a parlé d'une cliente très étrange qui résidait à l'hôtel. Cette cliente ne quittait jamais sa chambre et ne voulait même pas qu'on y fasse le ménage. Le personnel de l'hôtel savait qu'elle était encore en vie uniquement parce qu'elle répondait au téléphone. La femme était inquiète et espérait que je pourrais aider cette étrange cliente.

Après l'émission, j'ai appelé l'hôtel et demandé à la réception de me mettre en relation avec la recluse. Elle a décroché presque immédiatement, mais elle n'était pas d'humeur bavarde. Elle m'a demandé comment j'avais réussi à la trouver. Quand j'ai répondu que les gens de l'hôtel se faisaient du souci pour elle, elle m'a chargée de leur transmettre ses remerciements. J'étais étonnée qu'elle demande à quelqu'un qui était si loin de remercier des gens qui se trouvaient tout près d'elle. Fuir ainsi tout contact personnel est, selon mon expérience, le signe d'une perte de foi dans la vie. Elle m'a dit qu'elle n'avait pas entendu parler de mon émission et n'avait pas l'intention de l'écouter.

Notre première conversation a été brève, mais j'ai persisté et je l'ai appelée tous les soirs, comme on jette une bouée de sauvetage. Après plusieurs appels, sa voix a commencé à trahir une certaine acceptation, et il lui arrivait de me poser des questions sur moi au lieu de se contenter de répondre d'une voix sans chaleur aux miennes.

Deux semaines plus tard, elle n'a pas répondu à mon appel. Alarmée, j'ai immédiatement téléphoné au personnel de l'hôtel pour leur demander d'aller frapper à sa porte, et j'ai été soulagée d'apprendre qu'elle avait répondu de l'intérieur de la pièce. Les jours suivants, elle n'a pas décroché non plus, mais j'ai continué à appeler pour lui montrer ma sollicitude.

La chance a voulu qu'on m'envoie à Wuxi peu de temps après. Même si le sujet de mon reportage concernait les agents de la circulation de Wuxi, je pourrais profiter de l'occasion pour rendre visite à cette femme qui s'était exclue du monde.

J'ai dit au directeur de la radio que j'allais partir pour Wuxi tout de suite après la fin de l'émission. Il était décontenancé. « Vous êtes devenue folle ? Si vous vous précipitez à cette heure de la nuit, vous arriverez à Wuxi avant l'aube, et il n'y aura personne pour vous accueillir. » L'expérience m'avait appris à ne donner que le minimum de justifications.

Le chauffeur qui m'avait été assigné pour le voyage détestait conduire de jour au plus fort du trafic, et il était content que je lui demande de me conduire à l'hôtel du lac Taihu de nuit. Nous sommes arrivés à quatre heures du matin pour trouver les réceptionnistes de l'hôtel engourdis de sommeil et traînant les pieds. Le chauffeur, impatient de nature, les a rudoyés de sa voix sonore :

— Excusez-moi, veuillez vous réveiller ! Voici Xinran. Elle arrive en voiture tout droit après son émission qui se termine à minuit, et doit commencer son reportage à huit heures du matin. Pouvez-vous accélérer les formalités ?

— Quoi, Xinran ? Xinran, la présentatrice de *Mots sur la brise nocturne* ? J'écoutais votre émission il y a juste quelques heures.

— Oui, c'est elle. Elle est fatiguée, aidez-nous !

— C'est vous, Xinran ? Oui, oui ! J'ai vu votre photo dans le journal, c'est merveilleux de vous rencontrer en chair et en os. Ah, je vais appeler mes collègues, a dit la réceptionniste en se secouant.

— Ne vous dérangez pas, me suis-je empressée de l'arrêter. Je vais rester quelques jours. S'il vous plaît, ne troublez pas le repos de vos collègues, je suis vraiment très fatiguée.

— Oh, désolée, désolée, je vais ouvrir pour vous une chambre avec vue sur le lac tout de suite. La réceptionniste s'est tournée vers le chauffeur : Je vais m'occuper de vous aussi, je ne vous oublie pas.

— Merci de ne pas vous formaliser, a-t-il dit.

— Ça ne fait rien, vous avez la langue bien pendue mais bon cœur, hein ? Moi, ça me rentre par une oreille et ça sort par l'autre.

Comme la réceptionniste me conduisait à ma chambre, je lui ai demandé si elle connaissait cette femme singulière qui résidait à l'hôtel.

— On m'a dit qu'il y a une dame au bâtiment 4 qui est assez étrange, a-t-elle répondu. Je crois qu'elle est ici depuis plusieurs semaines, mais je n'en suis pas sûre. Demain, quand nous aurons notre réunion du personnel pour le changement d'équipe, je demanderai pour vous.

— Merci. Je vous cause bien du souci.

— Oh non, vous vous mettez en quatre pour tellement d'auditeurs, mais combien d'entre nous ont l'occasion de vous remercier en personne ?

200

Les Chinois disent qu'il faut craindre les mains des hommes et la langue des femmes, mais je faisais l'expérience du côté doux de la langue de cette femme.

Une fois dans ma chambre, j'ai décidé, plutôt que de me coucher immédiatement, de prendre une douche et de préparer mes interviews du lendemain. J'étais en train de me déshabiller quand le téléphone a sonné.

—Allô, c'est Xinran ? Je suis l'opératrice de service au standard de l'hôtel. La réceptionniste du bâtiment central m'a dit que vous veniez d'arriver. Je suis désolée de vous déranger, mais vous avez demandé des nouvelles d'une cliente particulière. Elle m'a téléphoné ce soir, peu de temps après la diffusion de votre émission, elle voulait savoir si je l'avais écoutée. Je lui ai dit que oui, puis je lui ai demandé si elle avait besoin de quelque chose, mais elle a raccroché à ce moment-là. Je vois sa chambre de la pièce de service ; je fais partie de l'équipe de nuit cette semaine et je l'aperçois, assise près de la fenêtre à contempler le lac toute la nuit. Peut-être qu'elle dort pendant la journée ?

— Désolée, puis-je vous interrompre un instant ? Puis-je vous demander si vous la voyez en ce moment ? Est-ce qu'elle regarde toujours le lac ?

— Euh... je vérifie. Oui, elle est là... Je la vois très distinctement. Apparemment elle ne tire jamais les rideaux.

— Merci beaucoup. Pouvez-vous me donner le numéro de sa chambre ?

— Elle est... chambre 4209, deuxième étage, bâtiment 4.

— Merci. Y a-t-il quelque chose que je puisse faire pour vous ?

— Non, rien… Eh bien, vous pourriez me donner un autographe.

— Bien sûr ; peut-être aurai-je le temps de passer vous voir demain, ça ira ?

— Vraiment ? Formidable. Au revoir.

— Au revoir.

Tout en parlant, je m'étais rhabillée, décidée à aller rendre visite à l'étrange cliente immédiatement, sans perdre un temps précieux.

Devant la porte de sa chambre, je ne savais plus trop quoi faire, et je suis restée interdite pendant quelques minutes avant de me décider à frapper et à l'appeler.

—C'est Xinran. Je suis venue ici, après nos conversations téléphoniques, pour vous voir. Ouvrez, s'il vous plaît.

Pas de réponse ; la porte restait hermétiquement close. Je n'ai pas frappé de nouveau ni parlé, mais, certaine qu'elle m'avait entendue dans la quiétude du petit matin, j'ai attendu. J'étais sûre qu'elle se tenait derrière la porte et qu'elle sentait ma présence comme je sentais la sienne. Dix minutes plus tard, sa voix a filtré à travers la porte.

—Xinran, vous êtes toujours là ?

— Oui, j'attends que vous ouvriez, ai-je répliqué d'une voix douce mais ferme.

La porte s'est ouverte lentement et une femme au regard angoissé, épuisé, m'a fait signe d'entrer. La chambre était propre et en ordre, et le seul signe prouvant qu'elle était occupée était un grand sac de voyage contre le mur. La vue de paquets de nouilles instantanées m'a rassurée – au moins elle ne se laissait pas mourir de faim.

Je me suis assise près d'elle, en silence, persuadée que parler ne ferait qu'aggraver sa défiance. J'allais attendre que ce soit elle qui m'adresse la parole, mais jusqu'à ce qu'elle soit prête, j'allais essayer de créer une atmosphère de confiance. Nous sommes restées à écouter le doux clapotement de l'eau sur le rivage, et mes pensées se sont tournées vers le lac et la nature environnante.

Le lac Taihu est le troisième des plus grands lacs d'eau douce de Chine, il s'étend du sud du Jiangsu jusqu'au nord du Zhejiang. C'est un endroit dont la beauté est célèbre dans le delta du Yangtse. Autour du lac, il y a des jardins avec des étangs et des cours d'eau. Le lac Taihu est également célèbre pour le thé de printemps Biluo qu'on y cultive. La légende veut qu'une jeune et belle femme du nom de Biluo ait arrosé une pousse de son sang et fait infuser les jeunes feuilles pour son amant gravement malade. Elle a agi ainsi jour après jour jusqu'à ce que le jeune homme ait recouvré la santé, mais Biluo est à son tour tombée malade et elle est morte.

Je réfléchissais à cela et à d'autres histoires d'amour tragiques, bercée par le clapotis doux et régulier de l'eau, assise près de la femme. Les lampes étaient encore allumées, mais leur éclat se confondait avec l'aube. La lumière du petit matin avait peu à peu donné à notre silence une qualité différente.

La sonnerie du téléphone a interrompu notre muette communion. L'appel était pour moi. Il était sept heures moins le quart, et le chauffeur devait m'emmener à Wuxi pour mon rendez-vous à huit heures trente avec le bureau de Propagande de la police de la circulation.

J'ai serré la main de la femme pour prendre congé d'elle, mais je n'ai presque rien dit, à part : « Faites-moi le plaisir de manger un peu plus, et reposez-vous. »

Sur le chemin de Wuxi, je me suis endormie sur la banquette arrière de la voiture. Le chauffeur au cœur généreux n'a pas voulu me déranger quand nous sommes parvenus à destination, et après avoir garé la voiture, il s'est mis lui-même en quête des gens du bureau de Propagande. Personne n'était encore arrivé, et j'ai pu dormir une heure entière. A mon réveil, les gens que j'étais censée rencontrer étaient en train de bavarder autour de la voiture. J'étais confuse, je n'avais aucune justification à leur donner. L'un des policiers m'a taquinée : « Xinran, attention, si vous vous endormez partout où vous allez, vous allez grossir. »

La journée s'est déroulée au rythme fiévreux du travail de journaliste : j'ai collecté des informations dans divers endroits et discuté du contenu du reportage en cours. Heureusement, dans l'entre-deux, j'ai pu passer un peu de temps dans la voiture, et j'ai fait plusieurs petits sommes.

De retour à l'hôtel, j'ai trouvé sur mon lit une liste de tous les employés de l'hôtel qui désiraient un autographe. J'ai décidé de m'en occuper plus tard, j'ai pris une douche et je me suis de nouveau rendue à la chambre 4209. Même si elle ne voulait pas parler, je pensais que rester assise avec elle pourrait l'aider un peu. Elle devait m'avoir attendue debout derrière la

204

porte, car elle a ouvert immédiatement sans que j'aie besoin de frapper.

Elle m'a adressé un sourire un peu contraint, mais sans rien dire. De nouveau, nous sommes restées assises près de la fenêtre, à contempler le lac éclairé par la lune. La surface du lac était calme, et nous sommes restées à nous tenir compagnie dans cette atmosphère de paix.

Quand est venue l'aube, je lui ai indiqué d'un signe que je devais partir travailler, et elle m'a serré la main faiblement, mais avec beaucoup de chaleur. Je suis retournée dans ma chambre, j'ai feuilleté en hâte quelques notes préparatoires que j'avais apportées avec moi et rédigé un mot de remerciement à l'intention de l'opératrice du standard. J'avais pris l'habitude d'emporter en voyage des cartes à autographier pour les auditeurs enthousiastes qu'il m'arrivait de rencontrer. J'ai signé un certain nombre de ces cartes pour les employés de l'hôtel et je les ai confiées au responsable de l'étage en partant.

Le reste de mon séjour s'est déroulé de la même façon ; je menais des interviews à Wuxi pendant la journée et passais mes nuits assise en silence avec la femme à contempler le lac Taihu. Nos silences semblaient s'approfondir et se charger d'un peu plus d'émotions au fil des jours.

Le dernier soir, je lui ai dit que j'allais partir le lendemain, mais que je lui téléphonerais. Elle n'a rien dit, mais elle m'a adressé un sourire triste et m'a serré la main faiblement. Elle m'a donné une photo qui avait été déchirée en deux, montrant une étudiante des années quarante qui lui ressemblait. La jeune fille de la photo rayonnait de jeunesse et de bonheur. Au dos était inscrite une bribe de phrase dans une encre déla-vée : « l'eau ne peut pas… » Une autre phrase écrite avec une encre plus sombre semblait avoir été ajoutée plus récemment : « Les femmes sont comme l'eau, les hommes comme les montagnes. » Je supposais que la personne sur la partie manquante de la photo était la cause des souffrances de la femme.

J'ai quitté l'hôtel près du lac Taihu – mais je n'avais pas l'impression de l'avoir quitté.

De retour à Nankin, je suis allée chez mes parents pour leur apporter des spécialités de Wuxi – des figu-rines en terre et des côtes de porc – que j'avais ache-tées pour eux. En m'ouvrant la porte de la voiture, le chauffeur a déclaré : « Xinran, la prochaine fois que vous ferez ce genre de tour, ne venez pas me chercher. Je me suis ennuyé à mourir dans la voiture : vous n'aviez qu'un désir, dormir. Par votre faute, je n'avais personne avec qui parler. »

Il était tard quand je suis arrivée et mes parents étaient couchés. Je me suis glissée sans bruit dans la chambre d'amis. Ma mère a appelé de la chambre : « Tout s'est bien passé ? », et les ronflements de ton-nerre de mon père m'ont rassurée, tout était en ordre.

Le lendemain, au point du jour, mon père qui se levait généralement tôt m'a réveillée avec une de ses irrépressibles crises d'éternuements. Cela le prenait tous les matins – j'avais compté un jour jusqu'à vingt-quatre éternuements d'affilée. Somnolente et épuisée, je me suis rendormie, mais j'ai été bientôt réveillée par de violents coups frappés à ma porte et la voix de mon père qui criait :

—Lève-toi, vite, c'est urgent !

— Qu'est-ce qu'il y a ? Qu'est-ce qui se passe ?

J'étais inquiète, car le foyer de mes parents retraités était habituellement serein.

Mon père se tenait devant ma chambre, la photo déchirée à la main. Je l'avais laissée la veille au soir sur la table du salon. Il m'a demandé avec animation :

— Où as-tu trouvé cette photo ? C'est elle !

— Quoi ? De quoi parles-tu ?

— C'est Jingyi, l'étudiante dont je t'ai parlé. Celle qui a attendu son amoureux pendant quarante-cinq ans !

Mon père avait l'air dépité par la lenteur avec laquelle je réagissais.

— Comment ? Tu es sûr que c'est la même personne ? Ce ne sont pas tes yeux qui te trompent ? Ça fait quarante-cinq ans, et c'est une vieille photo.

Je n'arrivais pas à le croire.

— Je suis formel. C'était la beauté de la classe : tous les garçons l'admiraient et plus d'un la courtisait.

— Toi aussi ?

— Chut ! Parle plus bas. Si ta mère t'entend, elle va encore se faire des idées. Si tu veux savoir la vérité, j'aimais beaucoup Jingyi, mais je n'étais pas à la hauteur, a dit mon père, penaud.

— Pas à la hauteur ? Incroyable ! Tu t'es toujours vanté d'avoir été un jeune homme tout ce qu'il y a d'entreprenant, l'ai-je taquiné en commençant à rassembler mes affaires.

— Pourquoi pars-tu si vite ? a demandé mon père.

— Je retourne à Wuxi. J'ai déployé tellement d'efforts pour retrouver Jingyi sans succès, et voilà que je l'ai retrouvée par hasard.

Mon père a repris d'un ton lugubre :

— Si j'avais su, je ne t'aurais pas réveillée.

Un des directeurs de la radio habitait non loin de chez mes parents et je me suis précipitée chez lui pour demander un congé d'urgence. J'ai prétendu qu'une parente était en visite et que je devais m'occuper d'elle pendant quelques jours. Je déteste mentir, car je crois que cela raccourcit la vie, mais je craignais encore plus que le directeur n'apprenne la vérité. Ayant obtenu sa permission, j'ai appelé mon assistante pour lui demander si elle pouvait continuer à me remplacer quelques jours de plus.

J'ai raté le train de midi pour Wuxi et j'ai dû attendre jusqu'au soir, en rongeant mon impatience et mon angoisse, la tête débordante de questions à propos de Jingyi. Le temps semblait ne pas vouloir avancer.

A l'heure à peu près à laquelle mon émission aurait dû débuter, dix heures et quelques, j'étais de retour à l'hôtel du lac Taihu. La réceptionniste m'a reconnue :

— Oh, finalement vous n'êtes pas partie ?

— Non, ai-je répliqué, car je ne voulais pas perdre de temps en explications.

Debout devant la porte de la chambre 4209, les questions qui s'étaient pressées en foule dans mon esprit se sont évanouies d'un coup, et je me suis retrouvée une fois de plus à hésiter sur le seuil. J'ai levé la main et l'ai laissée retomber par deux fois avant de me décider à frapper.

— Jingyi, c'est moi, Xinran, ai-je appelé.

J'avais envie de pleurer ; j'étais restée assise à ses côtés pendant toutes ces nuits, sans me douter de rien. A l'imaginer assise en silence pendant quarante-cinq ans, mon cœur se serrait de compassion.

208

Avant que j'aie eu le temps de me ressaisir, la porte s'est ouverte.

Elle était stupéfaite.

— Vous n'êtes pas partie ? Comment connaissez-vous mon nom ?

Je l'ai attirée près de la fenêtre et nous nous sommes assises, mais cette fois-ci, j'ai rompu le silence ; je l'ai mise au courant, doucement, de ce que mon père m'avait raconté. Jingyi pleurait en m'écoutant, sans prendre la peine d'essuyer ses larmes. Je fourmillais de questions, mais je n'ai réussi qu'à demander :

— Est-ce que vous pensez toujours à Gu Da ?

Elle s'est évanouie. Cela m'a affolée et j'ai appelé le standard pour qu'on fasse venir une ambulance. L'opératrice a hésité :

— Xinran, en pleine nuit…

— Les gens ne font pas la différence entre le jour et la nuit quand ils agonisent. Allez-vous laisser cette femme mourir sous votre nez ?

— Bien, restez calme. Je fais le nécessaire.

L'opératrice a été très efficace. Peu de temps après, j'ai entendu quelqu'un crier dans le bâtiment :

— Où est Xinran ?

— Ici ! ai-je appelé.

Quand le chauffeur de l'ambulance m'a vue, il a eu l'air abasourdi.

— Vous êtes Xinran ? Mais vous semblez en pleine forme !

— Je vais bien.

J'étais confuse, mais j'ai compris que l'opératrice s'était servie de ma supposée notoriété pour obtenir l'ambulance.

J'ai accompagné Jungyi jusqu'à un hôpital militaire. Le personnel médical n'a pas voulu que j'assiste aux examens, je pouvais seulement l'apercevoir à travers une minuscule lucarne ménagée dans la porte. Elle gisait, immobile, dans la blancheur de la pièce, et mon anxiété grandissait : j'imaginais le pire. Je n'ai pu m'empêcher de m'exclamer, des larmes dans la voix : « Oh, Jingyi, réveillez-vous ! »

Un médecin m'a tapoté l'épaule :

— Xinran, ne vous inquiétez pas, elle va bien. Elle est seulement très affaiblie. Il semble qu'elle ait subi un grand choc, mais les examens indiquent que ses fonctions vitales ne sont pas en danger. Pour son âge, elle se porte plutôt bien. Avec un régime plus riche, elle va se remettre.

Ce pronostic m'a un peu calmée, mais je ne pouvais m'empêcher de ressentir une vive angoisse pour Jingyi. J'ai murmuré d'une voix désemparée au médecin :

— Elle a tant souffert. Je ne sais pas comment elle a pu supporter plus de quinze mille nuits…

Le médecin m'a permis de me reposer dans la chambre de service. Etourdie par des pensées décousues, j'ai fini par m'endormir d'épuisement. J'ai rêvé de femmes qui pleuraient et se débattaient, et je me suis levée fatiguée.

Le lendemain, je me suis rendue quatre ou cinq fois dans la chambre de Jingyi, mais elle ne s'était toujours pas réveillée. Le médecin m'a dit qu'elle allait dormir pendant plusieurs jours, car elle était exténuée.

J'ai réservé un lit dans le dortoir de la pension de l'hôpital. Je n'avais pas assez d'argent pour m'offrir une chambre privée – d'ailleurs, je n'ai pas eu beaucoup l'occasion de m'en servir. Ne voulant pas laisser Jingyi seule, je veillais toute la nuit à son chevet et me reposais un peu dans la journée. Elle est restée inconsciente plusieurs jours de suite ; seul un léger frémissement des paupières indiquait qu'elle était en vie.

Le cinquième jour, au crépuscule, Jingyi a fini par ouvrir les yeux. Elle ne paraissait pas comprendre où elle se trouvait, et a tenté de parler. J'ai mis un doigt sur ses lèvres et lui ai expliqué d'une voix douce ce qui était arrivé. En m'écoutant, elle m'a attrapé la main et l'a serrée avec gratitude, puis, avec difficulté, elle a demandé : « Votre père va bien ? »

La glace était rompue, et ce soir-là, alors qu'elle gisait la tête auréolée du tissu blanc de l'oreiller d'hôpital, Jingyi a déroulé son histoire d'une voix ferme.

En 1946, Jingyi avait passé son examen d'entrée à l'Université Qinghua. Le jour des inscriptions, elle avait rencontré Gu Da pour la première fois. Il ne se distinguait des autres étudiants ni par le charme physique ni par un quelconque talent. Quand Jingyi l'a vu ce jour-là, il aidait les autres en silence avec leurs bagages et elle l'a pris pour un porteur ; ils se sont retrouvés tous les deux dans la même classe ; de nombreux garçons ont commencé à courtiser Jingyi à cause de sa beauté et de sa gentillesse. Gu Da, lui, restait souvent assis seul à l'écart dans un coin de la classe, ou absorbé dans un livre dans les jardins de l'université. Hormis le fait qu'elle avait remarqué que c'était un rat de bibliothèque, Jingyi ne faisait pas beaucoup attention à lui.

Jingyi était une jeune fille enjouée, et elle inventait souvent des activités entraînantes qui plaisaient à ses camarades de classe. Par un beau jour d'hiver, après une forte chute de neige, les étudiants étaient sortis tout excités pour faire un bonhomme de neige. Jingyi a suggéré d'en faire plutôt deux et d'utiliser pour leur nez des sucres d'orge. On mettrait les garçons et les filles dans des groupes différents et ils devraient tour à tour embrasser les bonshommes avec un bandeau sur les yeux. Les chanceux gagneraient un sucre d'orge, et les autres mangeraient une boule de neige.

A cette époque, les transports publics et les bicyclettes étaient rares. La seule façon de se procurer des sucres d'orge pour le jeu était de se rendre à pied jusqu'au centre de Pékin, à plusieurs heures de marche de l'université. Les garçons qui rivalisaient habituellement pour plaire à Jingyi n'ont pas proposé de faire le trajet, et plusieurs se sont même retirés dans le dortoir, mine de rien. Jingyi était déçue par leur manque d'enthousiasme, mais elle n'a pas insisté.

Le lendemain, il est tombé encore plus de neige, et la couche était si épaisse que la plupart des étudiants ont passé la journée à lire dans la salle de classe. Vers le milieu de l'étude du soir, à la faible lumière des lampes, un homme couvert de glace a soudain fait son apparition. Il s'est dirigé vers Jingyi et, avec une certaine difficulté, a tiré deux bâtons de sucre d'orge de sa poche. Le gel les avait soudés. Avant qu'on ait pu reconnaître l'homme de glace, il avait tourné les talons et quitté la pièce.

Jingyi, éberluée, avait reconnu Gu Da. Tandis que ses camarades tout contents discutaient avec animation des modalités du jeu pour le lendemain, elle est restée, l'air absent, à contempler la neige qui continuait à tomber, essayant d'imaginer Gu Da se frayant péniblement un chemin à travers la campagne.

Gu Da n'a pas pris part au jeu le lendemain. Ses camarades de dortoir ont dit qu'il dormait comme un mort, comme s'il avait bu quelque potion magique. Jingyi redoutait qu'il ne soit tombé malade d'épuisement. Mais pendant l'étude du soir, elle a été soulagée de le voir arriver et prendre sa place habituelle dans un coin pour lire. Après l'étude, avant de sortir, elle est allée le remercier. Gu Da lui a adressé un sourire timide et a rétorqué : « Ce n'est rien. Je suis un homme. »

La réplique innocente de Gu Da avait ému Jingyi. C'était la première fois de sa vie qu'elle était confrontée à la vigueur et la force masculines ; elle avait l'impression d'être une héroïne de roman, et toute la nuit, elle est restée éveillée avec ces pensées.

Elle s'est mise à observer Gu Da attentivement. Sa nature taciturne la réduisait aux conjectures et elle s'interrogeait pendant des heures sur son attitude. Hormis la fois où il lui avait apporté les sucres d'orge, Gu Da ne semblait pas se soucier d'elle, il ne se conduisait pas comme les autres garçons qui lui faisaient une cour assidue. Elle a eu envie d'attirer son attention et elle a cherché des prétextes pour lui adresser la parole. Il lui répondait d'une voix indifférente et ne montrait envers elle aucune sollicitude particulière dans ses paroles ni dans ses manières. Mais loin de la décourager, la réserve de Gu Da n'a fait que renforcer ses espoirs.

Le penchant qu'affichait Jingyi pour Gu Da agaçait bon nombre de ses prétendus soupirants. Ils tournaient en ridicule son allure empotée, le traitaient de grenouille qui rêve d'embrasser une princesse, et l'accusaient de vouloir jouer avec les sentiments de la jeune fille. On ne faisait pas ces remarques en présence de Jingyi, mais une de ses camarades de classe les lui avait rapportées, en ajoutant :

—Il est resté de bois. Il s'est contenté de répliquer : « Les personnes concernées savent à quoi s'en tenir. »

Jingyi admirait l'impassibilité de Gu Da face aux sarcasmes de ses camarades ; elle lui semblait la marque d'un homme vraiment viril. Mais Jingyi ne pouvait s'empêcher de regretter la tiédeur du garçon envers elle.

Peu avant les examens de fin de trimestre, Gu Da a manqué la classe pendant deux jours ; ses compagnons de dortoir ont prétendu qu'il dormait. Jingyi ne pouvait croire qu'il était seulement endormi, mais elle n'avait pas la permission de lui rendre visite car la ségrégation entre les sexes était très sévère. Le troisième jour, cependant, elle a quitté la classe à la dérobée pendant que les autres étaient absorbés dans leur travail, pour se rendre au dortoir de Gu Da. Elle a poussé la porte sans faire de bruit et l'a vu endormi. Son visage était tout enfiévré. Quand elle lui a soulevé doucement la main pour la mettre sous la couverture, elle l'a trouvée brûlante. A cette époque, se toucher entre hommes et femmes quand on n'était pas mariés était interdit, mais elle n'a pas hésité à toucher la tête et le visage de Gu Da. Ils brûlaient de fièvre. Elle a prononcé son nom d'une voix forte, mais il n'a pas réagi.

Elle est retournée en courant jusqu'à la classe, en criant à l'aide. Tout le monde, saisi de panique en entendant ses cris, s'est égaillé en vitesse dans toutes les directions en quête d'un professeur ou d'un médecin. Par la suite, le médecin a déclaré qu'il était heureux qu'on ait trouvé Gu Da à temps : une demi-journée de plus et il aurait pu mourir d'une pneumonie aiguë. A cette époque, il n'y avait pas de salle de soins sur le campus de Qinghua. Le médecin a prescrit entre dix et vingt doses d'un remède aux plantes et dit qu'il vaudrait mieux qu'un membre de la famille s'occupe de lui, lui administre des compresses froides et lui frotte les mains et les pieds avec de la glace.

Gu Da n'avait jamais mentionné l'existence de proches ou d'amis à Pékin. Il était originaire du sud de la Chine, mais le chemin de fer était coupé et il n'y avait aucun moyen de contacter sa famille. De toute façon, ils n'auraient pas pu arriver à temps pour le soigner pendant la période critique. Le médecin, sur le point de partir, était inquiet : il craignait que Gu Da, laissé aux mains de ces jeunes gens inexpérimentés, ne survive pas. Alors que les étudiants discutaient de tout cela, Jingyi s'est approchée du médecin et a déclaré d'une voix assurée : « Moi, je vais m'occuper de lui. Gu Da est mon fiancé. »

Le doyen des études était un homme bon. Il s'est arrangé pour que les garçons qui occupaient la chambre rejoignent un autre dortoir, et que Gu Da puisse se reposer en paix avec Jingyi à son chevet. Elle n'avait pas le droit d'y rester dormir.

Pendant plus de dix jours, Jingyi a appliqué des compresses froides sur le front de Gu Da, l'a lavé et nourri, et fait infuser les remèdes aux plantes. La lumière restait allumée toute la nuit dans le dortoir et

215

l'odeur amère des médicaments chinois s'en échappait ainsi que les faibles accents de la voix de Jingyi. Elle chantait une chanson populaire du sud de la Chine après l'autre, dans l'espoir que ces mélodies de son pays redonneraient de la force à Gu Da. Leurs camarades de classe, surtout les garçons, poussaient des soupirs en pensant à la délicate Jingyi consacrant tous ses soins à Gu Da.

Grâce aux soins assidus de Jingyi, Gu Da a guéri. Aux dires du médecin, il avait échappé de peu aux mâchoires de la mort.

Leur amour réciproque en a été cimenté – personne ne pouvait le leur reprocher après les épreuves qu'ils avaient traversées. Toutefois, certains continuaient à dire en privé que les voir ensemble, c'était comme voir une fleur fraîche jetée sur un tas de fumier.

Pendant les quatre années qui ont suivi, Jingyi et Gu Da se sont entraidés dans leurs études et dans leurs vies quotidiennes. Chaque jour qui passait apportait une preuve supplémentaire de leur amour – pour tous les deux, c'était leur premier amour, et sa force ne se démentait pas. Désireux de s'engager politiquement, ils ont rejoint ensemble le Parti communiste clandestin et rêvaient d'une nouvelle ère et d'une nouvelle vie, imaginant les enfants qu'ils auraient et parlant de leurs noces d'or.

Ils ont obtenu leurs diplômes au moment où naissait la Chine nouvelle et leur engagement politique leur a valu alors la reconnaissance et un respect inhabituel dans la société. L'armée les a convoqués séparément pour des entrevues. Ils avaient tous deux étudié l'ingénierie mécanique, et la nouvelle mère patrie, encore dans l'enfance, avait besoin de leurs connaissances pour la défense nationale. C'était une époque solennelle : chacun se sentait investi d'une mission et les événements se succédaient avec une rapidité époustouflante. L'expérience de Jingyi et de Gu Da dans le Parti clandestin leur avait donné le sens du devoir : ils étaient prêts à accepter la mission qu'on leur confierait, quelle qu'elle soit, et à la mener jusqu'au bout. Ils étaient prêts à tout accepter de façon inconditionnelle, même la séparation.

Jingyi a été envoyée dans une base militaire du nord-ouest et Gu Da dans une unité de l'armée en Mandchourie. Avant de se séparer, ils ont projeté de se retrouver plus tard dans les jardins de l'Université Qinghua : ils fêteraient leurs succès, et puis ils iraient dans le centre de Pékin acheter des sucres d'orge. Ils demanderaient au Parti un permis de mariage, se rendraient dans la famille de Gu Da près du lac Taihu et fonderaient une famille. Ce pacte s'est imprimé profondément dans l'esprit de Jingyi.

Contre toute attente, ils sont restés tous les deux affectés dans leurs unités de travail respectives l'année suivante, après le commencement des hostilités avec la Corée. Au cours de leur troisième année de séparation, Jingyi a été transférée pour un temps dans une unité spéciale de recherche et de développement militaire dans la plaine centrale, avec défense de rendre visite à des amis ou de la famille. Au cours de leur quatrième année de séparation, Gu Da a été transféré dans une base de l'armée de l'air à l'est de la Chine. Les adresses successives dans la boîte où Jingyi rangeait ses lettres d'amour témoignent du besoin pressant que la Chine nouvelle et

217

son industrie militaire avaient des compétences de Jingyi et Gu Da.

Ces lettres montrent qu'ils n'avaient envisagé leur séparation qu'à leur cœur défendant, mais la perspective de retrouvailles est devenue de plus en plus hypothétique. Le « devoir envers le Parti » a provoqué d'innombrables ajournements de leurs projets de rencontre, et l'interruption fréquente de leur correspondance. Dans le chaos politique de la fin des années 1950, Jingyi a été soumise à des interrogatoires à cause de son milieu familial, puis envoyée dans le Shaanxi pour y être « éduquée et réformée ». A cette époque, même la construction de la défense nationale passait après la lutte des classes. Elle a perdu toute liberté personnelle, le droit de communiquer ou de se déplacer à son gré. Elle a failli perdre la raison tant Gu Da lui manquait, mais les paysans responsables de sa rééducation ont refusé de l'aider. Ils ne pouvaient pas défier les ordres du président Mao en autorisant Jingyi à partir : elle aurait pu devenir une espionne ou entrer en contact avec des contre-révolutionnaires. Par la suite, un cadre lui a suggéré en toute honnêteté un moyen de s'en sortir : elle pouvait changer de statut et regagner sa liberté en épousant un paysan. Mais, toujours aussi amoureuse de Gu Da, elle a trouvé cette idée intolérable.

Jingyi a passé neuf ans de travaux forcés dans ce village du Shaanxi. La rivière était à la fois la limite de sa vie et un lieu de rendez-vous, où s'échangeaient les potins du village et les nouvelles du monde extérieur. Pour Jingyi, cette rivière était le seul moyen de communication avec Gu Da. Presque tous les soirs, elle allait s'asseoir sur la berge et laissait ses pensées

218

nostalgiques vagabonder silencieusement, confiant aux flots ses sentiments dans l'espoir que l'eau les porterait à l'endroit où était Gu Da. Mais la rivière ne charriait jusqu'à elle aucune nouvelle du monde extérieur.

Au fil des ans, les villageois ont fini par oublier que Jingyi était différente : elle en est venue à ressembler à n'importe quelle autre paysanne. Un seul trait la distinguait : c'était la seule femme de son âge qui soit restée célibataire.

Vers la fin des années 1960, un fonctionnaire est venu au village l'informer que le gouvernement avait décidé de son transfert. Les ordres étaient « de prendre à bras-le-corps la révolution et d'activer la production ». La campagne anti-soviétique était lancée.

Dès que Jingyi a rejoint sa base militaire, elle s'est fixé deux buts. En premier lieu, prouver qu'elle était fondamentalement la même qu'autrefois. Ses années de travaux forcés aux champs l'avaient vieillie et avaient beaucoup altéré son apparence. Ses collègues avaient du mal à la reconnaître, et ils doutaient de ses compétences. Ils lui ont fait passer des tests et des examens, lui ont fait analyser des problèmes et décrire des événements passés. Au bout d'une semaine, ils ont conclu que ses capacités intellectuelles n'étaient en rien diminuées.

En second lieu, mais bien plus important pour Jingyi, elle devait reprendre contact avec Gu Da. Sa dévotion envers lui a ému ses collègues, et chacun y a mis du sien. Après trois mois de recherches, tout ce qu'ils avaient réussi à trouver, c'était que Gu Da avait été emprisonné au début de la Révolution culturelle en tant que réactionnaire et agent secret supposé du Guomindang. On avait mené des enquêtes auprès de toutes les prisons où il avait pu être envoyé, mais les réponses étaient toujours décevantes : apparemment, il avait séjourné dans toutes, mais personne ne savait où il avait été envoyé par la suite. Jingyi était abattue, mais pas encore résignée. Tant qu'on ne lui apporterait pas la nouvelle de la mort de Gu Da, elle garderait espoir et cela donnait un sens à sa vie.

Durant les années de la Révolution culturelle, Jingyi a eu plus de chance que la plupart de ses collègues et anciens camarades de classe. Elle a bénéficié d'une protection spéciale en raison de ses compétences ; les dirigeants de la base militaire l'ont cachée des gardes rouges à maintes reprises. Elle comprenait le danger auquel s'exposaient ses chefs en la protégeant, et, par gratitude envers eux, elle a contribué à plusieurs réussites scientifiques de premier plan.

Jingyi n'a jamais cessé de rechercher Gu Da. Elle a parcouru tous les villages et les villes où il avait pu passer et a même poussé jusqu'au lac Taihu, où ils avaient rêvé de s'établir ensemble. Avec l'aide d'amis, elle a pris deux semaines pour faire le tour du lac dans l'espoir de le découvrir, mais sans retrouver sa trace.

Dans les années 1980, après l'ouverture de la Chine, les gens ont pu enfin émerger de ce chaos politique et social comme d'un long cauchemar, et remettre en ordre ce qui avait été plongé dans la confusion. Jingyi n'était qu'une personne parmi d'autres, innombrables, qui recherchaient leurs proches et amis à grand renfort de lettres, d'appels téléphoniques et d'enquêtes privées. La passion qu'elle mettait dans ses recherches était souvent incomprise : c'était elle qui était amoureuse de Gu Da, pas les autres. La Révolution culturelle avait engourdi les sentiments, et la majorité des gens avaient appris à leurs dépens à faire passer les besoins physiques essentiels et la sécurité politique avant l'émotion ou la sympathie.

Quand Jingyi a reçu une copie de la liste des personnes qui assisteraient à la célébration d'anniversaire de l'université Qinghua en 1994, elle l'a lue avec fièvre, mais le nom de Gu Da n'apparaissait pas. Quand elle s'est rendue à Pékin pour l'événement, elle a emporté avec elle des douzaines de lettres de demande d'aide pour les distribuer à ses anciens camarades de classe.

Le premier jour de la commémoration, des gens de toute la Chine se sont rassemblés sur le campus de Qinghua. Les plus jeunes se saluaient avec animation : le temps ne les avait pas encore trop changés. Leurs aînés semblaient plus hésitants ; la plupart avaient du mal à identifier leurs anciens camarades et craignaient de se tromper avant de pénétrer dans la pièce réservée à leur année et leur classe.

Personne n'avait reconnu Jingyi dans la cohue initiale, et elle non plus n'avait reconnu personne au début. Un assistant de l'université l'a conduite jusqu'à la salle correspondant à sa promotion. En entrant, elle a tout de suite repéré un homme de dos, un homme dont la silhouette ne lui serait jamais étrangère, quelles que soient les épreuves de la vie – Gu Da. Elle en a été bouleversée ; elle s'est mise à trembler, son pouls s'est accéléré et elle s'est évanouie. Le jeune assistant l'a rattrapée par le bras et lui a demandé avec inquiétude ce qui se passait ; est-ce qu'elle avait des problèmes cardiaques ? Incapable de répondre, d'un geste de la main, elle l'a rassuré puis a désigné du doigt Gu Da.

Elle a fait l'effort de se rapprocher de lui, mais son cœur était si débordant qu'elle avait l'impression qu'elle ne pouvait plus faire un mouvement. Au moment où elle allait prononcer son nom, elle l'a entendu dire : « Voici ma femme, Lin Zhen, et ma troisième fille, Yihua. Oui, oui, nous venons d'arriver… »

Jingyi s'est figée sur place.

Gu Da s'est retourné alors, et il est resté paralysé en voyant Jingyi. Il l'a regardée, l'air stupide, bouche bée. Sa femme, étonnée, lui a demandé si tout allait bien. Il a répliqué d'une voix tremblante :

— Voici… voici Jingyi.

— Jingyi ? Impossible…

Sa femme connaissait son nom.

Ils étaient tous les trois très émus, et ils sont restés un moment silencieux avant de se ressaisir. Des larmes dans les yeux, l'épouse de Gu Da a fini par raconter à Jingyi qu'il ne l'avait épousée qu'après avoir appris sa mort. Puis elle a fait mine de se lever pour les laisser seul à seule, mais Jingyi l'a retenue.

— Je vous en prie… je vous en prie, restez. Ce que nous avons partagé appartient au passé, nous étions jeunes alors, mais vous avez maintenant une famille. Je vous en prie, ne faites pas de tort à cette famille ; savoir que Gu Da est heureux sera un grand réconfort pour moi.

Jingyi s'était exprimée avec sincérité, mais ce qu'elle avait dit n'était pas entièrement vrai.

222

Quand la plus jeune des filles a compris qui était Jingyi, elle a dit : « Le début de mon nom et celui de mes sœurs forment la phrase *Nian Jing Yi*, "en souvenir de Jingyi". Mes parents disent que c'est en souvenir de vous. La Révolution culturelle a mis la vie de beaucoup de gens sens dessus dessous. J'espère que vous réussirez à pardonner à mes parents. »

Jingyi s'est sentie plus calme ; elle a trouvé la force de se lever et de serrer la main de l'épouse de Gu Da, en disant : « Merci de vous être souvenue de moi, merci de lui avoir donné une famille heureuse. Dorénavant, je serai plus heureuse, car j'aurai un souci en moins. Venez, allons assister à la réunion ensemble. »

Tout le monde a imité Jingyi et s'est dirigé vers l'auditorium. Quand tous ont rejoint leurs places numérotées, Jingyi est partie sans se faire remarquer. Elle est retournée à son hôtel, où elle a brûlé les lettres de demande d'aide qu'elle avait apportées. Ses espoirs nourris depuis si longtemps et son calme passager se sont consumés avec le papier.

Plusieurs jours plus tard, rassemblant son courage, elle a téléphoné à son unité de travail pour demander quelques jours de congé supplémentaires. Sa collègue lui a dit qu'il y avait un télégramme pour elle de la part d'un certain Gu Jian, lui demandant de prendre contact dès que possible. Jingyi a alors compris que, pour des raisons qu'elle ignorait, Gu Da avait changé son nom en Gu Jian – ce qui expliquait que ses recherches étaient restées infructueuses.

Elle a pris un train jusqu'au lac Taihu, dans l'idée de trouver une maison comme celle dont ils avaient rêvé ensemble autrefois. Elle n'avait ni la force ni l'argent nécessaires pour mettre son projet à exécution, alors elle s'est installée dans cet hôtel près du lac. Elle n'avait envie de voir personne, et elle a vécu de nouilles instantanées, passant ses jours et ses nuits à ruminer.

Jingyi avait presque terminé de raconter son histoire. Elle a levé une main faible et dessiné un cercle dans l'air.

—Les quarante-cinq ans pendant lesquels j'avais constamment désiré son retour avaient fini par former un lac de larmes. Tous les jours, j'attendais près de ce lac avec confiance et amour. Je croyais que mon amoureux allait sortir de l'eau et me prendre dans ses bras – mais quand il est sorti, une autre femme se trouvait à ses côtés. Leurs pieds ont troublé l'eau claire de mon lac. Les ondulations ont détruit les reflets du soleil et de la lune, et mes espoirs se sont enfuis.

« Pour continuer à vivre, j'avais besoin de noyer Gu Da et mes sentiments. Je croyais que le lac Taihu m'aiderait, mais quarante-cinq ans, ce n'est pas si facile de s'en débarrasser.

Comment répondre au sentiment de vide, à l'angoisse et au désespoir contenus dans la voix de Jingyi ? La compassion était impuissante.

Je devais retourner auprès de Panpan et reprendre mon travail, mais je ne voulais pas la laisser seule ; j'ai téléphoné à mon père le soir même pour lui demander si ma mère et lui pouvaient venir tenir compagnie à Jingyi pendant quelques jours. Ils sont arrivés le lendemain. Comme elle me disait au revoir du seuil de l'hôpital, ma mère a dit : « Jingyi a dû être vraiment très jolie quand elle était jeune. »

Une semaine plus tard, mes parents sont rentrés à Nankin. Avec la permission de Jingyi, mon père avait pris contact avec son unité de travail. Ils la cherchaient, et ils ont envoyé quelqu'un à Wuxi pour s'occuper d'elle dès qu'ils ont appris la nouvelle. Mon père, à l'insu de Jingyi, avait fait à son collègue un récit succinct de son histoire au téléphone. L'homme, jusque-là plutôt brusque, s'était effondré et avait déclaré, la voix brisée : « Nous savons tous combien Jingyi a souffert pour son amour, mais personne ne peut rendre pleinement justice à la profondeur de ses sentiments. »

Mon père avait découvert pourquoi Gu Da avait changé de nom et il l'avait raconté à Jingyi. Le chef des gardes rouges de la deuxième prison où Gu Da avait été envoyé avait le même nom que lui, aussi les gardes rouges, sans en référer à personne, avaient changé son nom en Gu Jian sur tous ses papiers. Gu Jian avait essayé de reprendre son ancien nom, mais les autorités locales s'étaient contentées de lui dire : « Tant de torts ont été commis pendant la Révolution culturelle, qui peut les redresser ? » Par la suite, quelqu'un lui avait dit que Jingyi, qu'il avait recherchée pendant des années, était morte vingt ans plus tôt dans un accident de voiture, et il avait alors décidé que son nom de Gu Da pouvait tout aussi bien mourir lui aussi.

Selon Jingyi, les femmes sont comme l'eau et les hommes comme les montagnes – est-ce là une comparaison valable ? J'ai posé cette question à mes auditeurs et reçu presque deux cents réponses en moins d'une semaine. Parmi ces réponses, plus de dix

venaient de mes collègues. Le Grand Li avait écrit :
« Les Chinois ont besoin des femmes pour se former
une image d'eux-mêmes – comme les montagnes se
reflètent dans les rivières. Mais les rivières coulent
des montagnes. Où est la bonne image ? »

11
La fille du général du Guomindang

Les sujets abordés pendant mon émission donnaient parfois lieu à de formidables polémiques entre mes auditeurs et, à ma surprise, mes collègues voulaient souvent prolonger le débat le jour d'après. Le lendemain matin du jour où j'ai présenté une émission qui avait pour thème les handicapés et avait suscité des prises de position extrêmement variées, je me suis retrouvée dans l'ascenseur en même temps que le Vieux Wu, notre directeur administratif. Comme l'ascenseur poussif et grinçant s'élevait jusqu'au seizième étage, il a profité de notre rencontre fortuite pour m'en parler. C'était un auditeur fidèle, et il me faisait volontiers part de ses opinions et ses idées. Son intérêt m'a touchée. La politique avait tellement émoussé l'enthousiasme en Chine que l'on rencontrait rarement des hommes de l'âge du Vieux Wu qui éprouvaient encore de la curiosité pour les choses de la vie. En outre, c'était assez inhabituel que les professionnels des médias regardent, écoutent ou lisent ce que produisait le média dans lequel ils travaillaient : ils savaient qu'ils étaient principalement des porte-parole du Parti.

—J'ai trouvé l'émission d'hier soir très intéressante, a proféré le Vieux Wu. Vos auditeurs étaient

227

tous d'accord pour dire qu'on devrait avoir de la compassion et de la compréhension pour ceux qui souf-
frent de handicaps. Compatir est facile, mais
comprendre l'est moins. Combien de gens sont
capables de s'extraire de leur mentalité de gens sains
pour comprendre le point de vue des handicapés ? Et il
faut distinguer entre les handicapés de naissance et
ceux qui ne le sont devenus que plus tard. Bien sûr…
Qu'est-ce qui se passe ? Le voyant rouge s'est allumé ?

L'ascenseur s'était immobilisé avec un sursaut et
la lumière de l'alarme s'était allumée, mais tout le
monde est resté calme – les pannes étaient fréquentes.
Heureusement, l'ascenseur s'était arrêté à un étage et
le réparateur (l'une des personnes les plus populaires
du bâtiment) a vite pu débloquer la porte. En sortant
de l'ascenseur, le Vieux Wu m'a dit une dernière
chose, presque comme s'il me donnait un ordre :

— Xinran, trouvez le temps de venir bavarder
avec moi bientôt. Ne pensez pas qu'à vos auditeurs.
Vous avez entendu ?

— Oui, j'ai entendu, ai-je répliqué d'une voix
forte tandis que le Vieux Wu s'éloignait.

— Alors, comment ça, vous êtes au courant,
Xinran ?

Un responsable de programme m'a arrêtée dans le
couloir.

— Au courant de quoi ? J'étais en train de parler
au directeur Wu.

— Je croyais que vous parliez de la polémique que
votre émission d'hier a déclenchée au sein du comité
éditorial.

Connaissant la langue acérée de mes collègues,
j'étais sur la défensive :

—De quoi ont-ils discuté ? A quel sujet ? Quelque chose qu'ont dit les auditeurs ? Quelque chose que j'ai dit moi ?

— Il s'agissait de savoir ce qui était le plus douloureux, être né handicapé ou l'être devenu plus tard, a répondu le responsable d'un ton désinvolte en s'éloignant sans se retourner.

Ce matin-là, le comité éditorial semblait avoir repris le fil de la discussion de la veille. Quand je suis entrée dans le bureau, sept ou huit personnes étaient en train de débattre avec ardeur ; deux des techniciens prenaient part à la polémique. Ils étaient tous très passionnés par le sujet ; certains étaient rouges d'animation, d'autres gesticulaient ou tambourinaient sur leurs bureaux avec leurs crayons.

Je répugnais à me laisser entraîner dans la bataille, ayant déjà fait l'expérience des problèmes que soulevait le sujet avec mes auditeurs, qui m'avaient retenue au studio longtemps après la fin de l'émission ; je n'étais rentrée chez moi qu'à trois heures du matin. Aussi discrètement que possible, j'ai ramassé les lettres que j'étais venue récupérer et me suis hâtée en direction de la porte.

Au moment où j'atteignais la porte, le Vieux Chen a crié :

—Xinran, ne partez pas ! C'est vous qui avez allumé cet incendie, et c'est à vous de l'éteindre maintenant.

J'ai marmonné une excuse :

—Je reviens. Le patron veut me voir un instant.

Et j'ai déguerpi pour me réfugier dans le bureau du patron de la radio, qui m'attendait.

—Quand on parle du diable ! s'est-il exclamé.

Je me suis raidie, craignant le pire.

— Voilà une copie du registre des appels en attente. Je crois qu'il y a là la possibilité d'une interview vraiment intéressante. Jetez-y un œil et rassemblez quelques idées avant cet après-midi, m'a-t-il dit d'un ton péremptoire.

Il y avait un message pour moi sur le registre téléphonique ; la fille d'un lieutenant général du Guomindang était dans un hôpital psychiatrique et je devais contacter un certain docteur Li. Aucun détail ne permettait de penser qu'il y avait là matière à une bonne histoire, mais je savais que le patron était très astucieux ; s'il disait qu'il y avait un fil à tirer, il avait probablement raison. Il avait le don de voir les vastes conséquences qui peuvent naître d'infimes causes. J'ai souvent pensé qu'il aurait connu un grand succès professionnel dans une presse libre.

J'ai appelé le docteur Li, qui a été bref. « C'est la fille d'un général du Guomindang ; elle est retardée mentale, mais ce n'est pas congénital. On dit qu'elle a remporté un grand prix au Jiangsu pour une rédaction qu'elle a écrite enfant. » Il s'est soudain interrompu. « Pardonnez-moi, puis-je vous parler en privé ? »

J'ai immédiatement accepté et nous sommes convenus d'un rendez-vous à l'hôpital à une heure et demie le jour même.

Nous avons échangé quelques mots de bienvenue, puis le docteur Li m'a emmenée voir la femme. Un visage pâle, blême, s'est tourné vers nous quand nous sommes entrés dans la chambre blanche et tranquille.

—Shilin, voici Xinran. Elle est venue pour te voir, a dit le docteur Li.

Shilin est restée muette, et son visage n'a trahi aucune émotion.

Le docteur Li s'est tourné vers moi.

—Elle ne réagit à presque rien, mais je pense que, néanmoins, nous devons la traiter avec respect. Elle n'est pas née déficiente mentale ; elle avait une sensibilité normale et s'exprimait comme vous et moi. (Il a jeté un œil à sa montre.) Hier, des parentes de Shilin ont écouté votre émission et l'une d'elles m'a demandé de prendre rendez-vous avec vous. Je suis de garde maintenant, mais je vous prie de bien vouloir patienter un moment ici. Elles ne devraient pas tarder.

Je ne m'étais jamais trouvée seule en présence d'une handicapée mentale auparavant. J'ai essayé d'engager la conversation avec Shilin ; elle a paru m'entendre, mais n'a pas réagi. Comme je ne savais pas comment m'y prendre, j'ai sorti mon bloc-notes et je me suis mise à faire son portrait. Elle est restée totalement immobile, sans prêter attention à ce que je faisais.

Shilin était très belle. Je lui donnais la quarantaine, mais la peau autour de ses yeux était claire et sans rides. Ses traits étaient réguliers et bien dessinés, et son nez droit attirait l'attention sur ses longs yeux étroits qui remontaient légèrement dans les coins comme si elle était sur le point de sourire. Ses lèvres étaient fines, comme celles des femmes sur les anciennes peintures chinoises.

Je n'avais pas fini mon esquisse quand les parentes de Shilin sont arrivées ; en fait, il s'agissait de sa tante et sa cousine – mère et fille. La tante de Shilin, Wang Yue, était une femme affable, d'un maintien très digne. Sa cousine, Wang Yu, avait la trentaine et travaillait comme comptable pour un éditeur de magazines.

Wang Yue m'a alors raconté que la veille, elles avaient allumé la radio avant de se coucher ; elles écoutaient mon émission tous les soirs parce que cela les aidait à s'endormir. Je me demandais en moi-même si mon émission avait un tel pouvoir soporifique ; je ne savais pas si je devais me formaliser ou en rire.

La cousine avait visiblement remarqué l'expression ambiguë de mon visage ; elle a donné un coup de coude à sa mère, mais Wang Yue n'y a pas fait attention. Les propos des auditeurs de la veille, qui pensaient qu'il était plus tragique d'être né handicapé mental que de le devenir plus tard, les avaient beaucoup troublées. Elles ne partageaient pas cette opinion, et ces auditeurs, qui selon elles se trompaient complètement, avaient fait naître en elles des sentiments d'animosité.

Wang Yue s'exprimait avec passion. Les gens oubliaient-ils la douleur qu'il y a à perdre quelque chose qu'on a autrefois possédé ? Avoir possédé des connaissances et un entendement, et les perdre de façon irrévocable, n'était-ce pas plus tragique que de n'avoir jamais rien connu d'autre ? La famille avait été si troublée par ces réactions que personne n'avait pu trouver le sommeil. Elles avaient décidé d'apporter des preuves à l'appui de leur point de vue et de me raconter les malheurs de Shilin. Le visage de Shilin est resté impassible tout le temps que Wang Yue a déroulé l'histoire de sa vie.

Shilin était la fille d'un général du Guomindang, la plus jeune des enfants de la famille. A la différence de ses deux sœurs et de son frère aîné, elle avait grandi dans une atmosphère de sécurité, et on l'avait gâtée. Quand la guerre civile a éclaté en Chine en 1945, son père a été promu au rang de général dans l'armée de Chiang Kai-shek. Contrairement aux communistes, le Guomindang a perdu le soutien des paysans. C'était un désastre, car les paysans représentaient plus de quatre-vingt-dix-huit pour cent de la population. En dépit des armes reçues d'Angleterre et des Etats-Unis, la situation s'est vite détériorée pour le Guomindang. L'armée de Chiang Kai-shek, qui comptait plusieurs millions de soldats, a été mise en déroute et forcée de se réfugier à Taiwan. Pendant que le Guomindang fuyait vers l'est, beaucoup de ses dirigeants n'ont pu prendre les dispositions nécessaires pour que leurs familles s'échappent à temps. Shilin appartenait à l'une de ces familles.

Au printemps 1949, Shilin avait sept ans, et elle vivait alors depuis deux ans à Pékin chez sa grand-mère. Elle devait bientôt retourner chez ses parents à Nankin, pour aller à l'école. Sa mère a écrit pour dire que le père de Shilin partait en campagne et qu'elle ne pouvait pas venir la chercher à Pékin. Sa grand-mère était trop faible pour faire le voyage, aussi a-t-il été convenu que ce serait la jeune tante de Shilin, Wang Yue, qui l'accompagnerait à Nankin.

C'était l'époque des batailles décisives entre le Guomindang et les communistes. Quand Wang Yue et Shilin ont atteint le Yangtse, le service du ferry, seul

233

moyen de transport entre le nord et le sud, ne fonctionnait plus que partiellement. Des piles de marchandises s'entassaient sur les deux rives.

Alors qu'elles attendaient de pouvoir passer, on leur a appris qu'une bataille allait se livrer à Nankin ; l'Armée populaire de libération allait traverser le fleuve. Mais que pouvaient-elles faire sinon continuer jusqu'à Nankin ? Quand elles sont arrivées en ville, en même temps qu'une grande vague de gens, elles ont trouvé un drapeau rouge planté devant la maison de Shilin ; une foule de soldats de l'Armée populaire de libération s'y étaient installés.

Wang Yue ne s'est pas arrêtée devant la maison. Elle a poussé Shilin à continuer son chemin ; elle a demandé dans les boutiques et les maisons de thé avoisinantes des nouvelles de sa famille. Certains avaient vu qu'on remplissait des voitures et qu'on emportait des malles, et entendu dire que la famille avait renvoyé de nombreux domestiques. Selon d'autres, toute la famille avait disparu sans laisser de traces la veille du jour où les communistes avaient traversé le Yangtse. Personne ne pouvait leur donner de nouvelles fiables, mais, à l'évidence, la famille de Shilin était partie pour Taiwan sans elle.

Peu de temps après, Wang Yue a appris que sa mère était morte lors d'une perquisition de sa maison de Pékin par les communistes, à cause de sa parenté avec le père de Shilin. Retourner à Pékin était maintenant impossible. Ne sachant que faire d'autre, Wang Yue a emmené Shilin dans une petite pension de Nankin. Un jour, l'obligeant propriétaire lui a dit : « Ne m'avez-vous pas dit que vous saviez lire et écrire ? Le nouveau gouvernement recrute des professeurs pour ses écoles :

vous devriez poser votre candidature. » Wang Yue n'y croyait qu'à demi mais elle a posé sa candidature, et a été admise comme professeur.

Wang Yue n'avait que vingt ans – treize ans de plus que Shilin – mais elle a dit à Shilin de l'appeler « mère » pour cacher leurs véritables identités. En tant que « mère et fille », on leur a alloué une pièce près de la nouvelle école dirigée par le gouvernement, et on les a aidées à acquérir quelques objets pour s'installer. Shilin a été acceptée comme élève dans cette même école.

Wang Yue s'arrangeait et se coiffait de façon à paraître assez âgée pour passer pour la mère de Shilin. Tous les matins, elle lui rappelait de ne pas mentionner le nom de ses parents ni parler de leur ancienne maison, quelles que soient les circonstances. Shilin s'efforçait de garder fermement en tête les avertissements de sa tante, mais elle n'en comprenait pas vraiment les implications. Les enfants aiment à se vanter devant les autres ; un jour, comme elle jouait avec de minuscules sacs de haricots en tissu, Shilin a raconté à ses camarades de classe que les sacs que son père lui avait donnés pour jouer autrefois avaient des petites pierres précieuses cousues dessus. L'une d'elles l'a répété chez elle, et l'histoire a fait le tour des adultes.

A l'époque, tout le monde cherchait des assurances politiques pour consolider sa position dans le nouvel ordre communiste. Avant longtemps, un membre de la garnison militaire locale a informé Wang Yue qu'elle allait devoir faire un rapport complet sur son « défunt mari », le père de Shilin.

Une nuit, le directeur de l'école de Wang Yue est arrivé en courant chez elle dans un état d'agitation extrême. « Il faut que vous partiez toutes les deux immédiatement, ils vont venir vous arrêter. Partez le plus loin possible. Ne revenez à Nankin sous aucun prétexte. Ils disent que Shilin est la fille d'un général du Guomindang et que vous avez commis le crime d'abriter une contre-révolutionnaire. Je ne veux pas de vos explications. Par les temps qui courent, moins on en sait, mieux ça vaut. Partez tout de suite ! N'emportez rien, ils pourraient même installer des barrages sur la rive d'un moment à l'autre. Allez, dépêchez-vous ! Si vous avez besoin de quelque chose plus tard, faites-moi chercher. Il faut que je rentre. Si l'Armée populaire de libération m'attrape, c'est toute ma famille qui en paiera le prix. »

Terrorisée, Wang Yue a pris Shilin à demi endormie par la main et elles ont quitté Nankin à pied. Wang Yue ne savait quelle direction prendre, mais il n'était pas question de demander de l'aide. Elle n'osait imaginer ce qu'il adviendrait d'elles si on les rattrapait. Elles ont marché ainsi pendant presque trois heures ; elles ont vu le jour poindre dans le ciel, mais Nankin semblait encore juste derrière elles. Quand Shilin n'a plus eu la force de continuer à marcher, Wang Yue l'a tirée à l'abri de buissons au bord de la route et elles se sont assises là. Le sol était humide de rosée et elles avaient faim et froid, mais Shilin était si épuisée qu'elle s'est endormie d'un coup, adossée à sa tante. Fatiguée et apeurée, Wang Yue a tant pleuré qu'elle aussi a fini par s'endormir.

Un peu plus tard, des voix ont réveillé Wang Yue. Un couple d'un certain âge et un grand jeune homme se tenaient près d'elles, l'air soucieux.

— Pourquoi dormez-vous ici? a demandé la femme. Il fait froid et humide. Levez-vous et cherchez une maison ou un endroit où dormir, ou vous allez tomber malade.

— Merci, mais nous n'avons pas la force de continuer, l'enfant est trop fatiguée, a répliqué Wang Yue.

— Où allez-vous? a demandé la femme en faisant signe au jeune homme de prendre Shilin dans ses bras.

— Je ne sais pas. Je veux seulement m'éloigner de Nankin.

Wang Yue ne savait quoi dire.

— Vous fuyez un mariage forcé, hein? Ah, c'est dur quand on a un enfant avec soi, a dit la femme avec douceur. Attendez un instant, je vais essayer d'arranger quelque chose avec mon mari. Voici mon fils Guowei, et voici mon mari.

L'homme d'âge mûr qui se tenait à son côté avait l'air cultivé et bienveillant. Il a dit abruptement, mais avec chaleur :

— Inutile de perdre du temps en bavardages. Nous sommes tous pressés, alors venez avec nous. Il vaut mieux voyager en groupe. D'ailleurs, comment pourrions-nous abandonner une veuve et une orpheline comme vous? Allons, laissez-moi porter votre sac. Guowei va s'occuper de la petite fille. Ting, aide-la à se lever.

En chemin, Wang Yue a appris que l'homme s'appelait Wang Duo et qu'il avait été directeur d'école à Nankin. Sa femme, Liu Ting, avait étudié dans une école de filles progressiste; elle secondait son mari dans son enseignement et l'aidait à tenir les comptes de l'école. Wang Duo était originaire de Yangzhou, où ses ancêtres avaient enseigné les classiques confucéens dans une académie privée. L'école avait été fermée pendant les diverses guerres et les bouleversements des dernières décennies, et transformée en maison d'habitation. Quand Wang Duo s'était marié, il avait repris la profession et la maison. Il voulait fonder une école, mais la chose s'était avérée difficile dans une petite ville comme Yangzhou. Comme il voulait que son fils unique reçoive une bonne éducation, il avait emménagé avec sa famille à Nankin, où ils étaient restés dix ans.

Dans ces temps incertains, le projet de fonder une école se heurtait à de nombreux obstacles. Wang Duo avait pensé à plusieurs reprises retourner à Yangzhou pour écrire en paix, mais Liu Ting, qui souhaitait que Guowei finisse ses études à Nankin, avait toujours fini par le persuader de rester. Maintenant que Guowei avait terminé ses études supérieures, ils rentraient à Yangzhou.

De son côté, Wang Yue n'avait pas osé leur dire la vérité, mais elle avait fait allusion en termes vagues à un secret qu'elle ne pouvait divulguer. A cette époque, les gens instruits savaient que le savoir était dangereux. Après la chute de la dynastie Qing, la Chine avait traversé une longue période d'anarchie et de régimes féodaux. Le chaos avait été bien pire dans les quarante-cinq années qui avaient précédé le nouveau gouvernement communiste : le pouvoir changeait de main presque tous les jours. Personne ne connaissait encore les lois de la nouvelle république, aussi la sagesse populaire disait : « Ne dites rien des affaires de l'Etat, parlez peu de vos histoires familiales : une chose en moins vaut mieux qu'une chose en trop. » La famille Wang ne l'avait pas forcée à entrer dans les détails.

Yangzhou est une pittoresque ville au bord de l'eau près de Nankin. Les spécialités locales de beignets de légumes à la vapeur, de navets séchés et de doufu au gingembre sont célèbres dans toute la Chine. Les filles de Yangzhou sont connues pour leur beauté et la fraîcheur de leur teint. L'environnement champêtre de la ville et son arrière-plan de montagnes et d'eau ont attiré beaucoup d'artistes et de membres du gouvernement. La famille de Mei Lanfang, le maître de l'Opéra de Pékin, était originaire de Yangzhou, de même que Jiang Zemin, l'actuel président.

La maison de Wang Duo et de Liu Ting était une demeure avec cour traditionnelle située dans la banlieue ouest de Yangzhou, près du lac Shouxi. Des siècles d'assainissement du sol et de plantation de jardins et de bois ont transformé le lac en un des plus beaux endroits de Chine.

En leur absence, un vieux couple s'était occupé de la maison, aussi était-elle propre et rangée. Même si tout dans la maison était vieux, il y régnait une atmosphère de beauté et de sérénité. Peu de temps après leur arrivée, Wang Yue et Shilin sont toutes deux tombées malades. Liu Ting, inquiète, a fait venir l'herboriste qui a diagnostiqué un état de choc dû à l'épuisement ; il a prescrit des remèdes aux plantes, que Liu Ting a fait infuser pour elles.

Wang Yue et Shilin se sont remises au bout d'une semaine ou deux, mais Shilin n'était plus aussi gaie qu'avant et elle se cachait derrière les adultes quand la famille Wang l'emmenait voir les enfants des voisins. Wang Yue pensait que Shilin souffrait encore des conséquences de leur fuite de Nankin, mais qu'elle allait se remettre vite.

Peu de temps après, Liu Ting a dit à Wang Yue :

— Mon mari dit que vous maniez bien la plume. Si vous voulez, vous pouvez rester avec nous pour nous aider dans les travaux d'écriture. Vous pouvez nous appeler Oncle et Tante, et Guowei Frère aîné. Nous vous aiderons à vous occuper de Shilin aussi.

Wang Yue, emplie de gratitude, a accepté sur-le-champ.

Le climat politique de Yangzhou dans les années 1950 était beaucoup moins alarmant que dans des villes plus importantes. Les habitants n'avaient pas un goût effréné pour la politique, et leur tradition culturelle les incitait à vivre et à travailler en paix avant tout. La loyauté et la bonté de la famille Wang ont permis à Wang Yue de surmonter les sentiments de terreur et d'insécurité des mois précédents.

Guowei est devenu professeur dans une école primaire nouvellement construite, où il emmenait Shilin tous les jours. De nouveau en contact avec des enfants du même âge, Shilin s'est peu à peu départie de sa réserve pour redevenir la petite fille enjouée qu'elle avait été.

Guowei aimait son travail, car l'école était un lieu animé, inventif où l'on ne faisait pas de différence entre riches et pauvres. Son sérieux était apprécié à l'école, qui lui demandait de prendre part à des nombreuses activités extrascolaires. Quand Guowei parlait avec enthousiasme de son travail, ses parents lui recommandaient de se montrer plus circonspect. Wang Yue l'écoutait attentivement et partageait avec intelligence ses intérêts. Ils ont fini par tomber amoureux, et se sont fiancés la troisième année que Wang Yue a passée à Yangzhou.

La veille de ses fiançailles, elle a appris à la famille Wang la vérité sur l'identité de Shilin et la sienne. Son histoire terminée, Liu Ting lui a pris la main, en s'exclamant à plusieurs reprises : « Vous avez bien souffert, vous avez bien souffert ! »

Wang Duo a alors déclaré : « Shilin est l'enfant de votre sœur, et elle est notre enfant aussi. A partir de demain, vous deviendrez une fille de la famille Wang, ainsi Shilin sera notre petite-fille aussi. »

Shilin s'adressait déjà à Wang Duo et Liu Ting comme s'ils étaient ses grands-parents, et traitait Wang Yue comme si elle était sa mère, mais elle trouvait plus difficile de voir en Guowei un père. Elle avait dix ans alors, et elle avait du mal à changer sa façon de s'adresser à lui devant ses camarades de classe. Le jour du mariage, cependant, elle l'a appelé « papa » spontanément, sans qu'on l'y ait poussée. Guowei en a été si surpris et heureux qu'il l'a prise dans ses bras et l'a serrée si fort que Liu Ting s'est écriée : « Repose-la, tu vas lui faire mal ! »

Shilin était intelligente et appliquée, et elle bénéficiait du soutien et des conseils des membres de sa famille, qui étaient tous professeurs. C'était une excellente élève, et elle a même sauté une classe. Elle a représenté l'école au concours de composition littéraire du nord du Jiangsu, et elle a remporté le premier prix. Elle a gagné par la suite une médaille de bronze à un concours de composition littéraire pour l'ensemble du Jiangsu. La nouvelle a empli Wang Yue et Guowei de joie : ils ont serré Shilin dans leurs bras en oubliant, dans leur excitation, les cris de leur premier bébé. Tout le monde dans la famille était fier, et les voisins les ont félicités de l'intelligence de Shilin.

Le lendemain, alors que Guowei était en train de tracer des couplets sur un papier rouge porte-bonheur pour la Journée internationale de l'enfance du 1er juin, une jeune fille est venue en courant le trouver, tout essoufflée :

— Monsieur Wang, venez vite. Les garçons insultent Shilin et elle se dispute avec eux. Elle n'en peut plus, mais nous les filles, on n'ose pas l'aider : les garçons disent que si on s'en mêle, ils nous frapperont !

Guowei a pris en hâte la direction du petit terrain de sports de l'école, et il a entendu les garçons crier à Shilin :

— Hypocrite !

— Bâtarde !

— Les bâtards sont toujours les plus futés !

— Demande à ta mère qui c'est ton père. Un ivrogne qu'elle a trouvé dans un fossé ?

Guowei s'est élancé, a repoussé de ses poings les garçons faisant cercle autour de Shilin. En la prenant dans ses bras, il a hurlé : « Qui prétend que Shilin n'a pas de père ? Si l'un de vous ose prononcer encore un mot, il n'ouvrira plus jamais la bouche quand j'en aurai fini avec lui ! Si vous ne me croyez pas, essayez donc ! »

Prenant peur, les petites brutes ont décampé sans demander leur reste. Shilin, blanche comme un linge, de la sueur sur le front et du sang sur la lèvre qu'elle s'était mordue, tremblait dans les bras de Guowei.

De retour à la maison, elle a eu un accès de fièvre ; elle ne cessait de murmurer : « Je ne suis pas une bâtarde, j'ai une mère et un père. » Liu Ting et Wang Yue l'ont veillée.

Le médecin a dit à la famille que le cœur de Shilin ne battait pas régulièrement. Et que si sa température ne baissait pas bientôt, elle pourrait souffrir de troubles mentaux. Il ne comprenait pas qu'une petite fille de douze ans ait pu subir un si grand choc.

Wang Duo a déclaré avec colère : « Ce pays empire de jour en jour. Comment se fait-il que de jeunes enfants puissent se comporter ainsi ? Ce qu'ils lui ont fait subir est un véritable crime. »

Guowei se reprochait de ne pas avoir veillé sur Shilin, il a demandé pardon à sa famille mais personne ne lui reprochait rien. Par la suite, il a appris comment la scène sur le terrain de sports avait débuté. Un garçon plus âgé avait voulu embrasser Shilin, mais elle l'avait repoussé et lui avait dit de bien se tenir. Furieux et humilié, il avait tendu un doigt accusateur vers elle et crié : « Tu te prends pour qui ? C'est qui ton père ? Tu ne ressembles pas du tout à Wang Guowei. Va demander à ta mère avec qui elle a couché pour avoir une bâtarde comme toi ! Arrête de faire des manières, mijaurée ! » Il avait donné l'ordre aux garçons plus jeunes qui l'entouraient d'injurier Shilin, menaçant de rosser tous ceux qui ne lui obéiraient pas. Guowei était livide : sans penser un instant à sa dignité de professeur ou aux conséquences de son acte, il est allé trouver la petite brute et lui a administré une solide raclée.

Shilin a fini par se remettre mais elle ne parlait presque pas, sortait rarement et restait souvent seule à la maison. Les examens d'entrée pour le collège approchaient, aussi tout le monde croyait qu'elle révisait et qu'elle ne voulait pas qu'on la dérange. Seule Wang Yue continuait à se faire du souci. Elle avait l'impression que quelque chose n'allait pas chez Shilin, mais elle n'osait pas parler de ses craintes, de peur d'attirer de nouveaux problèmes à la famille. Les mouvements politiques comme le mouvement Anti-Droitiers commençaient à gagner du crédit dans Yangzhou, et nombreux étaient les gens ignorants et sans éducation qui trouvaient que le temps était venu de réduire le fossé entre les classes en pillant les maisons des riches et en se partageant le butin, pratique qui existait depuis la dynastie Ming. Ils ont commencé à dresser des listes de familles aisées, et à comploter pour leur créer des ennuis sous couvert de révolution. La famille Wang entrait dans une catégorie intermédiaire, n'étant ni riche ni pauvre, mais on ne pouvait pas savoir si quelqu'un qui leur en voulait n'essaierait pas de les assimiler à un foyer riche.

Shilin n'a pas obtenu d'aussi bonnes notes aux examens d'entrée au collège que celles auxquelles on s'était attendu avant l'incident du terrain de sports, mais ses résultats ont été malgré tout assez bons pour lui valoir une place dans l'une des meilleures écoles. L'école qu'elle a choisie n'était pas trop loin de la maison, ce qui a rassuré Wang Yue.

Shilin restait silencieuse et réservée à l'école, mais elle redevenait plus loquace à la maison. Elle a commencé à poser des questions à Wang Duo sur les raisons des changements politiques en Chine, et sur ce qui faisait du Guomindang et du Parti communiste des ennemis. Elle posait souvent à Wang Yue des questions sur ses parents, mais Wang Yue ne savait pas grand-chose de sa sœur à cause de la différence d'âge entre elles. Elle était très jeune quand sa sœur avait quitté la maison pour faire ses études dans le sud, et elle n'avait que trois ou quatre ans quand elle s'était mariée. Shilin pensait que les réticences de Wang Yue étaient volontaires, et qu'elle ne voulait pas s'étendre sur le passé.

Au début de la Révolution culturelle, comme les relations extramaritales étaient considérées comme un crime « contre-révolutionnaire », les gardes rouges ont traité Wang Yue de criminelle pour avoir eu Shilin avant son mariage. Enceinte de son deuxième enfant, Wang Yue a été victime de fréquentes condamnations publiques par les gardes rouges. Elle les supportait sans dire un mot. Wang Duo, Liu Ting et Guowei ont ensuite été emprisonnés et interrogés à leur tour, mais ils ont soutenu qu'ils ne savaient rien du passé de Wang Yue et de Shilin. L'un des gardes rouges qui conduisait les interrogatoires musclés était l'adolescent qui avait essayé d'embrasser Shilin et que Guowei avait rossé. Il les a humiliés sans pitié, et a battu Guowei si fort que son pied gauche en est resté estropié à vie.

Les gardes rouges ont forcé Shilin à regarder d'une fenêtre pendant qu'ils interrogeaient et torturaient la famille Wang. Ils lui tiraient les cheveux et lui pinçaient les paupières pour la garder éveillée des jours et des nuits d'affilée, pour l'obliger à regarder le pied de Guowei saigner, Wang Yue agripper son ventre, Wang Duo et Liu Ting trembler de peur, et le minuscule fils de Wang Yue se cacher dans un coin en pleurant. Le visage de Shilin ne trahissait aucune émotion, mais elle transpirait et frissonnait. Au moment où les gardes rouges s'apprêtaient à écraser

le pied droit de Guowei avec des bâtons et des gour-
dins, elle s'est soudain écriée d'une voix haut per-
chée, inhumaine :

— Ne le frappez pas, ne le frappez pas ! Ce ne sont
pas mes parents. Le nom de mon père est Zhang
Zhongren, celui de ma mère Wang Xing, ils sont à
Taiwan !

Tout le monde s'est tu, choqué, puis la famille
Wang s'est jetée contre la vitre en criant : « Ce n'est
pas vrai ! Elle est devenue folle, elle ne sait pas ce
qu'elle dit ! »

Shilin les a regardés hurler leurs démentis, puis
elle a éclaté de rire. « Je sais que je ne suis pas une
bâtarde, j'ai une mère et un père à moi ! » Puis de la
mousse s'est formée sur sa bouche et elle a perdu
connaissance.

Les gardes rouges se sont emparés des noms que
Shilin avait laissés échapper ; sur la base de la parenté
de Shilin et d'autres preuves à conviction qu'ils pré-
tendaient avoir en leur possession, la famille Wang a
été emprisonnée. Wang Duo était de constitution fragile et il était souvent malade – il est mort en prison.
Lin Ting, à force de coucher à même le sol, est restée
paralysée d'un côté. Wang Yue a donné naissance à
son second enfant, une fille, en prison. On l'a appelée
Wang Yu car le caractère Yu (jade) s'écrit en ajoutant
un point au caractère Wang, symbolisant une addition
à la famille Wang. Ils l'ont surnommée Xiao Yu
(Petite Jade) car elle était petite et malingre. Quand
on les a relâchés dix ans plus tard, Guowei ne pouvait
plus marcher qu'appuyé sur une canne.

Vers la fin des années 1980, Wang Yue et Guowei
ont rencontré par hasard un des gardes rouges qui les

avaient persécutés. Il a admis qu'à part le nom des parents de Shilin et une photographie de groupe des chefs du Guomindang, les preuves contre eux avaient été fabriquées de toutes pièces.

Shilin avait l'esprit dérangé, mais son état variait : certains jours, elle allait mieux que d'autres. Les gardes rouges l'ont envoyée dans une zone montagneuse du Hubei pour y être « rééduquée » par les paysans. Elle ne pouvait pas travailler dans les champs à cause de son état mental, et on lui a attribué le travail relativement facile de vachère. Bientôt, les hommes du village ont commencé à inventer toutes sortes de prétextes pour grimper jusqu'aux lointaines pentes herbeuses où Shilin emmenait paître les vaches. Ils avaient découvert qu'il suffisait, pour la déstabiliser, de poser la question : « Qui est ton père ? »

Elle se mettait à rire et à crier comme une folle, puis s'évanouissait. Les hommes profitaient alors de sa confusion pour la violer. Si elle se débattait, ils criaient à plusieurs reprises : « Qui est ton père, bâtarde ? » jusqu'à ce que Shilin soit si détraquée qu'elle n'oppose plus de résistance.

Une grand-mère au bon cœur du village a découvert le pot aux roses en surprenant une dispute entre un homme et son épouse. Elle s'est placée au centre du village et s'est mise à injurier les hommes : « Vous n'êtes que des bêtes cruelles. Est-ce que vous n'êtes pas nés de femmes ? Vous n'avez donc pas de mères ? Vous devrez payer pour cela ! » La grand-mère a pris Shilin chez elle, mais elle avait perdu toute conscience de ce qui l'entourait.

Au début de 1989, Wang Yue et sa famille ont retrouvé Shilin dans le village du Hubei et ils l'ont emmenée vivre avec eux. Shilin ne les a pas reconnus, et eux aussi ont eu du mal à la reconnaître, après les années qu'elle avait passées à la campagne. Wang Yue l'a emmenée à l'hôpital pour lui faire faire un bilan de santé. Quand elle a pris connaissance des résultats, elle est tombée malade. Le rapport établissait que la poitrine de Shilin portait des traces de morsures, qu'un de ses mamelons avait été arraché et que les lèvres de son vagin étaient déchirées. Le col et le pourtour de l'utérus étaient gravement meurtris, et on en avait extrait une branche cassée. Les médecins n'avaient pu déterminer combien de temps la branche était restée dans son utérus.

Quand Wang Yue a été remise de sa maladie, elle a téléphoné aux officiels du Parti du village du Hubei où Shilin avait vécu, pour leur dire qu'elle les traînerait en justice pour avoir abusé d'elle. Les cadres ont essayé de l'amadouer : « C'est un endroit très pauvre ici. Si tous les hommes du village sont emprisonnés, les enfants auront faim. » Wang Yue a alors décidé d'abandonner les poursuites. En reposant le combiné, elle a pensé : « Dieu les punira. »

Guowei craignait que retrouver la mémoire ne cause de grandes douleurs à Shilin, mais il a suggéré d'essayer quand même de l'aider à regagner une certaine conscience de son environnement. Pendant sept ou huit ans, ils ont essayé plusieurs traitements, sans succès. Ils ont pensé un moment parler à Shilin de son père pour provoquer une réaction, mais ils ont eu peur de ce que cela pourrait déclencher.

Wang Yue a réussi à entrer en contact avec les sœurs et le frère de Shilin à Taiwan, et ils sont venus rendre visite à cette sœur qu'ils avaient perdue depuis si longtemps. Il leur était impossible de réconcilier cette femme insensible au regard morne avec l'image de la jeune fille enjouée et intelligente que leur avaient décrite leurs parents, mais Shilin ressemblait tant à leur mère que son identité ne faisait aucun doute.

Wang Yue ne leur a rien raconté des vraies raisons de l'état de Shilin. Non parce qu'elle avait peur qu'on lui reproche de ne pas avoir su la protéger, mais elle savait que les gens qui n'avaient pas traversé la Révolution culturelle ne pouvaient imaginer ou comprendre ce qui s'était passé. Wang Yue n'avait pas envie de semer la haine, et elle hésitait à entrer dans les détails de l'histoire de Shilin. Elle s'est contentée de leur dire qu'elle avait perdu l'esprit après un accident de voiture. Quand le frère et les sœurs de Shilin lui ont demandé si elle avait souffert, elle a dit que non, qu'elle avait perdu la mémoire immédiatement après l'accident.

Wang Yue n'a jamais cessé de se poser des questions sur les souffrances que Shilin avait ressenties avant de perdre la raison. Je lui ai dit à contrecœur que, comme d'autres gens ayant perdu l'esprit une fois adultes, sa folie devait être la conséquence d'une douleur extrême. La douleur de Shilin s'était accumulée en couches de plus en plus épaisses à partir du soir où elle avait fui Nankin dans la confusion de l'enfance, et elle n'avait jamais pu l'exprimer de peur de causer du tort à la famille Wang. Les abus répétés qu'elle avait subis pendant des années avaient anéanti sa conscience.

*

De retour à la station de radio pour mon émission de la nuit après l'après-midi passé à l'hôpital, j'ai trouvé le studio vide. Il y avait un verre de jus de fruit posé sur mon bureau avec un mot de Mengxing, qui avait mis la boisson de côté pour moi, pensant que je rentrerais épuisée. Mengxing avait la réputation d'être une femme dure qui ne faisait de cadeau à personne, et son geste m'a touchée. Il y avait aussi un mot du patron de la radio me demandant de lui laisser mes notes sur mon entretien avec la fille du général du Guomindang pour le lendemain.

Le lendemain matin, j'ai parlé de Shilin au directeur, mais je lui ai dit que nous ne pouvions pas diffuser son histoire. Cela l'a surpris :

— Qu'est-ce qui se passe ? D'habitude vous faites des pieds et des mains pour me convaincre de vous laisser diffuser vos interviews.

— Il ne se passe rien, ai-je rétorqué, mais je ne peux pas me résoudre à raconter cette histoire ou à m'en servir comme sujet d'émission. Ce serait trop pénible.

— C'est la première fois que je vous entends dire que quelque chose est trop pénible. Cela a dû être une histoire douloureuse à entendre. J'espère que vous pourrez l'oublier.

Je n'ai jamais réussi à avoir une conversation avec le Vieux Wu sur la façon de comprendre les handicapés. Il était atteint d'une maladie du foie et il est mort au cours d'un banquet ce week-end-là. Pendant son service funéraire, je lui ai confié silencieusement mes pensées, persuadée qu'il pouvait m'entendre. Quand les gens ont quitté ce monde, ils continuent à vivre dans la mémoire des vivants. Parfois on sent leur présence, on voit leurs visages ou on entend leurs voix.

12
L'enfance que je ne peux oublier

Au début de mon enquête sur la vie des femmes, j'étais pleine d'enthousiasme juvénile, mais très ignorante. Maintenant que j'en savais plus, ma compréhension s'était approfondie, mais je souffrais plus aussi. A certains moments, je me sentais comme anesthésiée par toutes ces souffrances que j'avais rencontrées, comme si une callosité se formait en moi. Puis une nouvelle histoire se présentait et réveillait de nouveau toute ma sensibilité.

Ma vie intérieure était en pleine tourmente, mais professionnellement, mon succès ne cessait de grandir. J'ai été nommée directrice de la programmation, ce qui impliquait que j'étais responsable de l'orientation stratégique des programmes dans leur ensemble. Grâce à ma réputation et à ma position, j'ai pu rencontrer des femmes qui me seraient restées inaccessibles : des épouses de dirigeants du Parti, des femmes en poste dans l'armée, dans des institutions religieuses, ou en prison. Une de ces entrevues découla d'une rencontre que j'avais faite à la remise d'un prix du bureau de la Sécurité publique. J'avais participé à l'organisation d'activités éducatives pour ce bureau et on devait m'attribuer le titre de « Fleur de la Police ». La récompense n'avait pas grande signification, mais j'étais la seule femme de la province à recevoir un tel honneur et cela allait se révéler extrêmement utile dans mes tentatives pour toucher un plus grand nombre de femmes.

Pour les Chinois, tous les prétextes sont bons pour organiser un banquet : nous vivons selon le principe que « la nourriture est céleste », et nous mangeons et buvons nos richesses cachées. Il ne s'agissait que de décerner des prix à quatre personnes, mais il y avait plus de quatre cents convives à ce banquet. Très peu de femmes ont droit aux honneurs ou reçoivent des prix dans le milieu de la police, encore moins si elles n'appartiennent pas au bureau de la Sécurité publique, aussi étais-je ce soir-là le sujet de prédilection des conversations. Je déteste la foule et les questions sans fin, et je me suis glissée furtivement dans le couloir de service pour y échapper. Quand les employés affairés se sont aperçus de ma présence dans le couloir, ils se sont récriés : « Ne restez pas là, laissez le passage libre ! »

Je me suis aplatie contre le mur. L'inconfort de cet endroit me semblait préférable aux regards scrutateurs des invités. Quelques instants plus tard, le commissaire Mei est venu remercier les employés et, surpris de me voir, m'a demandé ce que je faisais là.

Je connaissais le commissaire Mei depuis assez longtemps et j'avais confiance en lui, aussi ai-je répondu franchement. Il a émis un petit gloussement et dit : « Vous n'avez pas besoin de vous cacher dans cet horrible réduit. Venez, je vais vous conduire dans un endroit plus agréable. » Et il m'a emmenée avec lui.

La salle des banquets, célèbre dans toute la ville, possédait plusieurs salons et salles de réunion attenants. Le commissaire Mei m'a menée dans une de ces pièces, en m'expliquant qu'elle avait la même disposition que la Grande Salle du Peuple de Pékin, qui était destinée à accueillir les dirigeants du gouvernement central lors de leurs inspections de la ville. Etre admise dans ce sanctuaire privé me semblait un honneur plutôt écrasant, mais je m'inquiétais aussi des éventuelles médisances de ceux qui nous verraient y pénétrer seul à seule.

Remarquant mon hésitation, Mei a dit : « Ne vous souciez pas des ragots. Il y a une sentinelle à la porte. Ah, je suis si fatigué… » Il a bâillé et s'est affalé sur le canapé.

Le garde en faction devant la porte a cogné et demandé d'une voix posée :

— Commissaire, avez-vous besoin de quelque chose ?

— Non, ce sera tout, a répliqué Mei d'un ton froid, incisif. Tous les dirigeants s'adressaient à leurs subalternes sur ce ton en Chine ; cela m'a fait réfléchir à la façon dont cela avait habitué les Chinois à se conduire toujours en inférieurs ou supérieurs.

Le commissaire Mei s'est massé la tête de ses deux mains en s'étalant sur le canapé.

— Xinran, j'arrive d'un voyage dans le Hunan où j'ai visité un certain nombre de prisons. On m'a raconté l'histoire d'une pensionnaire qui pourrait vous intéresser. Elle a fait plusieurs séjours en prison sous l'inculpation de déviance sexuelle et cohabitation illégale. Apparemment, l'histoire de sa famille est des plus tragiques. Si vous voulez l'interroger, je pourrais vous arranger ça et mettre une voiture à votre disposition.

J'ai accepté son offre et l'ai remercié. Il a secoué la tête d'un air las et a repris :

— Les Chinoises ont vraiment beaucoup souffert. J'écoute votre émission parfois. C'est triste, très émouvant. Quelle place y a-t-il eu pour le bonheur dans la vie d'une femme qui a traversé ces dernières décennies ? Mon épouse dit que les femmes donnent aux autres leurs sourires, mais gardent pour elles leurs peines de cœur. Elle aime beaucoup votre émission, mais je ne veux pas qu'elle l'écoute trop souvent ; elle s'émeut très facilement et une histoire peut la mettre à la torture pendant des jours et des jours. (Il a fait une pause.) Je n'aimerais pas qu'elle meure avant moi, je ne pourrais pas le supporter.

Le commissaire Mei était un homme grand et robuste originaire du Shandong. Je le connaissais depuis plusieurs années, mais je ne m'étais jamais doutée qu'il pouvait être aussi sensible. Les Chinois sont élevés dans l'idée qu'ils doivent inspirer le respect, et la plupart ne souhaitent pas montrer aux autres leur côté vulnérable. Pour la première fois, notre conversation de ce soir-là ne concernait pas le travail, mais les hommes, les femmes et leurs rapports.

Deux semaines plus tard, une jeep du bureau de la Sécurité publique m'emmenait dans une prison pour femmes située dans la partie occidentale, montagneuse, de la province du Hunan. Le groupe de bâtiments ressemblait à n'importe quelle autre prison : la grille électrifiée, les sentinelles et les projecteurs sur les murs gris et sombres créaient une atmosphère de peur et de tension. L'entrée principale, que seules les voitures des officiels pouvaient emprunter, était fermée ; nous avons pris une porte latérale.

En levant les yeux sur l'immense bâtisse, je pouvais deviner à la taille et à la forme des fenêtres ce qui se passait derrière. Derrière les hautes et larges fenêtres délabrées, des silhouettes grises allaient et venaient entre des machines assourdissantes. Les prisonniers travaillent en général en purgeant leurs peines ; ils réparent des voitures, des camions ou des machines-outils, ou cousent et fabriquent des tissus. Certains sont voués à des travaux très durs dans les carrières de pierre ou les mines. A travers les fenêtres de taille moyenne, on apercevait des uniformes, du matériel et des taches de couleur ; c'étaient des bureaux et des salles d'éducation politique. Les fenêtres les plus petites, au dernier étage, signalaient les dortoirs et les cantines des détenus.

Le bâtiment principal formait un fer à cheval entourant un bâtiment plus petit qui abritait les quartiers de résidence des fonctionnaires de la prison et la direction. Deux choses m'ont frappée à la prison pour femmes du Hunan, qui la distinguaient des autres ; la première était que les murs étaient recouverts d'une couche de mousse et de lichen d'un vert sombre à cause du climat humide de cette partie occidentale du Hunan ; la seconde était l'étrangeté qu'il y avait à entendre des gardiennes s'adresser aux prisonnières en hurlant. Les vies, les amours, les peines et les joies des femmes en uniforme ne pouvaient pas être si différentes de celles des femmes en vêtements de détenues.

La lettre d'introduction du commissaire Mei a eu l'effet d'un édit impérial ; après l'avoir lue, le gouverneur de la prison m'a alloué une pièce pour m'entretenir en privé avec Hua'er, la prisonnière dont m'avait parlé Mei.

Hua'er était une femme menue d'environ mon âge. Elle était très nerveuse et se balançait d'un pied sur l'autre comme si, dans son uniforme de prisonnière, elle menait un combat incessant contre son impuissance. Bien que sa chevelure de longueur inégale ait été coupée par des mains inexpérimentées, elle avait l'air de sortir d'un salon de coiffure à la mode ; elle était belle, mais son expression dure, fermée, était comme un défaut dans une porcelaine d'une grande finesse.

Je ne lui ai pas posé de questions sur sa condamnation, ni sur le fait qu'elle avait de façon répétée enfreint la loi de la cohabitation. Au lieu de cela, je lui ai demandé si elle voulait bien me parler de sa famille.

— Qui êtes-vous ? a-t-elle rétorqué. En quoi êtes-vous si spéciale que je devrais me confier à vous ?

— Nous ne sommes pas différentes : nous sommes toutes deux des femmes, et nous avons traversé la même époque, ai-je dit posément, distinctement, en la regardant dans les yeux.

Sur le moment, Hua'er n'a rien trouvé à répondre. Puis elle a demandé d'un ton moqueur :

— Si c'est vrai, pensez-vous que quand je vous aurai raconté mon histoire, vous allez pouvoir la supporter ?

Ce fut à mon tour de chercher mes mots. Sa question avait touché la corde sensible : allais-je la supporter, vraiment ? Est-ce que je ne me débattais pas déjà pour oublier mes propres souvenirs douloureux ?

Hua'er a compris qu'elle avait fait mouche. D'un air satisfait, elle a demandé à la gardienne d'ouvrir et de la laisser retourner dans sa cellule. La gardienne m'a lancé un regard inquisiteur et j'ai acquiescé d'un signe de tête, incapable de réagir. Pendant que je regagnais d'un pas mal assuré les quartiers des fonctionnaires où je devais passer la nuit, j'étais submergée par mes souvenirs. J'avais eu beau essayer, je n'avais jamais réussi à me défaire du cauchemar de mon enfance.

Je suis née à Pékin en 1958, quand la Chine était si pauvre que la ration de nourriture pour un jour consistait en une poignée de pois. Tandis que d'autres enfants de mon âge avaient froid et faim, je mangeais des chocolats d'importation dans la maison de ma grand-mère, dont la cour était fleurie et remplie du chant des oiseaux. Mais la Chine s'apprêtait à abolir les distinctions entre riches et pauvres, à sa manière unique, politique. Les enfants qui avaient survécu à la pauvreté et aux privations allaient me traiter avec mépris et m'insulter; bientôt les richesses matérielles dont j'avais joui autrefois seraient plus qu'amplement compensées par des souffrances immatérielles. Il m'a bien fallu comprendre qu'il y avait dans la vie des choses plus importantes que le chocolat.

Quand j'étais petite, ma grand-mère peignait et tressait mes cheveux tous les jours en nattes bien unies et régulières avant de nouer un ruban à chaque bout. J'étais extrêmement fière de mes nattes, et je secouais la tête avec orgueil quand je marchais ou jouais. A l'heure du coucher, je ne laissais pas ma grand-mère dénouer les rubans, et je plaçais mes nattes soigneusement de chaque côté de l'oreiller avant de m'endormir. Parfois, en me levant le matin et en trouvant mes nœuds défaits, je demandais d'un ton boudeur qui avait détruit leur belle ordonnance.

Mes parents avaient été affectés à une base militaire près de la Grande Muraille. A l'âge de sept ans, je les ai rejoints pour vivre avec eux, pour la première fois depuis ma naissance. Moins d'une quinzaine de jours après mon arrivée, les gardes rouges ont perquisitionné chez nous. Ils soupçonnaient mon père d'être « un intellectuel réactionnaire » parce qu'il était membre de l'Association chinoise des ingénieurs en mécanique de haut niveau. On prétendait aussi que c'était « un laquais de l'impérialisme anglais » parce que son père avait travaillé pour la firme britannique GEC pendant trente-cinq ans. En plus de cela, parce que notre maison contenait des objets d'art, mon père a été accusé d'être « un représentant du féodalisme, du capitalisme et du révisionnisme ».

Je me souviens de l'essaim de gardes rouges envahissant la maison et d'un grand feu dans notre cour où ils jetaient les livres de mon père, les précieux meubles traditionnels de mes grands-parents et mes jouets. Ils ont arrêté et emmené mon père. Effrayée et triste, je suis tombée dans une sorte de stupeur en regardant le feu, j'avais l'impression d'entendre dans les flammes des voix crier à l'aide. Le feu a tout consumé : la maison que je venais tout juste de m'approprier, mon enfance jusque-là heureuse, mes espoirs et la fierté que ma famille mettait en son savoir et ses richesses. Il a imprimé en moi des regrets dont la brûlure ne se cicatrisera pas jusqu'à ma mort.

A la lumière du feu, une fille portant un brassard rouge s'est avancée vers moi, une grande paire de ciseaux à la main. Elle a empoigné mes tresses et a décrété : « C'est un style de coiffure petit-bourgeois. »

Avant que je comprenne de quoi elle parlait, elle avait coupé mes tresses et les avait jetées dans le feu. Figée sur place, j'ai regardé, les yeux écarquillés, mes nattes et leurs jolis nœuds se transformer en cendres. Quand les gardes rouges sont partis, la fille qui avait coupé mes nattes m'a dit : « Dorénavant, il t'est interdit de nouer tes cheveux avec des rubans. C'est une coiffure impérialiste ! »

Mon père en prison, ma mère n'avait plus le temps de s'occuper de nous. Elle rentrait toujours tard, et quand elle restait à la maison, elle était toujours en train d'écrire ; ce qu'elle écrivait, je l'ignorais. Mon frère et moi ne pouvions acheter de la nourriture qu'à la cantine de l'unité de travail de notre père où ils servaient un maigre ordinaire de navets ou de choux bouillis. L'huile de friture était une denrée rare alors.

Un jour, ma mère a rapporté à la maison un morceau de poitrine de porc et elle a préparé un ragoût pour nous dans la nuit. Le lendemain, avant de partir travailler, elle m'a dit : « Quand tu rentreras, attise les charbons et réchauffe le porc pour le déjeuner. Ne m'en laissez pas. Vous avez besoin de manger, tous les deux. »

A mon retour de l'école à midi, je suis allée chercher mon frère chez une voisine qui le gardait. Quand je lui ai dit qu'il allait avoir quelque chose de bon à manger, il était tout content et il s'est assis docilement à table pour me regarder réchauffer la nourriture.

Notre poêle était un haut fourneau en brique d'un type courant dans le nord, et pour attiser le charbon avec un tisonnier, il fallait que je grimpe sur un tabouret. C'était la première fois que je faisais cela toute seule. Je n'ai pas compris que le tisonnier allait prendre la chaleur du fourneau, et comme j'avais du mal à le retirer de la main droite, je l'ai agrippé fermement de la gauche. La peau de ma paume a gonflé et s'est détachée et j'ai hurlé de douleur.

La voisine est accourue quand elle m'a entendue. Elle a appelé un médecin qui habitait non loin de là, mais il lui a dit qu'il n'osait pas venir sans certificat, il lui fallait une permission spéciale pour aller voir à domicile ceux qui faisaient l'objet d'une enquête.

Un autre voisin, un vieux professeur, a dit qu'il fallait frotter les brûlures avec de la sauce de soja et il en a versé toute une bouteille sur ma main ; la douleur était si insupportable que je me suis écroulée et tortillée sur le sol dans tous les sens avant de m'évanouir.

Quand je suis revenue à moi, j'étais couchée et ma mère, assise à mon chevet, tenait ma main gauche bandée dans les siennes, en se reprochant de m'avoir demandé de me servir du poêle.

Aujourd'hui encore, j'ai du mal à comprendre comment ce médecin a pu invoquer le statut politique de notre famille pour refuser de me porter secours.

En tant que « membre d'un foyer capitaliste », ma mère a été bientôt retenue pour des interrogatoires, avec interdiction de rentrer chez elle. Mon frère et moi avons emménagé dans des quartiers réservés aux enfants dont les parents étaient incarcérés.

A l'école, il m'était interdit de participer aux chants et aux danses avec les autres filles parce que je ne devais pas « polluer » l'arène de la révolution. Alors que j'étais myope, je n'avais pas le droit de m'asseoir dans la rangée de devant parce que les meilleures places étaient réservées aux enfants de paysans, de travailleurs ou de soldats ; on estimait qu'ils avaient « des racines droites et des bourgeons rouges ». De même, je n'avais pas le droit d'occuper le premier rang pendant les cours d'éducation physique, alors que j'étais la plus petite de la classe, parce que les places près du professeur étaient réservées à la « prochaine génération de la révolution ».

Avec les autres douze enfants « pollués » qui avaient de deux à quatorze ans, mon frère et moi devions assister à une classe d'éducation politique après l'école, et nous ne pouvions prendre part aux activités extrascolaires avec les enfants de notre âge. Il nous était interdit de regarder des films, même les plus révolutionnaires, parce que nous devions « reconnaître complètement » la nature réactionnaire de nos familles. A la cantine, on nous servait après tout le monde parce que mon grand-père paternel avait autrefois « aidé les impérialistes anglais et américains à ôter la nourriture de la bouche des Chinois et les vêtements de leur dos ».

Nos journées étaient réglées par deux gardes rouges qui aboyaient des ordres :

— Levez-vous !

— En classe !

— A la cantine !

— Etudiez les citations du président Mao !

— Allez vous coucher !

261

Sans famille pour nous protéger, nous suivions la même routine mécanique jour après jour, sans le moindre jeu, rire ou sourire de l'enfance. Nous accomplissions les tâches ménagères nous-mêmes, et les plus âgés aidaient les plus jeunes à se laver le visage et les pieds tous les jours et à nettoyer leurs vêtements ; on ne prenait qu'une douche par semaine. La nuit, filles et garçons dormaient ensemble, serrés les uns contre les autres sur un matelas de paille.

Notre seul maigre réconfort, c'était la cantine. On n'y entendait ni rires ni bavardages, mais des gens généreux nous glissaient parfois à la dérobée de petits colis de nourriture.

Un jour, j'ai posé mon frère, qui n'avait pas encore trois ans, au bout de la queue de la cantine, qui était anormalement longue. Ce devait être un jour de célébration nationale, car on y proposait pour la première fois du poulet rôti, et l'odeur délicieuse embaumait l'air. Nous avions l'eau à la bouche ; nous ne mangions rien d'autre que des restes depuis longtemps, mais nous savions qu'il n'y aurait pas de poulet rôti pour nous.

Mon frère a soudain fondu en larmes, criant qu'il voulait du poulet rôti. J'avais peur que le bruit n'incommode les gardes rouges, qu'ils nous chassent et que nous n'ayons rien à manger, et j'ai fait mon possible pour calmer mon frère. Mais il a recommencé à pleurer de plus belle ; j'étais pétrifiée de terreur et moi-même au bord des larmes.

A ce moment-là, une femme à l'air maternel est passée près de nous. Elle a pris un morceau de son poulet rôti, l'a donné à mon frère et s'est éloignée sans un mot. Mon frère a cessé de gémir et il s'apprêtait à

262

manger quand un garde rouge est accouru, lui a arraché la cuisse de poulet de la bouche, l'a jetée au sol et réduite en bouillie sous son talon.

— Ces chiots impérialistes, ça se croit digne de manger du poulet aussi, hein ? a hurlé le garde rouge.

Mon frère était trop effrayé pour réagir ; il n'a rien mangé de la journée – et n'a plus pleuré ou fait de crise pour du poulet rôti ou aucun autre luxe longtemps après cela. Des années plus tard, je lui ai demandé s'il se souvenait de cet incident. Je suis heureuse de dire qu'il ne s'en souvenait pas, mais moi je n'arrive pas à l'oublier.

Mon frère et moi avons vécu dans ce foyer pendant presque cinq ans. Nous avons eu plus de chance que d'autres : certains y ont passé près de dix ans.

Dans le foyer, les enfants se faisaient confiance les uns les autres et s'entraidaient. Nous étions tous logés à la même enseigne. Mais à l'extérieur, il n'y avait pas de place pour nous. Partout où notre petite troupe se rendait, les gens reculaient avec répugnance comme si nous avions la peste. Certains adultes exprimaient leur sympathie en silence, mais les enfants nous humiliaient et nous insultaient. Nos vêtements étaient maculés de crachats, mais nous ne savions comment nous défendre, encore moins comment répondre aux coups. Au lieu de cela, la haine de soi se gravait dans nos cœurs.

La première personne qui m'a craché dessus, c'est ma meilleure amie. Elle m'a dit : « Ma mère dit que ton grand-père a aidé ces horribles Anglais à manger de la chair de Chinois et à boire leur sang. C'était le plus affreux de tous les méchants. Tu es sa petite-fille, tu ne peux pas être bonne. » Elle m'a craché dessus, m'a tourné le dos et ne m'a plus jamais adressé la parole.

Un jour, j'étais recroquevillée au fond de la classe à pleurer parce que les enfants de « rouges » m'avaient rossée. Je croyais être seule, et j'ai été étonnée quand l'un de mes professeurs s'est approché de moi par-derrière et m'a tapoté légèrement l'épaule. A travers mes larmes, il m'était difficile de lire l'expression de son visage à la faible lumière de la lampe, mais j'ai vu qu'il me faisait signe de le suivre. J'avais confiance en lui parce que je savais qu'il aidait des gens pauvres à l'extérieur de l'école.

Il m'a conduite jusqu'à une cabane au bord du terrain de jeux, où l'école entassait du matériel au rebut. Il a ouvert la serrure d'un geste vif et m'a poussée à l'intérieur. La fenêtre était obturée avec des journaux, et il faisait très sombre. La pièce était remplie jusqu'au plafond d'un fouillis de choses dépareillées et sentait le moisi et la pourriture. Je me suis raidie de dégoût, mais le professeur s'est frayé un chemin dans ce labyrinthe avec une aisance qui dénotait une longue habitude. Je l'ai suivi du mieux que j'ai pu.

Au centre de la pièce, j'ai été stupéfaite de trouver une bibliothèque complète, en ordre. Plusieurs centaines de livres étaient rangés sur des planches cassées. Pour la première fois, j'ai compris le sens de ce vers célèbre : « Dans l'ombre la plus épaisse des saules, je découvris soudain les fleurs brillantes d'un village. »

Le professeur m'a dit que cette bibliothèque était un secret qu'il gardait en cadeau pour les générations futures. Peu importe ce qu'en pensent les révolutionnaires, a-t-il dit, les gens ne peuvent se passer de livres. Sans livres, nous ne pourrions pas comprendre le monde ; sans livres, nous ne pourrions pas évoluer ; sans livres, la nature ne pourrait pas servir l'humanité ; plus il parlait, plus son enthousiasme se communiquait à moi, et plus j'avais peur. Je savais que c'étaient justement ces livres-là que la Révolution culturelle s'efforçait de détruire. Le professeur m'a donné une clef de la cabane en me disant que je pourrais m'y réfugier et y lire quand je voulais.

La cabane se trouvait derrière les seules toilettes de l'école, aussi m'était-il facile de m'y rendre sans me faire remarquer quand les autres enfants participaient à des activités dont j'étais exclue.

Lors de mes premières visites à la cabane, j'ai trouvé l'odeur et l'obscurité étouffantes, et j'ai foré un petit trou de la taille d'un pois dans les journaux qui recouvraient la fenêtre. Je pouvais y coller un œil et regarder les enfants jouer, en rêvant du jour où il me serait permis de me joindre à eux.

Mais la mêlée sur le terrain de jeux m'attristait tant que j'ai fini par me mettre à lire. Il n'y avait pas beaucoup de livres faciles à lire et j'avais bien de mal à comprendre le vocabulaire. Au début, le professeur répondait à mes questions et m'expliquait des choses quand il venait voir si tout allait bien ; puis il m'a apporté un dictionnaire, que je consultais consciencieusement, même si je comprenais à peine la moitié de ce que je lisais.

Les livres sur l'histoire de la Chine et des autres pays me fascinaient. Ils m'ont beaucoup appris sur la vie : non seulement sur la « grande histoire » que chacun connaît, mais aussi sur les gens simples qui tissent leur propre histoire au jour le jour. Ces livres m'ont aussi enseigné que beaucoup de questions restent sans réponses.

J'ai beaucoup appris de l'encyclopédie, ce qui m'a épargné bien des soucis et des dépenses par la suite, car je suis habile de mes mains et je sais réparer seule toutes sortes de choses, des bicyclettes jusqu'aux petites pannes électriques. Je rêvais de devenir diplomate, avocate, journaliste ou écrivain. Quand l'opportunité de choisir une profession s'est présentée, j'ai quitté mon travail administratif dans l'armée, au bout de douze ans, pour devenir journaliste. Le savoir latent que j'avais accumulé dans mon enfance est venu une fois de plus à mon secours.

Le rêve que j'entretenais de rejoindre les autres enfants sur le terrain de jeux ne s'est jamais réalisé, mais je me suis consolée à la lecture de récits de batailles et d'effusions de sang dans cette bibliothèque secrète. Les chroniques de guerre me donnaient le sentiment d'avoir de la chance de vivre en temps de paix, et m'ont aidée à oublier les brimades qui m'attendaient à l'extérieur de la cabane.

La première personne qui m'a montré comment trouver le bonheur et la beauté dans la vie en observant les gens et les choses autour de moi, a été Yin Da.

Yin Da était orphelin. Il semblait ignorer comment il avait perdu ses parents ; tout ce qu'il savait, c'est qu'il avait grandi sous la protection de ses voisins de village, dans une hutte de 1,5 mètre de long sur 1,2 mètre de large, où il n'y avait qu'un lit qui prenait tout l'espace. Il avait mangé le riz d'une centaine de familles, porté les habits d'une centaine de maisonnées, et appelé tous les villageois du nom de mère et père.

Je me souviens que Yin Da n'avait que les vêtements qu'il portait sur le dos. L'hiver, il portait une épaisse veste de coton matelassé sur ses vêtements d'été. Tout le monde autour de lui était pauvre, et une veste matelassée pour l'hiver était déjà un luxe.

Yin Da devait avoir cinq ou six ans de plus que moi, mais nous étions dans la même classe à l'école militaire. Pendant la Révolution culturelle, toutes les institutions éducatives étaient virtuellement fermées ; seuls les collèges et les écoles militaires étaient autorisés à continuer d'instruire les jeunes, dans les domaines touchant à la défense nationale. Pour montrer son soutien aux paysans et aux travailleurs de la ville occupée par la base militaire, mon école s'était arrangée pour que les enfants du coin soient éduqués avec les enfants de l'armée. La plupart d'entre eux avaient déjà quatorze ou quinze ans quand ils ont débuté l'école primaire.

Si Yin Da se trouvait dans les alentours quand les enfants de « rouges » me rossaient, me crachaient dessus ou m'insultaient, il venait toujours à ma rescousse. Parfois, quand il me trouvait en train de pleurer dans un coin, il disait aux gardes rouges qu'il allait m'apprendre à connaître les paysans et il me faisait faire le tour de la ville. Il me montrait des maisons très pauvres et m'expliquait pourquoi ces gens, qui gagnaient beaucoup moins qu'une centaine de yuans par an, étaient heureux.

Le midi, Yin Da m'emmenait dans la colline derrière l'école contempler les arbres et les plantes en fleurs. Il y a beaucoup d'arbres de la même essence

267

dans le monde, disait-il, et pourtant il n'y a pas deux feuilles pareilles. Il disait que la vie était précieuse et que l'eau donnait la vie en se donnant.

Il m'a demandé ce qui me plaisait dans la ville où était la base militaire. J'ai répondu que je ne savais pas, il n'y avait rien à aimer ; c'était une petite bourgade morne, sans couleurs, emplie de la fumée étouffante des feux de poêles et de gens qui déambulaient dans leurs vestes déchirées et leurs chemises effrangées. Yin Da m'a appris à regarder et à étudier attentivement chaque maison de la ville, mêmes celles qui avaient été bâties à partir de trois fois rien. Qui habitait ces maisons ? Que faisaient-ils à l'intérieur ? Que faisaient-ils au-dehors ? Pourquoi cette porte était-elle à demi ouverte ? La famille attendait-elle quelqu'un ou avaient-ils oublié de fermer la porte ? Quelles conséquences pouvaient résulter de leur négligence ?

J'ai suivi les conseils de Yin Da en m'efforçant de m'intéresser à ce qui m'entourait, et je ne m'attristais plus autant des crachats et des vexations que je subissais tous les jours. Je m'absorbais dans mes propres pensées, imaginant les vies des gens dans les maisons. Le contraste entre le monde imaginaire et le monde réel allait devenir une source à la fois de réconfort et de tristesse pour moi.

A la fin des années 1960, les relations entre la Chine et l'Union soviétique ont été suspendues et un conflit armé s'est déclaré à la frontière nord de la Chine sur l'île de Zhenbao. Toutes les agglomérations ont dû creuser des tunnels pour servir d'abris anti-aériens. Dans certaines grandes villes, les abris pouvaient accueillir la population entière. Du matériel et des réserves de nourriture devaient leur permettre d'y survivre pendant plusieurs jours. Tout le monde, vieux et jeunes, a été mis à contribution pour creuser ces tunnels, même les enfants de sept ou huit ans.

Les enfants de notre école devaient creuser des tunnels dans le flanc de la colline située derrière l'école. On nous a divisés en deux groupes, l'un travaillait à l'intérieur du tunnel et l'autre à l'extérieur. J'avais été assignée au groupe de l'intérieur, mais je travaillais à l'entrée du tunnel parce que j'étais une fille, et de constitution assez faible.

Un jour, environ une demi-heure après avoir commencé le travail, nous avons entendu un puissant grondement : le tunnel s'était effondré. Quatre garçons ont été emportés par l'éboulement, dont Yin Da, qui se trouvait dans la partie la plus avancée. Quand on a pu les extraire des décombres, quatre jours après l'accident, on n'a pu identifier leurs corps que d'après les vêtements.

Les enfants et les proches des familles « réactionnaires » n'ont pas été autorisés à jeter un dernier regard sur les quatre garçons, qui ont été reconnus héros posthumes. Le dernier signe que j'ai aperçu de Yin Da a été, de loin, son bras inanimé pendant d'une civière. Il avait dix-sept ans.

Yin Da m'avait appris la chanson du film *Un visiteur à la montagne de glace*. La mélodie était belle et les paroles parlaient d'un ami perdu. Des années plus tard, quand la Chine a commencé à s'ouvrir au monde extérieur, on a pu de nouveau voir ce film sur les écrans. Les souvenirs de Yin Da ont resurgi en foule dans ma mémoire.

Ma belle patrie gît au pied des montagnes du paradis.

Quand j'ai quitté la maison,

J'étais comme un melon fraîchement séparé de sa tige.

La fille que j'aimais vivait à l'ombre de peupliers blancs.

Quand je suis parti,

Elle était comme un luth accroché au mur.

La tige est cassée, mais les melons sont encore sucrés.

Quand le joueur de luth reviendra,

Le luth de nouveau chantera.

Quand je fus séparé de mon ami,

Il était comme une montagne de neige :

Une seule avalanche l'a fait disparaître pour toujours.

Ah, mon cher ami,

Je ne reverrai jamais plus

Ton corps puissant ou ton doux visage.

Ah, mon cher ami,

Tu ne m'entendras jamais plus

Jouer du luth ni chanter.

Je ne sais pas si Yin Da avait le pressentiment de son destin quand il me chantait cette chanson mélancolique, mais il m'a laissé une mélodie en souvenir de lui.

13
La femme que son père ne reconnaît pas

La première nuit que j'ai passée à la prison pour femmes du Hunan, je n'ai pas osé fermer l'œil de peur que mes vieux cauchemars ne resurgissent. Pourtant, même en gardant les yeux ouverts, je n'ai pas réussi à faire barrage aux images de mon enfance. A l'aube, je me suis dit qu'il fallait que je me détache de mon passé et que je trouve une façon de mettre Hua'er en confiance pour qu'elle partage son histoire avec d'autres femmes. J'ai demandé à la gardienne si je pouvais avoir un nouvel entretien avec elle.

Quand elle est entrée, j'ai tout de suite remarqué que l'arrogance et la méfiance de la veille avaient disparu, et que la douleur tirait ses traits. A son air de surprise, j'ai deviné que j'avais dû moi aussi changer de visage après cette nuit de tourments.

Elle a débuté notre entretien en me racontant comment sa mère avait choisi son prénom et ceux de sa sœur et de ses frères. Sa mère avait dit que toute chose dans la nature luttait pour trouver sa place, mais que les arbres, les montagnes et les rochers étaient les plus forts, c'est pourquoi elle avait appelé sa première fille Shu (arbre), son fils aîné Shan (montagne) et son plus jeune fils Shi (rocher). Un arbre en fleurs est promesse de fruits, et des fleurs sur une montagne ou un rocher l'embellissent, c'est pourquoi Hua'er avait été nommée Hua (fleur).

— Tout le monde disait que j'étais la plus belle… peut-être parce que je m'appelais Hua.

La poésie de ces noms m'a frappée ; la mère de Hua'er devait être une femme raffinée. J'ai versé un verre d'eau chaude de la bouteille thermos posée sur la table. Elle s'en est saisie des deux mains, contemplant fixement la vapeur qui s'en élevait, puis a murmuré à voix basse :

— Mes parents sont japonais.

Cela m'a déconcertée. Rien dans le dossier de Hua'er ne m'y avait préparée.

— Ils étaient tous les deux professeurs à l'université, et nous jouissions d'un traitement de faveur. Les autres familles étaient obligées de vivre dans une seule pièce, mais nous, nous avions deux pièces. Mes parents dormaient dans la petite pièce et nous, les enfants, dans la grande. Ma sœur Shu nous emmenait souvent chez ses amies, mon frère Shan et moi. Leurs parents nous traitaient avec gentillesse, on nous donnait des choses à grignoter, et on nous demandait de parler japonais. J'étais très jeune, mais je parlais bien le japonais et j'aimais apprendre aux adultes des mots et des expressions. Les autres enfants mangeaient tout ce qu'ils pouvaient pendant ce temps, mais ma sœur m'en gardait un peu. Elle me protégeait.

Le visage de Hua'er s'est illuminé.

— Mon père était fier de Shu parce qu'elle travaillait bien à l'école. Il disait qu'elle l'aidait à devenir plus sage. Ma mère faisait aussi l'éloge de ma sœur car c'était une bonne fille qui surveillait mon frère aîné et moi, et ça lui laissait le temps de préparer ses cours et de s'occuper de mon jeune frère Shi, qui avait trois ans. Nous adorions jouer avec notre père. Il aimait se déguiser pour nous faire rire. Parfois il était le vieil homme portant la montagne du conte japonais, et il nous portait tous les quatre sur son dos. Nous l'écrasions de tout notre poids jusqu'à ce qu'il soit hors d'haleine, mais il continuait en criant : « Je… porte… la montagne ! »

« Parfois il enroulait l'écharpe de ma mère autour de sa tête pour faire la grand-mère Loup du conte chinois. Quand il jouait à cache-cache avec nous, je plongeais sous l'édredon et criais naïvement : "Hua'er n'est pas sous l'édredon !"

« Il se cachait dans les endroits les plus improbables. Un jour, il s'est même caché dans une grande jarre où on gardait du grain. Quand il en est sorti, il était couvert de maïs, de sarrasin et de riz.

Hua'er a éclaté de rire à cette évocation, et je l'ai imitée.

Elle a pris une gorgée d'eau, l'a dégustée lentement avant de reprendre :

— Nous étions très heureux. Mais, en 1966, le cauchemar a commencé.

Le souvenir des flammes jaillissantes du feu d'artifice qui avait signé la fin de mon enfance heureuse m'est apparu. La voix de Hua'er en a banni l'image.

— Un après-midi d'été, mes parents étaient partis au travail et je faisais mes devoirs sous la surveillance de ma sœur pendant que mon petit frère jouait. Soudain, nous avons entendu scander des slogans dans la rue. Les adultes passaient leur temps à crier et à hurler, alors nous ne nous sommes pas inquiétés. Le bruit s'est rapproché de plus en plus, jusqu'à ce qu'il atteigne notre seuil. Une bande de jeunes était là en train de hurler : « A bas les valets impérialistes japonais ! Eliminons les espions étrangers ! »

« Ma sœur s'est conduite en adulte. Elle a ouvert la porte et demandé aux jeunes, qui avaient à peu près son âge : "Qu'est-ce que vous voulez ? Mes parents ne sont pas là."

« Une fille sur le devant de la foule a lancé : "Ecoutez, les mioches, vos parents sont des espions impérialistes japonais. On les a placés sous le contrôle du prolétariat. Vous devez rompre avec eux et dénoncer leurs activités d'espionnage !"

« Mes parents, des espions ! Dans les films que j'avais vus, les espions étaient toujours des méchants. Ma sœur, voyant que j'étais terrifiée, a refermé la porte en hâte et posé les mains sur mes épaules : "N'aie pas peur. Attends que maman et papa soient rentrés et nous leur raconterons tout", a-t-elle dit.

« Mon frère aîné disait depuis un certain temps qu'il voulait rejoindre les gardes rouges. Il a déclaré d'un ton calme : "Si ce sont des espions, j'irai à Pékin faire la révolution contre eux."

« Ma sœur lui a jeté un regard furieux et lui a dit d'arrêter ses bêtises.

« Quand les étudiants ont enfin cessé de crier devant notre porte, il faisait nuit. Par la suite, quelqu'un m'a raconté que le groupe était venu avec l'intention de fouiller notre maison, mais qu'ils avaient reculé en voyant ma sœur sur le pas de la porte qui nous protégeait tous les trois. Apparemment, le chef des gardes rouges leur avait passé un savon terrible pour ne pas l'avoir fait.

« Nous n'avons pas revu mon père pendant très longtemps.

Le visage de Hua'er s'est figé.

Pendant la Révolution culturelle, il suffisait d'appartenir à une famille riche, d'avoir reçu une éducation supérieure, d'être un expert ou un savant, d'entretenir des liens avec l'étranger ou d'avoir travaillé pour le gouvernement de 1949 pour être taxé de contre-révolutionnaire. Il y avait tellement de criminels politiques que les prisons ne suffisaient pas à les contenir tous. Alors on envoyait les intellectuels dans des zones rurales éloignées pour travailler aux champs. Le soir, ils devaient « confesser leurs crimes » à des gardes rouges ou écouter les leçons de paysans qui n'avaient jamais vu de voiture de leur vie ni entendu parler de l'électricité. Mes parents ont connu bien des travaux forcés et des rééducations de ce genre.

Les paysans enseignaient aux intellectuels les chansons qu'ils chantaient lors des semailles et comment tuer les porcs. Les intellectuels qui avaient grandi dans des environnements raffinés, entourés de livres, frémissaient à la vue du sang, et les paysans s'étonnaient de leur manque de savoir-faire et d'habileté manuelle.

Une femme, professeur d'université, que j'ai interrogée un jour m'a raconté que le paysan chargé de la surveiller, en voyant les jeunes plants de blé qu'elle avait déterrés par erreur, lui avait demandé d'un ton apitoyé : « Vous ne savez même pas faire la différence entre une mauvaise herbe et un plant de blé. Qu'avez-vous donc appris à vos élèves ?

275

Comment pouviez-vous vous faire respecter? » Les paysans de la zone montagneuse où elle avait été envoyée s'étaient montrés extrêmement bons avec elle, et partager leur vie pauvre lui avait été d'un grand enseignement. Selon elle, la nature humaine était fondamentalement simple et fruste, et ce n'était que lorsque les gens en savaient un peu plus sur les rouages de la société qu'ils commençaient à se mêler des histoires des autres et à créer des problèmes. Il y avait une part de vérité dans ce qu'elle disait, mais elle avait eu de la chance de vivre la Révolution culturelle dans d'aussi bonnes conditions.

Hua'er a repris le fil de son histoire :

— Un jour, contrairement à son habitude, ma mère est rentrée très tard. Seule ma sœur était encore debout. Somnolant à demi, j'ai entendu ma mère lui dire : « Ils ont emprisonné papa. Où, je ne sais pas. A partir de maintenant, je dois assister à des cours spéciaux tous les jours, et je risque de rentrer très tard. J'emmènerai Shi avec moi, mais tu vas devoir t'occuper de Shan et de Hua. Shu, tu es grande maintenant, fais-moi confiance : papa et moi, nous ne sommes pas mauvais. Tu dois croire en nous, quoi qu'il arrive. Nous sommes venus ici en Chine parce que nous voulions faire connaître aux gens la culture japonaise et les aider à apprendre le japonais, pas pour faire du mal… Aide-moi à m'occuper de ton frère et de ta sœur. Ramasse des plantes sauvages sur le chemin quand tu rentres de l'école et ajoute-les à la nourriture quand tu fais la cuisine. Persuade ton frère et ta sœur de manger plus ; vous grandissez tous, il faut que vous mangiez à votre faim. Fais bien attention à mettre le couvercle sur le poêle avant de vous coucher pour ne pas être intoxiqués par les émanations de charbon. Ferme les fenêtres et les portes soigneusement avant de partir et surtout n'ouvre à personne. Si les gardes rouges viennent fouiller la maison, fais sortir ton frère et ta sœur pour qu'ils n'aient pas peur. A partir de maintenant, va te coucher en même temps que les petits. Ne m'attends pas. Si tu as besoin de quelque chose, laisse-moi un mot, et je te laisserai la réponse le lendemain matin avant de partir. Continue d'étudier le japonais et la culture japonaise. Un jour, ça te sera utile. Etudie en secret, mais n'aie pas peur. Les choses finiront par s'arranger. »

« Le visage de ma sœur était calme, mais les larmes dégoulinaient silencieusement le long de ses joues en traçant deux sillons. Je me suis pelotonnée sous l'édredon et j'ai pleuré sans bruit. Je ne voulais pas que ma mère me voie.

Au souvenir des pleurs que poussait mon frère en réclamant notre mère, je n'ai pu retenir mes propres larmes en entendant la scène décrite par Hua'er. Elle était triste, mais elle ne pleurait pas.

— Pendant une longue période, nous n'avons vu notre mère que rarement. Mon frère et moi, nous savions qu'elle dormait maintenant dans notre chambre, mais les seuls signes de son passage c'étaient les messages et les consignes qu'elle laissait à Shu.

« Par la suite, j'ai découvert que j'arrivais à voir ma mère si je me levais pour aller aux toilettes pendant la nuit. Je me suis mise à boire le plus d'eau possible avant d'aller me coucher. Ma mère avait l'air de ne jamais dormir : quand je me levais, elle tendait la main pour me caresser. Ses mains étaient de plus en plus rugueuses. J'avais envie de frotter mon visage contre elles, mais je craignais que ma sœur ne me reproche de troubler le repos de ma mère.

« J'étais de plus en plus nerveuse et fatiguée pendant la journée parce que je me levais plusieurs fois par nuit pour voir ma mère. Un jour, je me suis même endormie à l'école pendant qu'on étudiait les directives du Parti. Heureusement pour moi, ma maîtresse était une femme très douce. Après la classe, elle m'a emmenée dans un endroit écarté derrière le terrain de sports et m'a dit : "S'endormir quand on étudie les pensées du président Mao est considéré comme très réactionnaire par les gardes rouges. Il faut que tu fasses plus attention."

« Je ne comprenais pas vraiment ce qu'elle voulait dire par là, mais cela m'a effrayée parce que le mari de la maîtresse était le chef de la section locale des gardes rouges. J'ai vite répondu que j'avais passé une mauvaise nuit. Ma maîtresse s'est tue un long moment, et cela m'a effrayée encore plus. Finalement, elle m'a tapoté affectueusement la tête en disant : "Ne t'inquiète pas, ta mère pourra peut-être rentrer bientôt à la maison."

« Peu de temps après, ma mère a effectivement commencé à rentrer plus tôt à la maison. Elle arrivait juste au moment où nous allions nous coucher. On voyait bien qu'elle avait beaucoup changé : elle parlait peu et se déplaçait avec précaution, comme si elle craignait de perturber notre confiance en elle et en notre père. Mon frère aîné, qui était une forte tête, n'avait plus envie de se disputer avec elle à propos de son projet de partir à Pékin pour devenir garde rouge.

Peu à peu, la vie a repris un cours plus normal. Un jour, j'ai entendu ma mère dire avec un soupir : "Si seulement votre père pouvait revenir aussi…"

« Aucun de nous n'éprouvait de joie à la pensée de le revoir. Nous l'aimions, mais si c'était un espion, il nous faudrait continuer à l'ignorer.

« Un peu plus tard, au cours de l'automne 1969, on a informé ma sœur qu'elle devait intégrer un groupe d'études du soir, pour qu'elle apprenne à garder une conduite ferme quand notre père serait libéré, et trace une nette démarcation entre lui et nous.

« Ma sœur est rentrée très tard de sa première soirée du groupe d'études. Ma mère, trop anxieuse pour rester tranquillement assise, l'attendait debout près de la fenêtre. Je ne pouvais pas dormir non plus, parce que j'étais impatiente de savoir à quoi ressemblait le groupe d'études. Les gardes rouges n'admettaient dans ce groupe que les gens dont la pensée était révolutionnaire. Je savais que certaines personnes, après l'avoir rejoint, n'étaient plus soumises aux interrogatoires, que leurs maisons n'étaient plus fouillées, et que les membres de leurs familles emprisonnés étaient relâchés. Notre père allait-il bientôt rentrer ?

« Ma mère m'a envoyée au lit, mais je n'ai pas arrêté de me frotter les yeux et j'ai mis des pointes de plume sur mon oreiller pour m'empêcher de m'endormir. J'ai entendu des bruits de pas et la voix basse d'un homme devant la fenêtre, mais je n'ai pas réussi à saisir ce qu'il disait. Quand ma sœur est entrée dans la pièce, ma mère s'est précipitée vers elle en demandant : "Comment ça s'est passé ?" Sa voix était pleine de larmes.

« Shu s'est couchée tout habillée sans un mot. Quand ma mère a essayé de l'aider à se déshabiller, elle l'a repoussée, lui a tourné le dos et s'est enveloppée étroitement dans l'édredon.

« J'étais très déçue. Nous avions attendu si longtemps pour rien.

« Cette nuit-là, ma mère a pleuré pendant très longtemps. Je me suis endormie en me demandant si c'était le silence de ma sœur qui l'avait blessée, ou si elle avait peur que nous ne l'aimions pas. Cette nuit-là, j'ai rêvé que moi aussi j'avais été admise au groupe d'études, mais au moment où je franchissais le seuil, je me suis réveillée.

« Shu passait beaucoup de temps avec le groupe d'études, mais elle ne me racontait jamais rien de ce qui s'y passait. Pendant plusieurs mois, elle est rentrée très tard le soir, longtemps après que je me sois endormie. Un soir, elle est rentrée peu de temps après être partie. L'homme qui la raccompagnait nous a dit : "Shu est toujours malade, et aujourd'hui elle s'est évanouie. L'instructeur politique m'a envoyé pour la raccompagner."

« Ma mère était d'une pâleur effroyable, et elle est restée figée sur place quand ma sœur s'est écroulée à genoux devant elle en disant : "Maman, je ne pouvais rien faire. Je voulais que papa soit relâché plus tôt…"

« Ma mère s'est mise à trembler si fort qu'elle a paru sur le point de s'effondrer à son tour. Mon frère aîné s'est précipité pour la retenir et il l'a fait asseoir sur le lit. Puis il a emmené mon petit frère et moi dans l'autre pièce. Je ne voulais pas y aller, mais je n'osais pas rester.

« Le lendemain, à ma sortie de l'école, un homme de la section des gardes rouges m'attendait. Il m'a dit que l'instructeur politique m'ordonnait de rejoindre le groupe d'études. J'avais du mal à le croire. Je n'avais que onze ans. Comment était-ce possible ? Peut-être que la maîtresse leur avait dit que j'étais très obéissante.

« J'étais si heureuse que je voulais rentrer à la maison le dire à ma mère, mais l'homme a dit qu'on l'avait déjà informée.

« La classe avait lieu dans une petite pièce meublée comme une maison, avec des lits, une table pour le repas et plusieurs chaises comme celles de l'école, mais plus grandes. Il y avait aussi une grande bibliothèque pleine d'ouvrages révolutionnaires. Des citations du président Mao et des slogans révolutionnaires écrits en rouge étaient placardés sur les murs de la pièce. Je venais de débuter ma quatrième année à l'école primaire, et je ne pouvais pas les déchiffrer tous.

« Le garde rouge qui m'avait amenée là m'a donné le *Livre rouge* de citations du président Mao – j'avais toujours envié celui de ma sœur – et il m'a demandé :

« — Tu sais que tes parents sont des espions ?

« J'ai hoché la tête, les yeux écarquillés. J'avais peur qu'ils ne me permettent pas de participer au groupe d'études après tout.

« — Tu sais que tous ceux qui sont dans le groupe d'études sont des gardes rouges ?

« J'ai de nouveau hoché la tête. Je désirais tant être garde rouge, pour que les gens cessent de m'injurier, et que je puisse m'asseoir à l'arrière d'un

281

camion et parcourir les rues en criant des slogans – tout ce pouvoir et ce prestige !

« Il a dit : "Tu ne dois pas mettre les espions au courant des affaires des gardes rouges, compris ?"

« En pensant aux histoires sur le Parti clandestin et les espions que j'avais vus dans des films, j'ai bredouillé :

« — Je… je ne dirai rien à ma famille.

« — Lève-toi maintenant, et jure au président Mao que tu garderas pour toi les secrets des gardes rouges.

« — Je le jure.

« — Bien. Maintenant, d'abord tu vas rester seule et lire les pensées du président Mao. Après manger, on te montrera comment tu dois les étudier.

« J'étais stupéfaite d'apprendre qu'on allait me donner à manger. Rien d'étonnant que ma sœur n'ait jamais parlé du groupe d'études. On lui avait fait jurer de garder le secret, mais elle avait dû aussi avoir peur que mon petit frère et moi soyons jaloux à cause de la nourriture. Toutes ces pensées en tête, j'ai regardé fixement les pages de mon *Petit Livre rouge*, sans en comprendre un traître mot.

« Quand j'ai eu fini de manger, deux autres gardes rouges sont entrés. Ils étaient très jeunes, à peine plus âgés que ma sœur. Ils m'ont demandé : "Tu as fait ta promesse au président Mao ?" J'ai fait oui de la tête, en me demandant pourquoi ils me posaient cette question.

« — Très bien, ont-ils repris, nous allons étudier très tard aujourd'hui, aussi tu ferais mieux de te reposer un peu pour commencer.

« Ils m'ont prise dans leurs bras et portée jusqu'au lit, en me souriant, puis ils m'ont aidée à dérouler l'édredon et à me déshabiller, jusqu'au dernier de mes sous-vêtements. Ils ont éteint les lumières ; le déclic de l'interrupteur m'a fait sursauter.

« Personne ne m'avait jamais parlé de ce qui se passe entre hommes et femmes, pas même ma mère. Tout ce que je savais de la différence des sexes c'était que les pantalons des hommes se fermaient devant et que ceux des femmes se fermaient sur le côté. Aussi, quand trois hommes se sont mis à manier mon corps dans l'obscurité, je n'avais pas la moindre idée de ce que cela pouvait vouloir dire, et à quoi cela allait mener.

« J'étais très fatiguée. Pour une raison que j'ignorais, je n'arrivais pas à garder les yeux ouverts. L'esprit confus, j'ai entendu les hommes dire : "C'est ta première leçon. Nous devons savoir s'il n'y a pas d'influences contre-révolutionnaires dans ton corps."

« Une main a pincé mon mamelon qui n'était pas encore développé et une voix a dit : "C'est petit, mais il doit y avoir un bourgeon là-dedans."

« Une autre main m'a écarté les jambes, et une autre voix a coupé : "Les choses contre-révolutionnaires se cachent toujours dans les endroits les plus secrets du corps, voyons ça."

« Une vague de terreur comme jamais je n'en avais connu m'a submergée. Je me suis mise à trembler de peur, mais une idée m'a traversé l'esprit : il n'y avait que des gens bien dans le groupe d'études, ils ne pouvaient pas me faire du mal.

« Un homme a dit alors : "Jun'er, celle-ci est pour toi. Nous, les frères d'armes, on tient nos promesses."

« Je ne comprenais pas de quoi ils parlaient. J'avais alors perdu tout contrôle de mon corps. Plus tard, quand j'ai été plus âgée, j'ai compris qu'ils devaient avoir mis des somnifères dans ma nourriture. Quelque chose de gros et d'épais a poignardé mon corps d'enfant comme si cela allait me transpercer de part en part. D'innombrables paires de mains ont frotté ma poitrine et mes fesses, et une langue répugnante s'est introduite dans ma bouche. J'entendais ahaner autour de moi et mon corps me brûlait de douleur comme si on me fouettait.

« Je ne sais pas combien de temps a duré cette "leçon" infernale. Je ne sentais plus rien.

Le visage de Hua'er était d'une pâleur mortelle. J'ai dû me mordre la lèvre pour empêcher mes dents de claquer. J'ai tendu une main vers elle, mais elle l'a ignorée.

— Finalement, tout ce bruit et cette agitation ont cessé. Je pleurais et pleurais.

« Dans le noir, plusieurs voix ont dit : "Hua'er, plus tard, tu aimeras ça", "Hua'er, tu es une bonne fille, il n'y a rien de mauvais en toi. Ton père sera bientôt relâché."

« J'étais passive et molle comme une poupée de chiffons quand ils se sont baissés sur moi et ont soulevé mon corps pour m'habiller.

« L'un d'eux a dit tout bas : "Hua'er, je suis désolé." J'ai toujours désiré savoir qui avait dit cela.

« Plusieurs des gardes rouges se sont relayés pour me porter sur leur dos dans le vent froid d'automne. Ils m'ont déposée longtemps avant d'arriver à la maison, en disant : "N'oublie pas, tu as juré au président Mao."

« J'ai essayé de marcher, mais j'étais incapable de bouger. J'avais l'impression qu'on avait déchiré en lambeaux le bas de mon corps. L'un d'eux m'a prise dans ses bras et portée jusqu'au seuil de la maison, puis ses compagnons et lui ont disparu furtivement dans le noir. Ma mère a ouvert la porte quand elle a entendu leurs voix, et m'a prise dans ses bras.

« — Qu'est-ce qui se passe, Hua'er ? Pourquoi rentres-tu si tard ? a-t-elle demandé.

« Mon esprit était vide ; je ne pensais plus à ma promesse au président Mao. Je n'arrêtais pas de pleurer. Ma mère m'a portée jusqu'au lit. En me voyant à la lumière des lampes, elle a tout compris.

« — Mon Dieu ! s'est-elle exclamée, bouche bée.

« Ma sœur Shu m'a secouée et a demandé : "Tu es allée au groupe d'études ?" mais je ne savais que pleurer et pleurer. Oui, j'étais allée au "groupe d'études", un groupe d'études de la femme, un…

Hua'er a éclaté en sanglots. Ses épaules étaient secouées de petits spasmes. J'ai passé mes bras autour d'elle, tout son corps frissonnait.

— Hua'er, arrêtez, vous n'allez pas pouvoir le supporter, lui ai-je dit. Mon visage était humide de larmes, et les pleurs des filles du groupe d'études de l'école de mon frère résonnaient à mes oreilles.

Il était midi, et une gardienne nous a apporté de la nourriture. Les deux repas étaient complètement différents ; j'ai échangé mon plateau avec celui de Hua'er, mais elle n'y a jeté qu'un regard distrait. En sanglotant toujours, elle a repris :

— J'étais si jeune. En dépit de la douleur, j'ai fini par m'endormir au bruit des pleurs de ma mère et de ma sœur. Je me suis éveillée en sursaut. Mon frère aîné Shan, sur le seuil, criait : « A l'aide, quelqu'un ! Ma mère s'est pendue ! »

« Ma sœur Shu gémissait : "Maman, pourquoi nous as-tu abandonnés ?"

« Mon petit frère Shi s'agrippait à quelque chose et pleurait. Je suis sortie du lit pour voir à quoi il s'accrochait. C'était ma mère, pendue au linteau de la porte.

Hua'er suffoquait. Je l'ai bercée dans mes bras, en répétant son nom.

Quelques minutes plus tard, j'ai vu qu'on me tendait un morceau de papier par la lucarne de surveillance. Le message inscrit dessus disait : « Veuillez vous tenir à distance respectable de la prisonnière. »

Pestant silencieusement, j'ai cogné pour que la gardienne ouvre la porte. Laissant Hua'er dans la pièce de l'entretien, je me suis rendue dans le bureau du gouverneur de la prison – la lettre du commissaire Mei à la main – et j'ai insisté pour qu'on permette à Hua'er de coucher dans ma chambre pendant deux nuits. Après beaucoup d'hésitation, il a fini par m'accorder son autorisation, à condition que je lui remette un engagement écrit le dégageant de toute responsabilité si quelque chose d'imprévu arrivait pendant que Hua'er était avec moi.

De retour dans la pièce de l'entretien, j'ai remarqué que toute la nourriture déposée devant Hua'er était trempée de larmes. Je l'ai ramenée dans ma chambre, mais elle n'a quasiment plus ouvert la bouche pendant vingt-quatre heures. Je pensais qu'elle faisait de son mieux pour émerger des profondeurs de sa douleur, et je n'osais imaginer qu'elle puisse avoir d'autres souvenirs, plus tragiques encore, à affronter.

Quand Hua'er a retrouvé assez de force pour se remettre à parler, elle m'a raconté que son père avait été relâché quatre jours après le suicide de sa mère, mais qu'il n'avait pas reconnu ses enfants. Des années plus tard, quelqu'un leur a dit que leur père avait perdu l'esprit en apprenant le suicide de sa femme bien-aimée. Il était resté immobile dans la même position pendant deux nuits de suite à répéter : « Où est Youmei ? »

Ni Hua'er ni sa sœur n'ont jamais eu le courage d'essayer de savoir si leur père avait eu connaissance du « groupe d'études », et si cela avait contribué à son effondrement. De retour à la maison, leur père a vécu avec eux comme avec des étrangers. En plus de vingt ans, la seule chose qu'ils aient réussi à lui apprendre, c'est que le mot « papa » s'adressait à lui. Peu importait qui le prononçait et où il l'entendait, il réagissait toujours.

La sœur de Hua'er, Shu, ne s'est jamais mariée. Elle avait été ramenée plus tôt à la maison ce soir-là parce qu'elle était enceinte, et les hommes du groupe avaient décrété qu'elle ne pouvait pas continuer à « étudier ». Elle avait quinze ans à l'époque, et sa mère n'avait pas osé l'emmener à l'hôpital parce que les gardes rouges la condamneraient en tant que « capitaliste » et « chaussure abîmée », et l'exhiberaient comme telle dans les rues. Pour éviter cela, sa mère avait décidé de trouver une herbe médicinale pour provoquer un avortement. Elle n'en avait pas eu le temps, le viol de Hua'er le lendemain l'avait poussée à commettre l'irréparable.

Shu ne savait que faire ni vers qui se tourner. Naïvement, elle avait tenté de cacher son ventre et ses seins qui enflaient en les serrant avec des bandes de tissu, mais cela ne servait à rien. Elle ne savait pas où trouver l'herbe dont avait parlé sa mère, mais elle s'était souvenue qu'un jour sa mère avait dit que tous les médicaments étaient aux trois quarts des poisons. Elle avait avalé d'un coup tous les médicaments qu'elle avait pu trouver à la maison, et s'était effondrée à l'école, en saignant abondamment. A l'hôpital, on l'avait sauvée, mais le fœtus était mort et il avait fallu lui enlever l'utérus. Dès lors, Shu avait porté l'étiquette de « mauvaise femme » et de « chaussure abîmée ». Au fil des ans, alors que les filles de son âge devenaient des mères, elle était devenue une femme froide et taciturne, très différente de la jeune fille heureuse et gentille qu'elle avait été.

La veille du jour où j'ai quitté la prison pour femmes du Hunan, j'ai eu un dernier entretien avec Hua'er.

Environ deux ans après son expérience dans le groupe d'études, elle avait trouvé un livre dans la remise de l'école, intitulé *Qui êtes-vous ?*, sur la biologie féminine et les notions chinoises de chasteté. Ce n'est qu'après l'avoir lu qu'elle avait compris toutes les implications de ce qui lui était arrivé.

Hua'er est entrée dans l'âge adulte avec un sentiment d'identité et une image d'elle-même chancelants. Elle n'a connu aucun des rêves d'une jeune fille qui découvre l'amour ; pour elle, pas question de première nuit de noces. Les voix et les mains tâtonnantes dans le noir de la pièce d'études la hantaient. Elle a malgré tout épousé un homme bon et doux qu'elle aimait. A cette époque, arriver vierge au mariage était une règle d'or pour les femmes, et le non-respect de cette norme entraînait bien souvent l'aigre séparation des conjoints. Différent en cela de la plupart des autres Chinois, le mari de Hua'er n'a jamais eu le moindre soupçon sur sa virginité. Il n'a pas mis sa parole en doute quand elle lui a dit que son hymen s'était déchiré en classe de sport.

Avant les années 1990, il était courant que plusieurs générations de la même famille partagent la même pièce, avec des espaces pour dormir délimités par de minces rideaux ou des lits de camp. Les relations sexuelles avaient lieu dans l'obscurité, en silence et en faisant attention ; l'atmosphère de contrainte et de refoulement inhibait les relations de couple et était une cause fréquente de mésententes conjugales.

Hua'er vivait avec son mari et la famille de celui-ci dans une seule pièce et ils devaient faire l'amour toutes lumières éteintes pour que leurs ombres ne se projettent pas sur le rideau délimitant leur espace privé. Elle était terrifiée quand son mari la touchait dans le noir, ses mains lui semblaient appartenir aux monstres de son enfance ; involontairement, elle hurlait de peur. Quand son mari a essayé de la réconforter en lui demandant ce qui n'allait pas, elle n'a pu se résoudre à lui dire la vérité. Il l'aimait beaucoup, mais il ne savait pas comment réagir face à son angoisse quand ils faisaient l'amour, et pour cette raison il avait réprimé ses désirs sexuels.

Par la suite, Hua'er a découvert que son mari était devenu impuissant. Elle s'est sentie coupable et a terriblement souffert parce qu'elle l'aimait. Elle a fait de son mieux pour l'aider à guérir, mais elle était incapable de maîtriser les peurs qui s'emparaient d'elle dans l'obscurité. Pour finir, pensant qu'il était de son devoir de lui rendre sa liberté, de lui donner une chance d'avoir une relation sexuelle normale avec une autre femme, elle a demandé le divorce. Quand son mari a refusé de le lui accorder en exigeant de savoir les raisons de sa décision, elle n'a trouvé que des excuses peu convaincantes. Elle lui a dit qu'il n'était pas romantique, alors qu'il ne manquait jamais un anniversaire et mettait des fleurs fraîches sur son bureau toutes les semaines. Tout le monde autour d'eux voyait combien il la cajolait, mais elle a dit qu'il était mesquin et qu'il ne pouvait pas la rendre heureuse. Elle a dit aussi qu'il ne gagnait pas assez d'argent, alors que toutes ses amies lui enviaient les bijoux qu'il lui avait offerts. Incapable de trouver une bonne raison de divorcer, elle a fini par lui dire qu'il ne satisfaisait pas ses besoins physiques, tout en sachant pertinemment qu'il était le seul homme qui pourrait jamais y arriver. Le mari de Hua'er n'a rien trouvé à opposer à cet argument. Le cœur brisé, il est parti pour la lointaine Zhuhai, qui était dans une région encore sous-développée à l'époque.

La voix de Hua'er résonnait à mes oreilles comme je contemplais le paysage changeant par la vitre de la jeep qui me ramenait chez moi, après les quelques jours passés dans la prison pour femmes du Hunan.

— Mon mari bien-aimé est parti. Ce fut comme si on m'avait arraché le cœur de la poitrine… Je pensais : à onze ans je pouvais satisfaire les hommes, à vingt je pouvais les rendre fous, à trente leur faire perdre leur âme, et à quarante… ? Parfois j'avais envie d'utiliser mon corps pour donner une chance à ces hommes de dire une fois encore « désolé », pour

les aider à comprendre ce que pouvait être une relation sexuelle avec une femme ; parfois je voulais
retrouver les gardes rouges qui m'avaient torturée et
contempler leurs maisons en ruine, leurs familles dis-
persées. Je voulais me venger sur tous les hommes et
les faire souffrir.

« Ma réputation de femme ne signifiait pas grand-
chose pour moi. J'ai vécu avec plusieurs hommes, et
je les ai laissés s'amuser avec moi. A cause de cela,
on m'a envoyée dans deux camps de rééducation et
condamnée à la prison plusieurs fois. L'instructeur
politique du camp m'a traitée de délinquante incu-
rable, mais ça ne me gêne pas. Quand les gens me
maudissent pour ma conduite, je ne ressens pas de
colère. Tout ce qui compte pour les Chinois, c'est de
ne pas perdre la face, mais ils ne comprennent pas que
leur face est liée au reste de leur corps.

« C'est ma sœur Shu qui me comprend le mieux.
Elle sait que je suis prête à tout pour m'affranchir de
la terreur sexuelle qui me hante, que j'ai besoin d'une
relation sexuelle adulte pour guérir mes organes mal-
traités. Parfois, je suis ce que dit Shu ; parfois, non.

« Mon père ne sait pas qui je suis, moi non plus.

Le lendemain de mon retour à la station de radio,
j'ai passé deux appels téléphoniques. Le premier à
une gynécologue. Je lui ai parlé du comportement
sexuel de Hua'er et je lui ai demandé s'il existait un
traitement pour les traumatismes physiques et mentaux qu'elle avait traversés. Le médecin semblait
n'avoir jamais réfléchi à la question. A cette époque
en Chine, le concept de maladie psychologique
n'existait pas.

Puis j'ai appelé le commissaire Mei. Je lui ai dit que Hua'er était japonaise et je lui ai demandé si on pouvait la transférer dans une de ces prisons pour étrangers où les conditions de détention étaient meilleures.

Il a hésité avant de répondre : « Xinran, en ce qui concerne le fait que Hua'er soit japonaise, le silence est d'or. Pour le moment, elle est accusée de délinquance sexuelle et de cohabitation illégale ; elle devrait sortir bientôt. Si on apprend qu'elle est étrangère, on pourrait l'accuser d'avoir des motivations politiques et cela pourrait aggraver son cas. »

Tous ceux qui ont traversé la Révolution culturelle se souviennent que les femmes qui ont commis le « crime » d'avoir des vêtements ou un style de vie non chinois ont été publiquement humiliées. On a tondu leurs cheveux dans des coupes saugrenues selon la fantaisie des gardes rouges ; leurs visages ont été barbouillés de rouge à lèvres ; les chaussures à hauts talons liées ensemble sur une ficelle et enroulées autour de leurs corps ; des morceaux de toutes sortes de « marchandises étrangères » ont été pendus à leurs vêtements. On obligeait les femmes à raconter encore et encore comment elles en étaient venues à posséder ces produits étrangers. J'avais sept ans quand j'ai vu pour la première fois ce qu'on faisait subir à ces femmes, qu'on promenait dans les rues sous les moqueries du peuple ; je me souviens d'avoir pensé que s'il y avait une autre vie, je ne voulais pas renaître femme.

La plupart de ces femmes étaient rentrées avec leurs maris dans leur mère patrie pour consacrer leurs vies à la révolution et à la construction d'une Chine nouvelle. A leur retour au pays, elles ont dû faire tout le travail domestique sans l'aide des appareils les plus rudimentaires, mais le plus difficile pour elles a été de renoncer au confort de la liberté de vivre et de penser qu'elles avaient connu à l'étranger. Le moindre mot, la moindre action étaient jugés sur un arrière-fond politique ; il leur a fallu partager les persécutions contre leurs maris traités d'« espions » et subir « révolution » après « révolution » pour avoir possédé des produits venant de l'étranger.

Je me suis entretenue avec de nombreuses femmes qui avaient connu ce genre de situation. En 1989, une paysanne des montagnes m'a raconté qu'elle avait autrefois suivi les cours d'une académie de musique. Son visage était profondément ridé et ses mains étaient calleuses ; je n'arrivais à voir en elle aucune aptitude musicale. Mais quand elle s'est mise à parler avec cette résonance particulière qu'a la voix de ceux qui ont étudié le chant, j'ai commencé à croire qu'elle disait la vérité.

Elle m'a montré des photographies prouvant de façon indéniable que j'avais eu tort de mettre sa sincérité en doute. Sa famille avait vécu un certain temps en Amérique ; quand ils étaient rentrés en Chine, elle n'avait pas encore dix ans. Elle avait pu développer ses talents musicaux dans un collège de Pékin, jusqu'à la Révolution culturelle. Le lien de ses parents avec l'Amérique leur avait coûté la vie et avait détruit celle de leur fille.

A l'âge de dix-neuf ans, on l'avait envoyée dans une région montagneuse très pauvre et les cadres du village l'avaient mariée à un paysan. Depuis, elle vivait là, dans cette région si déshéritée que les villageois ne pouvaient même pas s'offrir de l'huile pour faire leur cuisine.

Avant de me quitter, elle m'a demandé : « Est-ce que les soldats américains sont toujours au Vietnam ? »

Mon père connaissait une femme qui était revenue vivre en Chine à l'âge de cinquante ans, après de nombreuses années passées en Inde. Elle était professeur, et extrêmement généreuse envers ses étudiants – elle puisait souvent dans ses propres économies pour aider ceux qui avaient des problèmes. Au début de la Révolution culturelle, personne n'avait imaginé qu'elle serait inquiétée, mais on l'avait dénoncée et elle avait dû être « rééduquée » pendant deux ans à cause de sa façon de s'habiller.

Elle avait déclaré que les femmes devraient se vêtir de couleurs vives, que le costume Mao était trop masculin, et elle portait souvent un sari sous sa veste réglementaire. Les gardes rouges avaient jugé que c'était là une attitude déloyale envers la mère patrie, et ils l'avaient condamnée pour « son adoration et sa foi aveugle en des coutumes étrangères ». Parmi ceux qui l'avaient accusée, se trouvaient des étudiants à qui elle avait donné de l'argent autrefois. Ils lui avaient présenté leurs excuses et expliqué : « Si nous refusons de vous accuser, nous allons nous attirer des ennuis, et à nos familles avec nous. »

Le professeur n'a plus jamais porté ses bien-aimés saris, mais, sur son lit de mort, elle a murmuré, à plusieurs reprises : « Les saris sont si beaux. »

Une autre femme, également professeur, m'a raconté son expérience de la Révolution culturelle.

Un de ses parents éloignés qui vivait en Indonésie lui avait envoyé un tube de rouge à lèvres et une paire de chaussures à hauts talons d'une marque anglaise, par l'intermédiaire d'un membre d'une délégation gouvernementale. Consciente que recevoir des présents de l'étranger pourrait la faire soupçonner d'être une espionne, elle les avait hâtivement jetés sans les envelopper. Elle avait remarqué une fillette de onze ou douze ans qui jouait près de la poubelle ; la petite avait rapporté son « crime » aux autorités. Pendant plusieurs mois, cette femme a été exhibée dans les rues de la ville à l'arrière d'un camion sous les invectives de la foule.

De 1966 à 1976, les plus noires années de la Révolution culturelle, il n'y avait presque rien dans la coupe ni la couleur qui distinguait les vêtements des femmes de ceux des hommes. Les objets spécifiquement féminins étaient rares. Le maquillage, les beaux vêtements et les bijoux n'existaient que dans des romans interdits. Mais les Chinois de cette époque avaient beau être révolutionnaires, ils ne pouvaient tous résister à l'appel de la nature. Une personne pouvait être « révolutionnaire » sous bien des aspects, il suffisait qu'elle succombe aux désirs sexuels « capitalistes » pour être traînée sur le devant de la scène publique et mise au banc des prévenus. De désespoir, certains attentaient à leur vie. D'autres se faisaient passer pour des modèles de vertu mais abusaient de ceux, hommes et femmes, que l'on réformait, faisant de leur soumission sexuelle « un test de loyauté ». La majorité des gens qui ont traversé cette époque ont souffert d'interdits sexuels, surtout les femmes. Les maris, en pleine maturité, étaient emprisonnés ou envoyés dans des centres de rééducation, parfois pendant vingt ans, et leurs femmes étaient contraintes de subir un état de veuvage de leur vivant.

Maintenant que l'on essaie de mesurer les torts que la Révolution culturelle a causés à la société chinoise, les dommages faits à l'instinct sexuel sont un facteur à prendre en compte. Les Chinois disent que « dans chaque famille, il y a un livre qu'il vaut mieux ne pas lire à haute voix ». Il y a beaucoup de familles chinoises qui n'ont pas encore regardé en face ce qui leur est arrivé pendant la Révolution culturelle. Ce sont les larmes qui ont soudé ensemble les chapitres de ces livres de famille, et il est encore trop tôt pour les ouvrir. Les générations futures ou ceux qui n'ont pas connu ces histoires n'y verront que des titres brouillés. Quand les gens sont témoins de la joie de familles ou d'amis qui se retrouvent après des années de séparation, bien rares sont ceux qui osent se demander comment ils ont réussi à s'accommoder de leurs désirs et de leurs souffrances pendant toutes ces années-là.

Ce sont souvent les enfants, et plus particulièrement les filles, qui ont subi les conséquences de la frustration des désirs sexuels. Pour une jeune fille, grandir pendant la Révolution culturelle signifiait être confrontée à l'ignorance, la folie et la perversion. On interdisait aux écoles et aux familles de leur donner l'éducation sexuelle la plus élémentaire. De nombreuses mères et enseignantes étaient elles-mêmes ignorantes en ces domaines. Quand leurs corps se développaient, les filles devenaient la proie d'attouchements ou de viols, des filles telles que Hongxue, dont la seule expérience de plaisir sensuel venait d'une mouche ; Hua'er, qui fut « violée » par la révolution ; l'auditrice anonyme mariée par le Parti ; ou Shilin, qui ne saura jamais qu'elle a grandi. Les auteurs de ces crimes étaient leurs professeurs, leurs maris, et même leurs pères et leurs frères, qui avaient perdu le contrôle de leurs instincts bestiaux et se sont comportés de la façon la plus égoïste et la plus ignoble qui soit. Les espérances de ces filles ont été réduites à néant, et leur aptitude à faire l'expérience du plaisir de l'amour, endommagée à vie. Si nous étions prêts à écouter leurs cauchemars, il y faudrait dix à vingt ans, et leurs histoires se ressemblent toutes.

Il est trop tard maintenant pour rendre la jeunesse et le bonheur à Hua'er et aux femmes qui ont enduré la Révolution culturelle. Elles tirent les grandes ombres noires de leurs souvenirs derrière elles.

Je me souviens qu'un jour au bureau, Mengxing, après avoir lu tout haut la requête d'une auditrice pour une chanson particulière, a déclaré : « Je ne comprends pas. Pourquoi ces femmes aiment-elles tant ces vieilles chansons mangées aux mites ? Pourquoi ne regardent-elles pas un peu plus autour d'elles le monde tel qu'il est aujourd'hui ? Elles évoluent trop lentement pour notre époque. »

Le Grand Li a tapoté son bureau avec de petits coups nets de son stylo et l'a reprise : « Trop lentement ? Il ne faut pas oublier que ces femmes n'ont jamais eu le temps de profiter de leur jeunesse ! »

14
Une femme à la mode

Au cours de l'automne 1995, j'ai demandé à démissionner de mon poste de directrice de la programmation, sous prétexte que je jonglais avec trop d'occupations en même temps et que le surcroît de travail créé par mon émission de radio – reportages, préparation, courrier, etc. – ne cessait d'augmenter. En fait, ce que je voulais vraiment, c'était du temps pour moi. J'étais lasse d'éplucher des montagnes de documents bardés d'interdictions et d'assister à des réunions interminables. J'avais besoin de passer plus de temps à connaître les Chinoises.

Mes supérieurs étaient loin de se réjouir de ma décision, mais ils me connaissaient assez pour savoir que, s'ils me forçaient à garder mon poste, je pourrais décider de partir complètement. Tant que je restais, ils pouvaient profiter de ma bonne image publique et de mon réseau de relations.

Une fois ma décision connue, mon avenir est devenu le sujet de conjectures et de discussions sans fin. Personne ne comprenait pourquoi je voulais abandonner la sécurité d'une carrière de fonctionnaire pleine de succès. Certains disaient que je voulais rejoindre la horde des nouveaux entrepreneurs, d'autres présumaient que j'allais accepter un poste très bien payé à l'université, d'autres encore croyaient que je voulais partir en Amérique. La plupart disaient simplement : « Quoi que fasse Xinran, on peut être sûr que ce sera dans l'air du temps. » Être considérée comme une femme à la mode qui lance les tendances peut sembler un sort enviable, mais je connaissais beaucoup de gens qui avaient souffert de ce genre de popularité.

La mode en Chine a toujours été de nature politique. Dans les années 1950, c'était la mode d'adopter le style de vie de l'URSS communiste. On scandait des slogans politiques tels que « rattraper l'Amérique et dépasser l'Angleterre en vingt ans ! » et on suivait à la lettre les dernières directives du président Mao. Pendant la Révolution culturelle, la mode était de se rendre à la campagne pour y être « rééduqué ». L'humanité et la sagesse étaient bannies dans des lieux où l'on ignorait qu'il y avait au monde des femmes qui pouvaient dire « non » et des hommes lire les journaux.

Dans les années quatre-vingt, après l'ouverture du pays à l'économie de marché, c'est devenu la mode d'entrer dans les affaires. En peu de temps, le titre de « directeur commercial » est apparu sur toutes les cartes de visite ; on disait : « Sur un milliard de gens, quatre-vingt-dix millions sont dans les affaires, et les dix millions restants attendent de pouvoir y entrer. »

Les Chinois n'ont jamais suivi une tendance par choix – ils y ont toujours été contraints par la politique. Dans mes entretiens avec les Chinoises en particulier, j'ai découvert que bien des femmes prétendument « à la mode » ont été obligées d'endosser ce rôle, puis qu'elles ont été persécutées pour la mode qu'elles avaient incarnée. Les Chinois disent que les femmes fortes sont à la mode ces temps-ci, mais les femmes pensent que « derrière chaque femme qui réussit, il y a un homme qui la fait souffrir ».

J'ai interviewé un jour une femme d'affaires célèbre qui vivait sous l'œil du public. Elle avait la réputation d'initier de nouvelles tendances et j'avais lu de nombreux articles sur elle dans les journaux. J'étais curieuse de savoir comment elle s'accommodait de cette image flatteuse, et comment elle en était venue à une telle popularité.

Zhou Ting avait réservé pour notre entretien une salle privée dans un restaurant quatre étoiles – pour s'assurer que nous ne serions pas dérangées, m'a-t-elle dit. Au premier abord, elle m'a donné l'impression de jouir de son statut de femme à la mode. Elle portait des vêtements élégants, chers, cachemire et soie, et beaucoup de bijoux étincelaient et cliquetaient avec ses mouvements. Ses mains étaient chargées de bagues. On m'avait dit qu'elle organisait des dîners dispendieux dans les grands hôtels et qu'elle changeait de voiture aussi souvent que de vêtements. Elle était directrice générale des ventes de produits diététiques pour plusieurs grosses entreprises. Mais sous cette façade à la page se cachait une femme très différente.

Au début de notre entretien, Zhou Ting a déclaré à plusieurs reprises que cela faisait longtemps qu'elle n'avait pas eu l'occasion d'exprimer ses vrais sentiments. Je lui ai dit que je demandais toujours aux femmes de me raconter leur vraie histoire, que la vérité est l'âme d'une femme. Elle m'a jeté un regard inquisiteur et répliqué que la vérité n'était jamais « à la mode ».

Pendant la Révolution culturelle, la mère de Zhou Ting, enseignante, avait dû suivre des cours d'éducation politique. Son père avait été autorisé à rester à la maison : il avait une tumeur des glandes surrénales et il avait à peine la force de soulever ses baguettes pour manger. L'un des gardes rouges a dit plus tard qu'ils avaient jugé que s'occuper de lui ne valait pas la peine. Sa mère est restée en prison plusieurs années.

Dès son entrée à l'école primaire, Zhou Ting avait été persécutée à cause de ses origines familiales. Parfois, ses camarades de classe la battaient jusqu'au sang, parfois ils lui entaillaient cruellement les bras. Mais ces souffrances n'étaient rien en comparaison de la terreur qu'elle ressentait à l'idée d'être soumise à un interrogatoire sur sa mère par les travailleurs, les équipes de propagande et les groupes politiques qui occupaient l'école, et la pinçaient ou lui tapaient sur la tête quand elle restait muette. Elle avait tellement peur d'être interrogée qu'une ombre passant devant la fenêtre de la classe suffisait à la faire trembler.

A la fin de la Révolution culturelle, on a décrété que la mère de Zhou Ting était innocente et qu'on l'avait accusée à tort d'être une contre-révolutionnaire. Mère et fille avaient souffert inutilement pendant dix ans. Le père de Zhou Ting n'avait pas échappé aux mauvais traitements non plus ; les gardes rouges avaient investi sa chambre d'hôpital et l'avaient harcelé jusqu'à ce qu'il en meure.

— Encore maintenant, il m'arrive souvent de m'éveiller en sursaut de cauchemars où l'on me bat comme lorsque j'étais enfant, a dit Zhou Ting.

— Vous étiez la seule dans ce cas dans votre école ? ai-je demandé.

Le soleil entrait à flots dans la pièce, et Zhou Ting a tiré le rideau pour nous protéger de son éclat.

— Oui, j'attirais l'attention ; je me souviens de mes camarades de classe parlant avec animation d'aller à l'université pour voir comment on persécutait ma mère ou écoutant à la porte quand l'équipe politique m'interrogeait.

— Et depuis, dans votre vie, vous vous êtes distinguée pour des raisons différentes.

— Oui, a répondu Zhou Ting. D'abord ma mère, ensuite les hommes autour de moi ont fait en sorte que les gens se sont toujours intéressés à moi.

— Dans votre vie professionnelle ou privée ?

— Surtout dans ma vie privée.

— Certains disent que les femmes traditionnelles ne peuvent pas comprendre les sentiments modernes, et que les femmes modernes ne peuvent pas être chastes ou fidèles. Laquelle de ces deux voies, selon vous, a été la vôtre ?

Zhou Ting tripotait ses bagues. J'ai remarqué qu'elle ne portait pas d'alliance.

— Je suis très traditionnelle de nature, mais, comme vous le savez, on m'a forcée à renoncer à mon mariage.

On m'avait un jour invitée à un débat où elle avait fait des propositions en faveur du divorce, mais je ne savais rien de son expérience personnelle hormis ce que j'avais lu dans les journaux.

— Mon premier mariage – en fait, il n'y a eu qu'un seul mariage – ressemblait à beaucoup d'autres en Chine. Des amis m'ont présentée à l'homme qui est devenu mon mari par la suite. J'habitais Ma'anshan et lui Nankin, et nous ne nous rencontrions qu'une fois par semaine. Cela a été une période idyllique : ma mère avait été relâchée ; j'avais un travail et un fiancé. Quand les gens me pressaient de prendre le temps de vivre et de faire des expériences avant de me décider, je n'écoutais pas, leurs sermons ressemblaient trop à ceux des travailleurs politiques qui m'avaient interrogée pendant la Révolution culturelle. Mon ami et moi nous allions nous marier quand il a eu un accident sur son lieu de travail, et a perdu tous les doigts de la main droite. Mes amis et ma famille m'ont dit d'y réfléchir à deux fois avant de l'épouser ; il était infirme, et nous allions avoir beaucoup de problèmes. Mais j'ai pris sa défense, je citais des histoires d'amour célèbres, anciennes et contemporaines, chinoises et étrangères, en disant à tout le monde : « L'amour est inconditionnel, c'est une sorte de sacrifice. Quand on aime quelqu'un, on ne peut pas l'abandonner dans le malheur. » J'ai quitté mon travail et emménagé à Nankin pour l'épouser.

Cette décision de Zhou Ting forçait ma sympathie.

— Votre entourage a jugé que votre conduite était inconsidérée, mais vous, vous avez dû en éprouver de la fierté, et cela a dû aussi vous rendre très heureuse, ai-je dit.

Zhou Ting a hoché la tête.

— Oui, vous avez tout à fait raison, j'étais très heureuse alors. Je n'avais pas peur d'épouser un infirme. Je me sentais comme une héroïne de roman.

Elle a ouvert le rideau, et un faible rayon de soleil s'est faufilé, éclairant sa nuque et faisant étinceler son collier puis se réfractant sur le mur.

— Quand nous avons commencé à vivre ensemble, tout a changé. Les responsables de l'unité de travail de mon mari à la mine de fer de Meishan à Nankin avaient promis de me procurer un bon travail à l'hôpital pour nous aider après notre mariage, mais ils ne m'ont donné qu'un poste de surveillante dans une école primaire. Et ils se sont servis du fait que je n'avais pas encore de certificat de travail comme excuse pour me refuser une promotion ou une augmentation de salaire cette année-là. Je ne m'étais pas attendue à ce que ces dignes et respectables dirigeants ne tiennent pas leur promesse.

« Mais ce n'était pas mon nouveau travail le problème le plus grave. Je me suis vite aperçue que mon mari était un incorrigible coureur de jupons. Il couchait avec n'importe quelle femme qui voulait bien de lui, des femmes qui avaient des dizaines d'années de plus que lui aussi bien que des jeunes filles. Même des traînées mal peignées au visage malpropre. J'étais effondrée. Quand j'étais enceinte, il passait la nuit dehors et trouvait toutes sortes d'excuses en rentrant, mais il finissait toujours par se trahir.

« J'ai menacé de partir, et il a accepté de changer de comportement. Mais peu de temps après, il m'a dit qu'il allait devoir travailler tard de temps à autre. Un de ses collègues est venu le voir un soir, je lui ai dit qu'il faisait des heures supplémentaires. Il m'a dit que ce n'était pas vrai.

« J'ai compris alors que mon mari avait recommencé. J'étais furieuse. J'ai demandé à la voisine de s'occuper de mon fils, et je me suis précipitée chez la femme avec qui il avait une liaison avant. Devant chez elle, j'ai vu la bicyclette de mon mari contre la grille. Je tremblais de colère en cognant à la porte. J'ai attendu longtemps et j'ai frappé encore et encore jusqu'à ce qu'une femme, les vêtements en désordre, finisse par ouvrir une porte latérale et crie : "Qui est-ce, pourquoi faites-vous tout ce boucan à cette heure de la nuit ?" Puis elle m'a reconnue et a bredouillé :

« — Vous ? Que faites-vous ici ? Il... il n'est pas avec moi.

« — Je ne suis pas venue le chercher, je suis venue vous voir, vous !

« — Moi ? Qu'est-ce que vous me voulez ? Je n'ai rien fait pour vous offenser.

« — Je peux entrer vous parler ?

« — Non, ça ne m'arrange pas.

« — Bien, on peut parler sur le pas de la porte. Je veux seulement vous dire de ne pas continuer à voir mon mari. Il a une famille.

« La femme s'est exclamée :

« — C'est votre mari qui accourt chez moi tous les jours, moi je ne suis jamais allée chez vous !

« — Est-ce que vous essayez de me dire que vous ne refusez pas de le recevoir ? Il...

« Trempée de sueur froide, je me suis interrompue. Je n'étais pas habituée à ce genre de confrontation.

« — Vous voulez rire, s'est moquée la femme. Vous n'êtes pas fichue de garder un homme et vous me reprochez à moi de ne pas fermer ma porte ?

« — Vous ? Vous... La colère me rendait muette.

« — Moi ? Quoi, moi ? Si vous n'avez pas ce qu'il faut, ne venez pas miauler comme une chatte en chaleur. Vous feriez comme moi, si vous saviez vous y prendre !

306

« Elle parlait comme une vulgaire prostituée alors que c'était une femme instruite, un médecin.

« Sur ce, mon mari est apparu, fermant la braguette de son pantalon. "Pourquoi vous disputez-vous, chiennes jalouses ? Je vais vous montrer ce qu'est un homme !" Avant que j'aie eu le temps de réagir, il avait attrapé une canne de bambou et s'était mis à m'en donner des coups. Sa maîtresse hurlait : "Ça fait longtemps que tu aurais dû lui donner une leçon !"

« J'ai ressenti une vive douleur à l'épaule gauche. Il était maladroit à cause de sa main infirme, et j'ai réussi à éviter les autres coups.

« De nombreuses personnes de l'immeuble, attirées par le bruit, étaient sorties de chez elles. Impassibles, elles regardaient mon mari me pourchasser et me battre tandis que sa maîtresse hurlait des injures. Quand la police a fini par arriver, j'étais couverte de coupures et de bleus, et j'ai entendu une vieille femme dire : "De quoi ils se mêlent ces chiens jaunes (la police), à fourrer leur nez dans les affaires des gens !"

« A l'hôpital, le médecin a extrait vingt-deux éclats de bambou de mon corps. L'infirmière était si scandalisée par ce qui m'était arrivé qu'elle a envoyé une lettre au journal municipal. Deux jours plus tard, une photographie de moi couverte de pansements est parue dans le journal, accompagnée d'un article sur le respect dû aux femmes. De nombreuses personnes, surtout des femmes bien sûr, sont venues me rendre visite à l'hôpital, avec des cadeaux de nourriture. Je n'ai lu cet article que des semaines plus tard. J'y étais à tort décrite comme une épouse maltraitée depuis longtemps. Je ne savais pas si on avait exagéré mon état parce qu'on m'avait prise en pitié, ou si on avait voulu se venger au nom de toutes les femmes maltraitées en mettant mon mari au banc des accusés.

— Vous avez demandé une rectification ?

— Non, j'étais désemparée, je ne savais pas que faire. C'était la première fois de ma vie que je me trouvais dans le journal. D'ailleurs, au fond de moi, j'éprouvais de la reconnaissance pour cet article. Si on s'était contenté de penser que mon mari « mettait de l'ordre dans sa maison », comment les choses pourraient-elles jamais s'améliorer pour les femmes ?

Un homme qui bat sa femme ou maltraite ses enfants, pour de nombreux Chinois, « met de l'ordre dans sa maison ». Les paysannes âgées, surtout, tolèrent ces pratiques. Ayant vécu sous la maxime chinoise, « une épouse amère endure jusqu'à ce qu'elle devienne belle-mère », elles sont d'avis que toutes les femmes devraient subir le même sort. C'est pour cette raison que les gens qui avaient vu son mari battre Zhou Ting ne s'étaient pas interposés pour lui porter secours.

Zhou Ting a poussé un soupir.

— Parfois, je pense que je ne m'en suis pas si mal tirée. Dans l'ancien temps, il ne faisait pas bon être une femme. Je ne serais pas allée à l'école, et je n'aurais eu pour toute nourriture que le riz que me laissait mon mari.

— Vous vous consolez facilement, ai-je dit en pensant à part moi que bien des Chinoises se consolaient avec ce genre de réflexions.

— Mon mari dit que trop de savoir m'a gâtée.

— Il n'a pas trouvé ça tout seul. C'est Confucius qui dit que le manque de talent chez une femme est une vertu. J'ai marqué une pause, puis lui ai demandé : Par la suite, vous n'êtes pas apparue dans les journaux pour tentative de meurtre ?

— Oui, je crois. Les journaux m'ont fait passer pour la méchante de l'histoire et m'ont enseigné la puissance des médias. Depuis, personne ne me croit quand je raconte ce qui s'est réellement passé. Ils pensent tous que ce qui est imprimé dans le journal c'est la vérité.

— Ainsi, selon vous, ce n'est pas la vérité ? l'ai-je encouragée à poursuivre.

Zhou Ting montrait des signes de nervosité.

— Je crois au châtiment divin – que je sois frappée par la foudre si je mens !

— Je vous en prie, ne vous croyez pas obligée de jurer ainsi, ai-je dit d'une voix apaisante. Je ne serais pas ici avec vous si je n'avais pas envie d'entendre votre version de l'histoire.

Amadouée, Zhou Ting a repris :

— J'ai demandé le divorce, mais mon mari m'a suppliée de lui laisser une dernière chance, en disant qu'il ne pouvait survivre sans moi avec son infirmité. J'étais déchirée ; après m'avoir battue si violemment, je ne croyais pas qu'il pourrait changer, mais j'avais peur qu'effectivement il ne puisse survivre sans moi. Avoir des liaisons, c'est une chose, mais ses maîtresses étaient-elles prêtes à lui rester fidèles à travers les épreuves ?

« Mais un jour, à mon retour du travail, j'ai trouvé mon mari et une femme ensemble à moitié nus. Le sang m'est monté d'un coup à la tête, et j'ai hurlé : "Quelle femme êtes-vous donc pour venir vous prostituer dans ma propre maison ? Sortez !"

« J'ai hurlé et l'ai injuriée comme une folle. La femme est allée en trébuchant dans ma chambre et a rassemblé ses vêtements épars sur mon lit. J'ai attrapé un couteau dans la cuisine et j'ai dit à mon mari : "Quelle sorte d'homme es-tu donc ?"

« Il m'a donné un coup de pied dans l'entrejambe. Hors de moi, j'ai lancé le couteau dans sa direction, mais il l'a évité puis est resté immobile un instant à me regarder fixement, choqué que j'aie osé l'attaquer. Je tremblais de fureur, j'avais du mal à parler ; j'ai bredouillé : "Toi… vous deux… que… faites-vous… ? Si tu ne t'amendes pas… l'un de nous deux mourra ici !"

« J'avais attrapé une ceinture de cuir qui pendait à la porte. En parlant, j'ai abaissé le bras pour les fouetter comme une furie, mais ils se sont écartés. Quand je me suis tournée pour frapper mon mari, la femme s'est glissée hors de la maison. Je l'ai poursuivie tout le long du chemin jusqu'au commissariat, la fouettant avec la ceinture pendant qu'elle criait qu'elle ne coucherait plus jamais avec mon mari. Dès qu'elle a franchi la grille du commissariat, elle s'est précipitée dans la pièce de garde en criant : "Au secours, on m'attaque !"

« J'ignorais que cette femme était parente d'un des policiers du poste, et qu'un de ses amants y travaillait aussi. Quand un policier s'est jeté sur moi et m'a tordu le bras par-derrière, j'ai hurlé : "Vous vous méprenez totalement !" Il a braillé : "Ta gueule !"

« — Je vous dis que vous vous trompez. Cette femme a commis l'adultère avec mon mari chez moi, vous entendez ?

« Je me débattais. Il a crié : "Quoi ?" Les autres policiers qui s'étaient rassemblés autour de nous étaient stupéfaits. Comme vous le savez, les relations sexuelles hors mariage étaient un crime sérieux alors. Cela pouvait vous valoir une peine d'emprisonnement de plus de trois ans.

« Le policier m'a lâché le bras. Il a demandé :

« — Quelle preuve avez-vous ?

« J'ai demandé, ne doutant pas un instant d'en trouver :

« — Si je vous apporte des preuves, qu'allez-vous lui faire ?

« Il n'a pas répondu directement à ma question.

« — Si vous ne pouvez fournir de preuves, nous allons vous garder pour accusation mensongère et violences.

« Il n'y avait pas de procédures légales dignes de ce nom alors. Quand j'y repense maintenant, je me demande si ces policiers comprenaient quoi que ce soit à la loi. J'ai rétorqué :

« — Donnez-moi trois heures. Si je ne peux pas vous fournir de preuves, vous pourrez faire votre devoir et m'enfermer.

« L'un des policiers plus âgés, peut-être le chef du commissariat, a répliqué :

« — Entendu, nous allons envoyer quelqu'un avec vous chercher les preuves.

« Mon mari était assis sur le canapé en train de fumer une cigarette quand je suis arrivée à la maison avec le policier. Il avait l'air surpris, mais sans faire attention à lui, je me suis rendue directement dans la chambre, puis dans les toilettes, mais sans rien trouver de compromettant. Pour finir, j'ai ouvert la poubelle de la cuisine et j'ai vu une culotte de femme, l'entrejambe humide de sperme.

« Le policier m'a jeté un regard et a hoché la tête. Mon mari, qui m'avait regardée fouiller anxieusement, a pâli et bredouillé : "Tu… qu'est-ce que tu fais ?" J'ai répondu d'une voix décidée : "Je vais vous dénoncer tous les deux." Il a dit : "Mais tu vas me perdre !" J'ai rétorqué : "Tu en as assez fait pour me perdre moi !" puis, la preuve en main, je suis partie avec le policier.

« Au commissariat, un des officiers de police a dit qu'il voulait discuter avec moi et m'a prise à part. Cela m'a surprise.

« — Discuter ? De quoi voulez-vous discuter avec moi ?

« — Eh bien, la femme que vous accusez d'adultère est la belle-sœur du chef du commissariat. Si ça venait à se savoir, ce serait très mauvais pour lui. Son mari nous a aussi priés de trouver un arrangement avec vous. Il dit que sa femme est nymphomane et que leur fille vient juste d'avoir quatorze ans ; si nous emprisonnons la femme, sa famille va se trouver dans une position difficile.

« — Et ma famille à moi, que va-t-elle devenir ? Je m'impatientais.

« — Vous êtes en instance de divorce, non ? C'est très difficile d'obtenir le divorce ; il va vous falloir patienter au moins trois ans. Nous pouvons trouver quelqu'un qui plaidera votre cause devant le juge, et se portera même témoin pour vous si vous le désirez, pour accélérer le procès.

« J'ai compris où il voulait en venir. J'ai demandé :

« — Quelle sorte de témoignage ?

« — Nous pouvons affirmer que votre mari avait des liaisons extraconjugales.

« — Quelle preuve fournirez-vous ? (Je pensais au sac que j'avais à la main.)

« — Eh bien, les ragots sur votre mari vont bon train de toute façon. Nous pouvons affirmer que ce qu'on raconte sur lui est vrai.

« — Inutile de fabriquer une histoire. Voici la preuve pour ce soir.

« Naïvement, je lui ai tendu le sous-vêtement souillé sans demander de reçu ni insister pour que notre accord soit enregistré, signé et classé. Je voulais seulement en finir le plus vite possible avec toute cette histoire.

« Dans le procès de divorce qui a eu lieu deux semaines plus tard, j'ai déclaré que le commissariat de police se portait témoin pour moi. Le juge a déclaré alors : "Selon notre enquête, le commissariat en question ne possède aucun document traitant d'une affaire vous concernant." Comment la police du peuple peut-elle escroquer les gens d'une façon aussi éhontée ?

Le manque de scrupules de la police ne m'a pas surprise, mais j'ai demandé :

— Vous avez fait une réclamation ?

— Une réclamation ? A qui ? Avant que je me décide à retourner au commissariat pour les supplier de se porter témoin pour moi, le journal local avait publié un papier intitulé « La revanche d'une femme ». On m'y caricaturait comme une femme violente dont le mari avait demandé le divorce. L'article a été repris par d'autres journaux et à chaque nouvelle parution, le portrait avait été retouché ; j'ai fini par devenir une folle ricanant dans une mare de sang !

J'avais honte de mes collègues journalistes qui avaient déformé l'histoire de Zhou Ting à ce point.

— Comment avez-vous réagi ?

— Ce n'était qu'une chose de plus à affronter alors. Mon couple était détruit, et je vivais avec ma mère à l'époque.

— Qu'est-il advenu de votre ancien appartement ?

Je connaissais la réponse ; dans les unités de travail régies par l'Etat, presque tout ce qui était alloué à une famille l'était au nom de l'homme.

— L'unité de travail a dit que l'appartement était au nom de mon mari et qu'il lui appartenait.

— Où est-ce que l'unité de travail pensait que vous alliez vivre ?

Les femmes divorcées étaient traitées comme des quantités négligeables.

— Ils m'ont dit qu'il fallait que je trouve un endroit où loger en attendant la prochaine fournée d'attribution de logements.

Je savais qu'en termes administratifs, la « prochaine fournée » pouvait prendre des années à se matérialiser.

— Et combien de temps vous a-t-il fallu attendre avant qu'on vous attribue un nouveau logement ?

Zhou Ting a lancé avec une rage moqueuse :

— J'attends toujours neuf ans plus tard.

— Ils n'ont absolument rien fait pour vous ?

— Presque rien. Je suis allée voir la présidente du syndicat, une femme d'environ cinquante ans, pour lui demander de l'aide. Elle m'a dit d'une voix gentille : « C'est facile pour une femme. Il vous suffit de trouver un autre homme avec un appartement et vous aurez tout ce qu'il vous faut. »

Je n'arrivais pas à comprendre la vision du monde du cadre du Parti qui avait pu dire ce genre de chose.

— La présidente du syndicat a dit ça ?

— C'est ce qu'elle m'a dit, mot pour mot.

Je pensais commencer à comprendre Zhou Ting un peu mieux ; je m'attendais à ce qu'elle dise non, mais je lui ai quand même demandé :

— Et vous n'avez jamais envisagé de porter plainte contre la façon dont les médias vous ont traitée ?

— Eh bien, à vrai dire, j'ai quand même fini par faire quelque chose. J'ai téléphoné au bureau du journal, mais ils ne m'ont pas écoutée, alors je me suis plainte directement au rédacteur en chef. A moitié sur le ton de la plaisanterie, à moitié de la menace, il m'a dit : « Zhou Ting, tout ça c'est du passé maintenant ; si vous ne soulevez pas le problème, personne n'y pensera plus. Vous voulez qu'on parle de vous de nouveau ? Vous voulez tout le journal pour vous cette fois ? » Je n'avais pas envie de m'exposer à de nouveaux désagréments, alors j'ai accepté de laisser tomber l'affaire.

— C'était généreux de votre part, ai-je dit.

— Oui, certains de mes amis disent que j'ai « des couteaux dans la bouche et du doufu dans le cœur ». A quoi bon ? Combien de gens savent voir votre cœur sous les mots ?

Elle a marqué une pause avant de reprendre :

— Je ne suis pas vraiment sûre de comprendre pourquoi je me suis retrouvée à la une des journaux la troisième fois ; je suppose que c'est à cause de l'amour. Il y avait un jeune professeur dans mon unité de travail qui s'appelait Wei Hai. Il n'était pas de la région et logeait au dortoir de l'école. Mon jugement de divorce passait au tribunal à l'époque. Je ne supportais plus la vue de mon mari et j'avais peur qu'il me batte, aussi je restais parfois au bureau après le travail, à lire des magazines. Wei Hai venait souvent s'asseoir dans le bureau des professeurs pour lire les journaux. Un jour, il m'a attrapé la main et m'a dit : « Zhou Ting, arrêtez de souffrir ainsi. Laissez-moi vous rendre heureuse ! » Des larmes brillaient dans ses yeux ; je n'oublierai jamais ce moment.

« Je n'étais pas encore divorcée, mais ce n'était pas la seule chose qui me préoccupait et me faisait craindre une relation avec Wei Hai. Il avait presque neuf ans de moins que moi ; les femmes vieillissent si vite… nous allions être en butte à tant de ragots ; cela m'effrayait. Vous savez ce qu'on dit : "Il faut craindre les paroles des hommes" – eh bien, les paroles peuvent tuer, dit Zhou Ting avec véhémence.

« Quand mon divorce a fini par être prononcé, j'étais déjà affublée de l'étiquette de "mauvaise femme". Heureusement, nous étions au début de la période de réforme économique. Tout le monde était occupé à courir après l'argent et ils avaient moins le temps de fourrer leur nez dans la vie privée des autres. Wei Hai et moi avons décidé de vivre ensemble. J'étais si heureuse avec lui, il m'est même devenu plus cher que mon propre fils.

Ce qui n'était pas peu dire, ai-je pensé, à en juger par l'esprit traditionnel chinois qui place les fils au-dessus de tout.

— Après une année de vie commune, un représentant du syndicat et un administrateur de mon unité de travail sont venus nous demander d'obtenir un certificat de mariage le plus vite possible. Bien que la Chine ait commencé à s'ouvrir, le concubinage était encore considéré comme « une offense à la décence publique », surtout par les femmes. Mais le bonheur et la force que notre vie commune m'avait donnés dépassaient de loin la peur de l'opinion des autres. Pour nous, le mariage n'était qu'une question de temps. Après la visite des fonctionnaires, nous avons décidé de demander à nos unités de travail respectives de nous fournir un certificat pour la semaine suivante, pour que nous puissions faire enregistrer notre mariage. Comme nous vivions ensemble depuis plus d'un an déjà, nous n'avons pas fêté l'événement ni éprouvé d'émotion particulière.

« Le lundi soir suivant, j'ai demandé à Wei Hai s'il avait son certificat. Il m'a dit que non. Je ne m'étais pas occupée du mien non plus parce que j'avais eu trop à faire, alors nous avons décidé d'obtenir nos certificats avant le mercredi. Le mercredi matin, j'ai téléphoné à Wei Hai pour lui dire que j'avais le mien, et je lui ai demandé s'il avait le sien. Pas de problème, a-t-il dit. Vers trois heures environ, il m'a téléphoné pour me dire que ma mère voulait que j'aille la voir à Ma'anshan. Il ne m'a pas expliqué pourquoi. J'ai immédiatement pensé que quelque chose lui était arrivé, j'ai demandé la permission de partir tôt, et à quatre heures et demie, j'étais à la station de bus. Quand je suis arrivée chez ma mère une heure plus tard, hors d'haleine et rongée d'inquiétude, elle m'a demandé, surprise : "Qu'y a-t-il ? Wei Hai m'a téléphoné pour me dire qu'il venait à Ma'anshan et il m'a demandé de ne pas sortir. Qu'est-ce qui se passe avec vous deux ?" J'ai répondu, confuse : "Je ne

comprends pas." Sans réfléchir plus avant, j'ai laissé
ma mère et je suis partie en hâte à la station de bus à
la rencontre de Wei Hai. Plus d'un an ensemble
n'avait pas terni la fraîcheur du premier élan de
l'amour. A l'époque, je supportais mal d'être séparée
de lui ; le quitter pour partir travailler était pénible et
j'attendais chaque soir avec impatience son retour.
J'étais entichée de lui ; je vivais dans une sorte de
transe.

 « A environ huit heures et demie ce soir-là, Wei
Hai n'était toujours pas à la gare des bus. J'étais folle
d'anxiété. Je demandais aux chauffeurs de tous les
bus qui arrivaient s'il y avait eu des accidents ou des
pannes sur la route, si tous les bus prévus sur l'horaire
fonctionnaient. Leurs réponses étaient rassurantes :
rien d'extraordinaire n'était arrivé. A neuf heures passées, je n'en pouvais plus d'attendre, alors je suis
montée dans un bus qui rentrait à Nankin pour voir si
Wei Hai n'était pas à la maison, malade. Je n'osais
pas penser à ce qui avait pu arriver d'autre. A la pensée que Wei Hai pouvait se trouver dans un bus pour
Ma'anshan alors que je voyageais dans le sens
contraire, j'ai allumé une torche que j'avais avec moi
et je l'ai braquée à la fenêtre, en m'efforçant de distinguer les véhicules qu'on croisait. En fait, je ne
voyais pas grand-chose, mais cela me réconfortait
d'essayer. Au bout d'un moment, la police a fait arrêter notre bus sur le bas-côté. Le policier qui est monté
a dit que quelqu'un dans le bus semblait envoyer des
signaux avec une torche, et ils voulaient que tous les
passagers descendent pour être fouillés. Je me suis
avancée et j'ai expliqué que j'avais utilisé la torche
parce que j'avais peur que mon mari ait pris le mauvais

bus. Le policier furieux nous a laissés repartir, et tous les autres passagers m'ont injuriée pour le retard que j'avais causé. Cela m'était indifférent ; je me suis excusée et j'ai continué à regarder par la fenêtre.

« On habitait pas loin de la station de bus ; en approchant de notre appartement, j'ai vu de la lumière aux fenêtres, et le poids sur mon cœur s'est allégé. Mais les deux portes étaient fermées à clef, ce qui était étrange : la porte intérieure n'était pas fermée d'habitude quand il y avait quelqu'un à l'intérieur. Une vague de terreur m'a submergée quand j'ai vu que l'appartement était vide. Instinctivement, j'ai ouvert le placard de la chambre. Tout mon corps s'est glacé : les vêtements de Wei Hai avaient disparu. Il était parti.

— Wei Hai était parti ? Il avait quitté la maison ?

La lèvre inférieure de Zhou Ting tremblait.

— Oui, il était parti. Il avait emporté toutes ses affaires. Juste après avoir décidé de nous marier, il est parti.

J'avais de la peine pour elle.

— Est-ce qu'il a laissé un mot, une lettre d'explication, quelque chose ?

— Pas le moindre mot, a-t-elle dit en levant le menton pour empêcher une larme de tomber.

— Oh, Zhou Ting ! me suis-je exclamée, ne sachant quoi ajouter d'autre.

La larme a fini par tomber.

— Je me suis effondrée. Je ne sais pas combien de temps je suis restée sur le sol, à trembler de tous mes membres. Quand j'ai entendu des bruits de pas dehors, un dernier fil d'espoir m'a fait me relever. Le cousin de Wei Hai était sur le seuil. Il lui avait demandé de me rapporter les clefs. Sans ouvrir, j'ai répondu qu'il était tard, que ce n'était pas le moment, que nous en parlerions le lendemain. Il n'avait pas le choix, il est parti.

« J'ai fermé soigneusement toutes les fenêtres et les portes, j'ai ouvert le robinet du gaz, je me suis assise et j'ai commencé à enregistrer une bande. Je voulais demander pardon à ma mère de ne pouvoir la rembourser de la dette que j'avais envers elle pour m'avoir élevée ; je voulais dire à mon fils que je regrettais de ne pas pouvoir remplir mon devoir de mère envers lui ; je n'avais pas le cœur ou la force de continuer à vivre. Je n'avais pas l'intention de laisser de message à Wei Hai, pensant que mon âme exprimerait mon amour et ma douleur dans le monde d'en bas. J'avais l'impression que ma tête et mon corps allaient exploser, et je pouvais à peine tenir debout quand j'ai entendu des voix devant la fenêtre :

« — Ting, ouvre, ta mère t'attend !

« — Ne fais pas de bêtise, tu es adulte maintenant. Quelle importance ça a, un homme ? Le monde est plein d'hommes qui en valent la peine !

« — Ne craque surtout pas d'allumette !

« — Vite… cette fenêtre est assez grande… cassez-la… vite.

« Je ne sais pas ce qui est arrivé après cela. L'image suivante, c'est ma mère qui me tient la main en pleurant. Quand elle m'a vue ouvrir les yeux, elle sanglotait si fort qu'elle ne pouvait pas parler. Par la suite, elle m'a raconté que j'étais restée sans connaissance pendant plus de deux jours.

« Mais moi seule savais que je n'étais pas revenue à moi ; mon cœur était toujours dans le coma. Je suis restée dix-huit jours à l'hôpital. Quand je suis sortie, je pesais moins de trente-huit kilos.

— Combien de temps vous a-t-il fallu pour oublier cette douleur ?

Ma question était stupide ; pour Zhou Ting, oublier sa douleur était impossible. Elle s'est essuyé les yeux.

— Pendant deux ans, j'ai très mal dormi. J'ai contracté une étrange allergie : la vue d'un homme, n'importe lequel, me rendait malade. Si un homme m'effleurait dans le bus, je me frottais avec du savon dès mon retour à la maison. Ça a duré pendant presque trois ans. Je n'ai pas supporté de rester dans mon ancienne unité de travail après le départ de Wei Hai, alors j'ai démissionné. C'était très difficile de quitter un emploi à l'époque, mais je n'avais plus rien à perdre. J'ai accepté une offre dans une entreprise commerciale. Grâce à mes compétences et à un certain don pour les affaires, je suis vite devenue une représentante très appréciée dans l'industrie alimentaire. Plusieurs grandes firmes m'ont demandé de travailler pour elles, et j'ai pu acquérir de l'expérience dans différents endroits.

« L'argent n'était plus un problème pour moi alors. J'ai même commencé à devenir dépensière. Mais je n'avais toujours pas surmonté mon histoire avec Wei Hai.

Elle a fixé le plafond un long moment, comme si elle cherchait quelque chose, puis a fini par se tourner vers moi.

— A cause de ma réussite dans les affaires, les journaux se sont de nouveau intéressés à moi. Ils m'avaient surnommée « l'impératrice des ventes ».

On parlait de mes activités commerciales, et les journalistes trouvaient toutes sortes de prétextes pour m'interviewer. Mais j'avais appris à me protéger et à les repousser si nécessaire. Pas un seul article n'a abordé ma vie privée.

« J'ai rencontré le directeur d'une grande société de commerce de Shanghai, qui m'a fait la cour pour deux raisons. La première était que sa compagnie avait besoin de moi pour leur ouvrir le marché. La deuxième, qu'il ne s'était jamais marié parce qu'il était impuissant. En apprenant la haine que m'inspiraient les hommes qui me touchaient, il a cru que nous ferions un bon couple. Il a été très insistant et m'a offert un septième de son portefeuille d'actions comme cadeau de fiançailles. Cet arrangement me convenait : je n'étais plus obligée de travailler pour les autres, et j'avais un petit ami mais sans devoir affronter les tripatouillages. Un journal d'affaires de Shanghai a fait des pieds et des mains pour publier un article exclusif, intitulé "L'impératrice des ventes épouse un potentat de Shanghai. Un remaniement du marché est attendu." L'histoire a aussitôt été reprise par d'autres journaux.

— Le mariage aura lieu bientôt ? lui ai-je demandé avec l'espoir sincère que Zhou Ting trouve enfin sa place.

— Non, il a été annulé, a-t-elle répondu d'un ton affable, en faisant tourner la bague de son annulaire.

— Pourquoi ? Les médias s'en sont de nouveau mêlés ?

Je redoutais qu'une fois de plus les journalistes lui aient gâché la vie.

— Non, pas cette fois-ci. C'est la faute de Wei Hai qui est réapparu.

— Wei Hai est venu vous trouver ? J'étais indignée.

— Non, il s'est présenté pour suivre une des formations que j'anime pour les agents de vente dans la région. Mon cœur était resté stérile depuis si longtemps ; dès que j'ai posé les yeux sur lui, tous mes sentiments ont refait surface.

Elle a hoché la tête. Je n'ai pas réussi à dissimuler mon incrédulité quand je lui ai demandé :

— Vous l'aimez toujours ?

Zhou Ting n'a pas fait attention à mon ton.

— Oui. Quand je l'ai vu, j'ai tout de suite compris que je l'aimais encore aussi fort qu'avant.

— Et lui ? Il vous aime encore ? Autant… ?

— Je ne sais pas, et je n'ai pas envie de lui poser la question. J'ai peur de rouvrir de vieilles blessures. On dirait qu'il a perdu toute son énergie. Je n'ai pas retrouvé la flamme qui l'animait autrefois, quand il m'avait pris la main et demandé de vivre avec lui, mais il y a encore un petit quelque chose dans ses yeux que je désire, a-t-elle avoué avec satisfaction.

Incapable de cacher ma désapprobation, je me suis exclamée : « Vous êtes revenue avec lui ? » J'avais rencontré trop de femmes qui trouvaient toujours des excuses à l'homme de leur vie pour les chagrins qu'il leur avait causés.

— Oui. J'ai renvoyé ses actions à l'homme d'affaires de Shanghai, rompu mes fiançailles et loué un autre appartement avec Wei Hai. Nous sommes toujours ensemble.

La brièveté de la description de Zhou Ting ne me satisfaisait pas. Inquiète, j'ai insisté :

— Et vous êtes heureuse ?

323

— Je ne sais pas. Ni lui ni moi n'avons reparlé de sa disparition. Il y a des choses entre nous que je crois que nous ne serons jamais capables d'approfondir.

— Vous pensez que si vous étiez sans argent, il serait revenu ?

Sa réponse a été tout à fait catégorique.

— Non, il ne serait pas revenu.

J'étais abasourdie.

— Alors, s'il devait monter sa propre affaire un jour et devenir financièrement indépendant, vous croyez qu'il vous quitterait ?

— Oui, s'il pouvait s'en sortir tout seul, ou s'il rencontrait une autre femme qui a réussi, je suis convaincue qu'il s'en irait.

J'étais de plus en plus perplexe.

— Et que se passerait-il pour vous dans ce cas ?

— Pourquoi est-ce que je reste avec lui, c'est ça que vous voulez savoir ? a-t-elle demandé d'un ton provocant, les yeux emplis de larmes.

J'ai hoché la tête.

— A cause de la toute première déclaration qu'il m'a faite et du bonheur que j'ai connu avec lui ; ce sont mes souvenirs les plus heureux.

Pour moi, Zhou Ting ressemblait à n'importe quelle autre gourde qui restait avec un homme indigne d'elle. J'ai exprimé de nouveau ma désapprobation :

— Vous entretenez vos sentiments pour lui avec des souvenirs ?

— Oui, on peut dire ça. Les femmes sont vraiment pitoyables.

— Wei Hai sait ce que vous pensez ?

— Il a plus de quarante ans. Il a eu le temps

d'apprendre. (La lassitude que trahissait la réponse de Zhou Ting donnait à ma question un tour naïf.) Emotionnellement, les hommes ne seront jamais comme les femmes ; ils ne nous comprendront jamais. Les hommes sont comme les montagnes ; ils ne connaissent que le sol sous leurs pieds, et les arbres sur leurs pentes. Mais les femmes sont comme l'eau.

Je me souvenais que Jingyi, la femme qui avait attendu son amoureux pendant quarante-cinq ans, avait eu recours à la même analogie.

— Pourquoi les femmes sont-elles comme l'eau ?

— Tout le monde dit que les femmes sont comme l'eau. Je crois que c'est parce que l'eau est source de vie, l'eau se donne où qu'elle aille pour soutenir la vie, a dit Zhou Ting sur le ton de la réflexion. Si Wei Hai en a l'occasion, il ne restera pas dans un foyer où il est en position d'infériorité, rien que pour me faire plaisir.

— Oui, quand un homme est oisif, ou vit aux crochets d'une femme, le renversement des rôles est une garantie d'échec.

Zhou Ting a fait une pause.

— Vous avez vu les gros titres : « Une femme d'affaires coriace rejette un mariage de raison pour renouer avec son ancien béguin » ou quelque chose dans ce genre ? Dieu sait ce que les gens peuvent bien penser de moi depuis que les journaux en ont fait leurs choux gras. Les médias m'ont transformée en monstre : tentative de meurtre, adultère, voilà l'image qu'ils donnent de moi. Cela m'a isolée des autres femmes, et mes amis et ma famille me tiennent aussi à distance. Mais la notoriété m'a valu quelques bénéfices inattendus.

Zhou Ting a éclaté d'un rire amer.

— Vous voulez dire que votre travail en profite ?

— Oui. Tous ces potins sur moi font que les gens suivent mes options de vente parce qu'ils sont curieux.

Elle a écarté les doigts, exhibant les bagues qui ornaient ses mains.

— Ainsi votre vie personnelle a contribué à vos succès professionnels, ai-je commenté d'un ton rêveur, me désolant à l'idée que c'était ainsi que le succès venait aux femmes.

— On peut dire ça. Mais les gens ne savent pas le prix que j'ai dû payer pour en arriver là.

— Certains prétendent que les femmes doivent toujours sacrifier leurs émotions à la réussite.

— En Chine, c'est presque toujours le cas, a déclaré Zhou Ting, en choisissant précautionneusement ses mots.

— Si une femme vous demandait le secret de votre réussite, que lui répondriez-vous ?

— Tout d'abord, mettre de côté votre sensibilité féminine et laisser les médias s'ébahir sur votre différence. Deuxièmement, mettre votre cœur en lambeaux et créer une bonne histoire pour la presse. Puis utiliser vos cicatrices comme un argument commercial : les étaler ; raconter au public vos souffrances. Pendant que les gens s'extasient sur les épreuves que vous avez traversées, disposer vos produits sur les comptoirs et empocher l'argent.

— Oh, Zhou Ting ! Est-ce vraiment ainsi que ça se passe ?

— Oui. Du moins, à ce que j'en comprends, a-t-elle dit avec sérieux.

— Comment faites-vous alors pour supporter la vie ?

Une fois de plus, le courage des femmes m'émerveillait.

— Vous avez un cal sur la main ? Ou des cicatrices sur le corps ? Touchez-les : vous sentez quelque chose ?

Zhou Ting parlait avec douceur, mais ses paroles m'accablaient. Elle s'est levée pour partir.

— Je suis navrée, il est six heures et je dois me rendre dans plusieurs grands magasins pour vérifier leurs stocks d'approvisionnement. Merci de cette rencontre.

— Merci à vous. J'espère que l'amour adoucira les cals sur votre cœur.

Zhou Ting avait retrouvé son calme. D'une voix dure, elle a conclu :

— Non, merci à vous, mais mieux vaut être insensible que de souffrir.

Le soleil se couchait quand j'ai quitté le restaurant. J'ai pensé à la fraîcheur de l'aube et combien le soleil devait être las au bout d'une journée de travail. Le soleil dispense sa chaleur ; les femmes aiment : ils font la même expérience. Bien des gens croient que les Chinoises qui réussissent ne s'intéressent qu'à l'argent ; peu mesurent les souffrances qu'elles doivent traverser pour arriver là où elles sont.

15
Les femmes de Colline Hurlante

Une enquête menée en 1995 a révélé que, dans les zones prospères du pays, les quatre professions qui avaient l'espérance de vie la plus courte étaient les ouvriers d'usines chimiques, les chauffeurs routiers longue distance, les policiers et les journalistes. Les ouvriers et les camionneurs sont victimes d'une insuffisance de règles de sécurité adaptées à leur condition. Le sort des policiers chinois doit être un des plus durs du monde : avec un système judiciaire défectueux, dans une société où le pouvoir politique règne en maître absolu, les criminels qui ont des appuis influents se font une gloire de s'en tirer souvent indemnes, et certains se vengent par la suite sur les fonctionnaires impliqués. Les policiers sont pris entre ce qu'ils savent être le droit chemin et les ordres qu'ils reçoivent ; frustration, insécurité et mauvaise conscience expliquent le nombre de morts précoces. Mais pourquoi les journalistes, qui ont, de plus d'une façon, une vie privilégiée, partagent-ils le même sort ?

Les journalistes en Chine ont été témoins de nombre d'événements choquants, bouleversants. Toutefois, dans une société où les principes du Parti gouvernaient l'information, il leur était très difficile de montrer le vrai visage de ce dont ils avaient été témoins. Ils ont souvent été contraints de dire et d'écrire des choses avec lesquelles ils n'étaient pas d'accord.

Quand j'ai interviewé des femmes mariées contre leur gré pour des motifs politiques, quand j'ai vu les femmes lutter contre la pauvreté et des conditions de vie si pénibles qu'elles n'avaient pas même un bol de soupe ou un œuf à manger après un accouchement, ou entendu sur les répondeurs de mon émission ces femmes qui n'osaient dire à personne que leurs maris les battaient, j'ai souvent été dans l'impossibilité de les aider à cause du code de la radiodiffusion. Je ne pouvais que me désoler pour elles en privé.

Quand la Chine a commencé à s'ouvrir, ce fut comme si un enfant affamé dévorait tout ce qui lui tombait sous la main sans faire de distinction. Plus tard, alors que le monde découvrait une Chine rose de bonheur dans ses nouveaux atours, qui ne hurlait plus de faim, la communauté des journalistes a assisté, muette, aux convulsions de ce corps ravagé par les douleurs de l'indigestion. Mais c'était un corps dont le cerveau était stérile car le cerveau de la Chine n'avait pas encore développé les cellules nécessaires pour absorber la vérité et la liberté. Le divorce entre ce qu'ils savaient et ce qu'il leur était permis de dire mettait à rude épreuve la santé mentale et physique des journalistes.

C'est à cause de cette situation de divorce que j'ai décidé d'abandonner ma carrière de journaliste.

A son retour de la Conférence du Parti de l'automne 1996, le Vieux Chen m'a dit qu'ils allaient envoyer plusieurs délégations pour étudier les moyens d'alléger la pauvreté dans le nord-ouest et le sud-ouest de la Chine et d'autres régions économiquement retardées. Il y avait une pénurie de fonctionnaires qualifiés pour entreprendre ces voyages d'études, et le gouvernement recourait souvent à des journalistes d'expérience pour collecter les informations. Le Vieux Chen avait l'intention de participer à un groupe en partance pour la vieille base militaire de Yan'an pour voir comment les gens se débrouillaient maintenant là-bas. Selon le Vieux Chen, c'était une région que la Révolution avait oubliée.

J'ai pensé qu'il y avait là une excellente occasion d'approfondir ma connaissance de la vie des Chinoises et j'ai demandé à faire partie d'une de ces délégations. On m'a affectée à celle en charge du nord-ouest, mais, dans les faits, nous sommes partis à Xi'an en Chine centrale. Quand la plupart des Chinois parlent du « nord-ouest », ils se réfèrent en réalité à la Chine centrale car les déserts de l'ouest du pays ne figurent pas sur leur carte mentale.

En préparant mes bagages pour ce voyage, j'ai décidé de ne pas prendre la plupart des objets que j'emportais habituellement dans mes reportages. Il y avait deux raisons à cela. La première, c'était que nous allions devoir faire une longue marche dans la montagne et porter nos propres sacs. Je ne voulais pas charger mes collègues hommes d'un poids supplémentaire. La seconde raison était plus sérieuse : le plateau de lœss que nous allions traverser avait la réputation d'être très pauvre et je me voyais mal déployer tout mon petit confort devant ces gens. Ils ne connaissaient rien du monde au-delà de leur région, et peut-être n'avaient-ils même jamais connu le luxe d'avoir chaud et d'être bien nourri.

Nous nous sommes d'abord rendus à Xi'an, où le groupe s'est scindé en trois. Il y avait quatre autres personnes dans mon groupe – deux journalistes, un médecin et un guide du gouvernement régional. Nous étions tous très motivés ; bien que je ne pense pas que nous ayons hérité de l'itinéraire le plus ardu, la région que nous avons traversée était sûrement la plus pauvre. Il y a d'innombrables degrés de richesse et de pauvreté, qui se manifestent de différentes façons. Au fil de notre voyage, le paysage s'est graduellement épuré ; les grands bâtiments, le vacarme des voix humaines et les couleurs vives de la ville ont cédé la place aux maisons basses en brique ou aux huttes de boue, aux nuages de poussière et aux paysans en vêtements grisâtres, uniformes.

Plus avant dans notre voyage, les gens et les signes d'activité humaine se sont faits de plus en plus rares. Le plateau ininterrompu de limon jaune était balayé par de violents tourbillons de poussière, qui gênaient la vision en nous obligeant à plisser les yeux. La devise de notre mission était : « Aider les plus pauvres dans les endroits les plus pauvres. » L'extrême impliqué par le superlatif est difficile à définir. Chaque fois qu'on est confronté à une situation extrême, on ne peut pas dire avec certitude qu'il n'en existe pas une plus extrême encore. Cependant, à ce jour, je n'ai jamais été témoin d'une pauvreté comparable à celle que j'ai vue lors de ce voyage-là.

Quand, après avoir été ballottés pendant deux jours et demi dans une jeep de l'armée, le guide a fini par nous annoncer que nous étions arrivés, nous

avons tous cru qu'il se trompait. Nous n'avions pas
aperçu l'ombre d'un être humain, encore moins un
village dans le paysage environnant. La jeep avait ser-
penté par des collines arides et s'était arrêtée au pied
d'une colline assez haute. A y regarder de plus près,
nous avons distingué des habitations creusées dans le
flanc même de la colline. Le guide nous a affirmé que
c'était là l'endroit que nous voulions atteindre –
Colline Hurlante, un minuscule village qui ne figure
sur aucune carte – et il nous a appris que lui aussi,
c'était la première fois qu'il y venait. Cela m'a étonnée et je me suis demandé pourquoi ce village portait
un nom aussi étrange

Quelques villageois curieux avaient été attirés par
le ronflement de la jeep. Faisant cercle autour du
véhicule, ils se sont mis à faire toutes sortes de com-
mentaires, en l'appelant « le cheval qui boit de l'essence » ; ils se demandaient où avait bien pu
disparaître sa « queue » noire maintenant qu'il s'était
arrêté, et les enfants discutaient des façons de la trouver. Je voulais leur expliquer que la queue sortait du
pot d'échappement, mais les anciens du village sont
apparus pour nous accueillir et nous précéder dans
une maison troglodyte qui servait de lieu de réunion
communal.

Cette première rencontre a été suivie par des
échanges de salutations conventionnelles. Nous
avions du mal à nous comprendre à cause des différences régionales de vocabulaire et d'accent, et je n'ai
pas pu prêter beaucoup d'attention à ce qui nous
entourait. Nous avons eu droit à un banquet de bienvenue : quelques morceaux d'un pain plat de farine
blanche, un bol de gruau de blé très clair et une

assiette d'œufs frits avec du piment. Ce n'est que plus tard que j'ai découvert que le gouvernement régional avait demandé au guide d'apporter les œufs à notre intention.

Après manger, on nous a conduits à nos chambres à la lumière de trois bougies. Les deux autres journalistes disposaient d'une maison troglodyte pour eux seuls, le médecin logeait chez un vieillard, et je devais partager une autre maison avec une jeune fille. Je n'ai pas pu discerner grand-chose à la lumière de la bougie, mais l'édredon avait une odeur fraîche et agréable. J'ai poliment décliné l'offre des villageois qui m'avaient escortée de m'aider à m'installer, et j'ai ouvert mon sac. J'allais demander à la jeune fille comment m'y prendre pour faire ma toilette, quand je me suis aperçue qu'elle était déjà grimpée sur le *kang*. Je me suis souvenue de ce que le guide nous avait dit ; l'eau était une denrée si précieuse que même un empereur ne pourrait se laver le visage ou les dents tous les jours.

Je me suis déshabillée et suis montée sur la partie du *kang* qui m'était visiblement réservée. J'aurais aimé passer un moment à bavarder avec la jeune fille, mais elle ronflait déjà légèrement. Elle ne semblait pas éprouver d'émotion particulière à l'idée d'avoir une invitée et s'était endormie immédiatement. J'étais éreintée, j'avais pris des cachets contre le mal des transports, et je suis, moi aussi, tombée dans un sommeil hébété. Mon aptitude à dormir dans les endroits les plus inhabituels suscitait l'envie de mes collègues ; cela faisait de moi de la bonne pâte de journaliste, disaient-ils. Ils s'étaient à peine acclimatés à un nouvel endroit qu'il leur fallait repartir pour un autre, où ils allaient de nouveau souffrir d'insomnie. Pour eux, un reportage au long cours était une véritable torture.

La lumière s'infiltrant dans la maison m'a réveillée. Je me suis habillée et j'ai retrouvé dehors la jeune fille en train de préparer le petit-déjeuner.

Le ciel et la terre semblaient s'être mélangés. Le soleil n'était pas encore levé, mais sa lumière se déversait déjà au loin sur cette toile immense, effleurant les pierres sur les collines et faisant étinceler l'or de la terre d'un jaune gris. Je n'avais jamais contemplé plus belle aurore. Je me suis dit que le tourisme pourrait peut-être aider cette région à sortir de sa pauvreté. Le splendide lever de soleil sur ce plateau de lœss devrait enchanter ceux qui escaladaient le mont Tai ou se ruaient au bord de la mer. Quand j'ai évoqué cette idée par la suite, un jeune garçon l'a repoussée comme procédant de l'ignorance : Colline Hurlante n'avait pas assez d'eau pour pourvoir aux besoins quotidiens les plus élémentaires des villageois, comment ferait-on pour satisfaire une foule de visiteurs ?

Les vapeurs étouffantes du feu de la jeune fille m'ont tirée de ma rêverie. La bouse de vache qu'elle utilisait comme combustible exhalait une odeur âcre. Le feu avait été allumé entre des grandes pierres, sur lesquelles la jeune fille avait disposé un pot et une pierre plate. Elle a confectionné un gruau de farine dans le pot, et grillé un grossier pain plat sur la pierre. Elle s'appelait Niu'er (fille). Elle m'a expliqué que la bouse était leur seul moyen de chauffage pendant l'hiver. A l'occasion, lors d'un deuil ou un mariage, ou quand de la famille ou des amis leur rendaient visite, ils faisaient la cuisine sur des feux de bouses comme expression solennelle de leur amitié. Le combustible habituel se composait de racines de l'herbe *cogon* (une plante de sol aride qui a de grandes racines et de rares feuilles qui restent vivaces peu de temps), avec lesquelles ils chauffaient une toute petite quantité d'eau pour le gruau. On ne cuisait le pain plat, le *mo*, qu'une fois par an, sur les pierres brûlantes de la colline, l'été. On le conservait sous terre et il était si sec et si dur qu'il se gardait presque un an. On m'a fait l'honneur de me servir du *mo*. Seuls les hommes qui travaillaient aux champs avaient le droit d'en manger. Les femmes et les enfants se nourrissaient de gruau de blé clair – des années de survie les avaient accoutumés à la faim. Le plus grand honneur et festin de la vie d'une femme consistait en un bol d'œufs mélangés à de l'eau quand elle mettait au monde un fils. A un autre moment de mon séjour, je m'en suis souvenue quand j'ai entendu une femme se disputant avec une autre : « Et combien de bols d'œufs et d'eau peux-tu te vanter d'avoir mangé ? » disait-elle.

Après ce petit-déjeuner exceptionnel de gruau et de *mo* le premier jour, notre groupe s'est mis au travail. J'ai expliqué aux responsables du village que je voulais faire un reportage sur les femmes de Colline Hurlante. Ces hommes, qui ne savaient même pas écrire leur nom mais se considéraient comme cultivés, ont secoué la tête, stupéfaits : « Que peut-il y avoir à dire sur les femmes ? »

Je leur ai tenu tête, et ils ont fini par céder. Pour eux, je n'étais qu'une femme comme une autre, qui ne comprenait rien mais imitait les hommes en essayant de les impressionner par son originalité.

Leur réticence ne me gênait pas. Mon expérience de journaliste, après toutes ces années, m'avait enseigné que l'accès aux sources était plus important que l'opinion que les autres pouvaient avoir de moi.

Quand j'avais entendu pour la première fois le nom de « Colline Hurlante », j'avais ressenti une émotion indéfinissable, comme si ma visite était prédestinée. Le nom évoque le bruit, la violence, le débordement de vie, à l'extrême opposé de ce qu'il est en réalité. La colline de limon jaune se dresse dans un paysage de terre nue, de sable et de pierres. Il n'y a aucune trace d'eau ni de vie végétale. Les rares petits scarabées semblent fuir précipitamment la terre stérile.

Colline Hurlante est située dans une ceinture de terre où le désert empiète sur le plateau de lœss. Tout au long de l'année, le vent souffle inlassablement, depuis des milliers d'années. Il est souvent difficile de voir plus loin qu'à quelques pas dans ces tempêtes de sable, et les villageois qui peinent sur la colline sont obligés de crier pour se parler. C'est pour cela que les gens de Colline Hurlante sont célèbres pour leurs voix fortes et sonores ; personne n'a pu me confirmer si c'était de là que venait le nom du village, mais selon moi c'est une explication plausible. C'est un lieu totalement coupé du monde moderne ; entre dix et vingt familles avec seulement quatre patronymes vivent dans des habitations troglodytes exiguës au plafond bas. Les femmes n'ont qu'une valeur utilitaire ; en tant qu'instruments de reproduction, elles sont une monnaie d'échange très précieuse pour les villageois. Les hommes n'hésitent pas à échanger deux ou trois fillettes contre une femme d'un autre village. Donner en mariage une femme de la famille à un autre village et acquérir une épouse en échange est la pratique la plus courante, et en conséquence la majorité des épouses de Colline Hurlante viennent de l'extérieur du village. Une fois mères, elles sont forcées de céder leurs propres filles à leur tour. Les femmes n'ont aucun droit de propriété ou d'héritage.

La pratique sociale inhabituelle qui consiste à partager une épouse entre plusieurs hommes existe aussi. Dans la majorité des cas, des frères issus de familles extrêmement pauvres, sans filles à échanger, achètent une épouse commune pour assurer leur descendance. Le jour, elle prépare la nourriture et s'occupe des travaux ménagers, et la nuit, ils jouissent de son corps tour à tour. Si la femme a un enfant, elle ne sait pas toujours elle-même qui en est le père. Pour l'enfant, les frères sont Grand Papa, Deuxième Papa, Troisième, Quatrième Papa et ainsi de suite. Les villageois ne considèrent pas cette pratique comme illégale, parce que c'est une coutume établie par leurs ancêtres, ce qui la rend à leurs yeux plus puissante que la loi. Les enfants qui ont plusieurs pères ne sont pas en butte aux moqueries, car ils sont sous la protection de plusieurs hommes. Nul ne ressent de compassion pour les épouses ainsi partagées ; pour eux, l'existence des femmes se justifie par leur utilité.

Quel que soit le village dont sont originaires les femmes, elles adoptent les coutumes transmises de génération en génération à Colline Hurlante. Elles mènent une vie extrêmement dure. Dans l'unique pièce de leur maison troglodyte, dont la moitié est occupée par un *kang*, elles ne disposent que de quelques dalles de pierre, de nattes de paille et de bols d'argile grossiers ; une cruche en terre cuite est un article de luxe réservé aux familles « riches ». Des jouets d'enfants ou des articles réservés à l'usage exclusif des femmes sont impensables dans leur société. Comme les épouses sont achetées avec le sang de la parenté, elles sont en butte au ressentiment des membres de la famille qui ont perdu des filles ou des sœurs, et doivent peiner jour et nuit pour assurer la nourriture, la boisson et les autres besoins quotidiens de toute la maisonnée.

Les femmes se lèvent avant l'aube ; il faut nourrir le bétail, balayer la cour, polir et aiguiser les outils rouillés ou émoussés de leurs maris. Quand leurs hommes sont partis travailler la terre, elles doivent aller chercher l'eau dans un ruisseau capricieux de l'autre côté de la montagne, à deux heures de marche du village, deux lourds seaux sur les épaules. Pendant la saison de l'herbe *cogon*, elles arpentent les collines en déterrant les racines qui serviront de combustible pour la cuisine. L'après-midi, elles portent la nourriture à leurs hommes ; quand elles reviennent, elles filent, tissent et cousent des vêtements, des chaussures et des chapeaux pour la famille. Toute la journée, elles portent dans leurs bras ou sur leur dos les enfants en bas âge qu'elles emmènent presque partout avec elles.

A Colline Hurlante, « utiliser » est le mot qu'emploient les hommes qui veulent coucher avec une femme. Quand ils rentrent au crépuscule et veulent « utiliser » leurs épouses, ils les appellent d'une voix impatiente : « Pourquoi tu lambines ? Tu montes sur le *kang* ou quoi ? » Après avoir été « utilisées », les femmes remettent de l'ordre dans leurs vêtements et s'occupent des enfants pendant que les hommes ronflent. Ce n'est qu'à la nuit tombée qu'elles peuvent se reposer, parce qu'il n'y a pas de lumière pour continuer à travailler. Quand j'ai essayé de partager une toute petite partie de la journée de ces femmes en les aidant dans leurs tâches ménagères, ma foi dans la valeur de la vie s'en est trouvée sévèrement ébranlée.

La seule fois où une femme de Colline Hurlante peut redresser la tête, c'est le jour où elle donne naissance à un fils. Trempée de sueur après les douleurs de l'accouchement, elle entend des mots qui l'emplissent de fierté et de satisfaction : « Un fils ! » C'est la plus haute reconnaissance qu'elle obtient de son mari, et sa récompense consiste en un bol d'œufs au sucre dans de l'eau chaude. La femme qui donne naissance à une fille n'est pas punie, mais elle n'a pas droit à ce festin. Colline Hurlante s'est forgé un système social unique, mais ne diffère pas du reste de la Chine en ce que les fils y ont plus de valeur que les filles.

Pendant les premiers jours, je me suis demandé pourquoi la plupart des enfants qui jouaient près des femmes ou les aidaient quand elles s'affairaient dans leurs habitations troglodytes étaient des garçons, et j'ai pensé que c'était peut-être un de ces villages où se pratiquait l'infanticide des filles. Par la suite, j'ai découvert que c'était dû à la pénurie de vêtements. Quand une famille avait de nouveaux vêtements, tous les trois ou cinq ans, on habillait d'abord les garçons, laissant souvent les sœurs partager un seul habit, qui devait servir à toutes. Les sœurs restaient assises sur le *kang*, couvertes par un grand drap, et elles enfilaient l'habit à tour de rôle pour sortir aider leur mère.

Il y avait une famille de huit filles qui ne possédait qu'un seul pantalon, si couvert de reprises qu'on ne distinguait plus le tissu d'origine. La mère était enceinte de son neuvième enfant, mais j'ai pu voir que le *kang* de la maison n'était pas plus grand que celui des familles qui en avaient trois ou quatre. Les huit filles étaient serrées les unes contre les autres sur le *kang* à coudre des chaussures, chacune avec une tâche bien précise, comme dans la chaîne d'un petit atelier. Elles riaient et bavardaient en travaillant. Quand je leur parlais, elles me racontaient ce qu'elles avaient vu ou entendu le jour où elles « portaient les vêtements ». Chaque fille comptait les jours jusqu'à son tour de « porter les vêtements ». Elles devisaient avec animation des familles dans lesquelles il y avait eu un mariage, un enterrement ou une naissance, de quel homme battait sa femme, ou de qui s'était disputé avec qui. Elles parlaient principalement des hommes de leur village ; le moindre incident, jusqu'aux traces sur le sol d'un petit garçon qui s'était soulagé, devenait prétexte à discussions et à rires. Mais pendant les deux semaines que j'ai passées avec elles, je ne les ai jamais entendues parler des femmes. Quand j'ai évoqué délibérément des sujets comme la coiffure, les vêtements, l'apparence, le maquillage ou d'autres préoccupations habituelles aux femmes dans le monde qui est le nôtre, elles ne savaient pas de quoi je parlais. La vie que les femmes menaient à Colline Hurlante était la seule qu'elles pouvaient concevoir. Je n'ai pas osé leur parler du monde au-delà du leur, ou de la vie qu'y menaient les femmes, car je savais que vivre avec la connaissance de ce qu'elles ne posséderaient jamais serait plus pénible que continuer à mener la vie qui était la leur.

J'avais observé un phénomène étrange chez les villageoises de Colline Hurlante : quand elles atteignaient leur dixième année environ, leur démarche se transformait soudain. Elles se mettaient à marcher en écartant largement les jambes, chaque pas décrivant une sorte de cercle. Pourtant, il n'y avait aucun signe de cette tendance chez les petites filles. Au début de mon séjour, je me suis creusé la tête pour trouver une raison à cette énigme, mais je n'osais pas poser de questions trop directes. J'espérais trouver une réponse à ma façon.

J'avais l'habitude de faire des croquis du paysage qui était, selon moi, typique de l'endroit où j'effectuais mon reportage. Dépeindre Colline Hurlante ne nécessitait aucune couleur, quelques lignes suffisaient à souligner ses traits essentiels. Tandis que je dessinais, j'ai remarqué des petits tas de pierres que je ne me souvenais pas d'avoir vus auparavant. La plupart étaient disposés dans des endroits à l'écart. En y regardant de plus près, j'ai trouvé dessous des feuilles d'un rouge noirâtre. Seul le *cogon* poussait à Colline Hurlante ; d'où pouvaient provenir ces feuilles ?

J'ai soigneusement examiné les feuilles : elles mesuraient environ dix centimètres de long sur cinq de large. Apparemment, elles avaient été découpées à la même taille, puis aplaties puis lissées à la main. Certaines étaient légèrement plus épaisses que les autres, et elles étaient humides au toucher, avec une odeur de poisson. D'autres étaient extrêmement sèches à cause de la pression des pierres et de la chaleur brûlante du soleil ; elles n'étaient pas friables mais très solides, et elles aussi avaient la même odeur forte et salée. Je n'avais jamais vu de telles feuilles auparavant. A quoi pouvaient-elles bien servir ? Je me suis résolue à en parler aux villageois.

Les hommes ont déclaré : « Ce sont des choses de femmes », et ont refusé de m'en dire plus.

Les enfants secouaient la tête d'étonnement, en disant : « Je sais pas à quoi elles servent, mais maman et papa disent qu'on doit pas y toucher ! »

Les femmes se contentaient de baisser la tête en silence.

Quand Niu'er s'est aperçue que ces feuilles m'intriguaient, elle m'a dit : « Demandez à grand-mère, elle vous expliquera. » La grand-mère de Niu'er n'était pas très vieille, mais le mariage et les maternités précoces l'avaient déjà mise au rang des anciens du village.

La grand-mère m'a expliqué posément que les feuilles étaient utilisées par les femmes pendant leurs règles. Quand une fille de Colline Hurlante avait ses premières règles ou qu'une femme venait se marier dans le village, sa mère ou une autre femme plus âgée lui donnait dix de ces feuilles. Elles provenaient d'arbres qui poussaient très loin d'ici. Les femmes plus âgées montraient aux jeunes filles comment s'en servir. D'abord, il fallait découper les feuilles à la bonne dimension, pour pouvoir les porter à l'intérieur des pantalons. Puis on y perçait de petits trous avec un poinçon pour les rendre plus absorbantes. Comme elles étaient relativement élastiques et leurs fibres très épaisses, elles absorbaient le sang. Dans une région où l'eau était si précieuse, on ne pouvait faire autrement que de les presser et les sécher après utilisation. Une femme utilisait ses dix feuilles mois après mois, même après un accouchement. Elles étaient le seul bien qu'on enterrerait avec elle.

J'ai échangé des serviettes hygiéniques que j'avais avec moi contre une feuille de la grand-mère de Niu'er. Les larmes me sont montées aux yeux quand je l'ai touchée : comment cette feuille grossière, rêche au toucher, pouvait-elle être mise en contact avec l'endroit le plus sensible d'une femme ? C'est alors que j'ai compris pourquoi les femmes de Colline Hurlante marchaient les jambes écartées ; la peau de leurs cuisses était à vif, endommagée par les feuilles.

Il y avait une autre raison à la démarche étrange des femmes de Colline Hurlante, qui m'a choquée plus encore.

En chinois, le mot « utérus » s'écrit avec deux caractères qui signifient « palais » et « enfant ». Presque toutes les femmes savent que l'utérus est un de leurs organes clefs. Mais les femmes de Colline Hurlante ne savent même pas ce qu'est un utérus.

Le médecin qui était venu avec nous m'a informé qu'un des villageois lui avait demandé d'examiner sa femme, parce qu'elle avait été enceinte plusieurs fois mais n'avait jamais réussi à porter d'enfant à terme. Avec l'autorisation expresse du villageois, le médecin a ausculté la femme, et il a été stupéfait de trouver qu'elle avait une descente d'utérus. La friction et l'infection avaient durci au cours des ans la partie de l'utérus qui pendait, dure comme de la cutine, comme un cal. Le médecin n'arrivait tout simplement pas à comprendre ce qui avait provoqué cela. Interloquée par sa réaction, la femme lui a dit sur un ton de désapprobation que toutes les femmes de Colline Hurlante étaient comme ça. Le médecin voulait que je l'aide à vérifier cette surprenante affirmation ; plusieurs jours plus tard, après avoir observé à la dérobée les femmes du village quand elles se soulageaient, j'ai pu témoigner que la femme avait dit vrai. Ces descentes d'utérus étaient l'autre raison qui contraignait les femmes à marcher jambes écartées.

A Colline Hurlante, on ne contrarie pas le cours de la nature, et la contraception est un concept étranger. Les femmes sont traitées comme des machines à procréer, et produisent un enfant par an ou trois tous les deux ans. Rien ne garantit que les enfants vont survivre. Autant que je sache, le seul frein à l'extension des familles est la mortalité infantile, ou la fausse couche par épuisement.

J'ai vu de nombreuses femmes enceintes à Colline Hurlante, mais ni elles ni les hommes ne donnaient l'impression d'attendre un heureux événement. Même enceintes, elles continuaient à travailler aussi dur qu'avant et leurs hommes les « utilisaient », car ils étaient d'avis que « seuls les enfants qui résistent à l'écrasement sont assez forts ». Tout cela me révoltait, surtout la pensée des femmes partagées « utilisées » par plusieurs hommes pendant toute leur grossesse. Les enfants que ces femmes portaient étaient effectivement très forts ; la notion de sélection naturelle prenait tout son sens à Colline Hurlante. Ce pragmatisme brutal était la cause des descentes d'utérus parmi ces villageoises courageuses et oublieuses d'elles-mêmes.

Le jour où j'ai découvert que ces descentes d'utérus étaient un phénomène courant à Colline Hurlante, je n'ai pas beaucoup dormi. Je suis restée couchée sur le *kang* à pleurer en pensant à ces femmes qui étaient de ma génération et de mon temps. Que les femmes de Colline Hurlante n'aient aucune notion de la société moderne, ni, à plus forte raison, des droits des femmes, était une faible consolation ; leur bonheur dépendait de leur ignorance, de leurs coutumes et de la conviction que toutes les femmes au monde menaient la même vie qu'elles. Leur parler du monde extérieur aurait été comme enlever les cals d'une main usée par le travail et laisser les épines entamer la chair mise à nue.

Le jour où j'ai quitté Colline Hurlante, j'ai découvert que les serviettes hygiéniques que j'avais données à la grand-mère de Niu'er étaient passées sous les ceintures de ses fils ; ils s'en servaient pour absorber la sueur ou protéger leurs mains.

Avant mon séjour à Colline Hurlante, je croyais qu'il y avait une cohésion entre toutes les femmes de Chine, chacune évoluant à sa façon, mais toutes dans le même sens, en phase avec l'époque. Au cours de mes deux semaines dans ce village, j'ai vu des mères, des filles et des épouses que l'histoire semblait avoir oubliées, menant une vie primitive dans un monde moderne. Je me suis interrogée sur leur devenir ; pourraient-elles jamais rattraper le temps perdu ? On ne peut d'un seul bond franchir le fossé qui sépare les débuts de l'humanité de l'époque contemporaine, et l'histoire n'allait pas les attendre. Toutefois, de retour au bureau, quand j'ai vu l'intérêt que des voyages comme les nôtres suscitaient pour ces communautés méconnues dans le reste du pays, j'ai eu le sentiment de me trouver au début de quelque chose. Ce sentiment a ranimé mon espoir. Peut-être y avait-il une façon d'aider les femmes de Colline Hurlante à évoluer un peu plus vite...

Le Grand Li a écouté mon compte rendu sur les femmes de Colline Hurlante puis il m'a demandé : « Est-ce qu'elles sont heureuses ? »

Mengxing s'est exclamée : « Ne soyez pas stupide ! Comment pourraient-elles être heureuses ? »

J'ai dit à Mengxing que, sur les centaines de Chinoises avec qui j'avais parlé pendant presque dix ans de radio et de journalisme, les femmes de Colline Hurlante ont été les seules à me dire qu'elles étaient heureuses.

Epilogue

En août 1997, j'ai quitté la Chine pour l'Angleterre. Mon expérience de Colline Hurlante m'avait ébranlée. J'avais besoin de respirer un autre air – de savoir ce que c'était que de vivre dans un pays libre. Dans l'avion pour Londres, j'étais assise près d'un homme qui rentrait de son septième séjour en Chine. Il avait visité tous les sites historiques majeurs. Il parlait en connaisseur averti du thé, de la soie et de la Révolution culturelle. Curieuse, je lui ai demandé ce qu'il savait de la place des Chinoises dans la société. Il m'a répondu que la Chine lui semblait une société où le principe d'égalité était respecté ; partout où il était allé, il avait vu des hommes et des femmes exécuter les mêmes travaux.

J'étais montée à bord de cet avion avec l'idée que je pourrais trouver une façon de décrire la vie des Chinoises aux Occidentaux. Mais, confrontée aux connaissances très limitées de cet homme, la tâche me paraissait bien plus téméraire. Il me faudrait creuser profondément dans ma mémoire, retrouver toutes les histoires que j'avais collectées pendant des années. Il me faudrait revivre toutes les émotions que j'avais ressenties à les écouter la première fois, essayer de trouver les mots justes pour décrire toute la misère, l'amertume et l'amour de ces femmes. Et à supposer que j'y réussisse, je ne savais pas comment les lecteurs occidentaux interpréteraient ces histoires. N'ayant jamais vécu en Occident, je ne pouvais juger de ce que les gens savaient ou non de la Chine.

Quatre jours après mon arrivée à Londres, la princesse Diana est morte. Je me souviens de m'être trouvée sur le quai de la station de métro Ealing Broadway, entourée de gens avec des bouquets de fleurs qu'ils allaient déposer devant les grilles de Buckingham Palace. Je n'ai pu résister à une impulsion de journaliste et j'ai demandé à une femme près de moi dans la foule ce que la princesse Diana représentait pour elle. Nous nous sommes mises à parler de la place des femmes dans la société britannique. Au bout d'un certain temps, elle m'a demandé à quoi ressemblait la vie des femmes en Chine. Pour des Occidentaux, m'a-t-elle dit, la Chinoise contemporaine semblait encore porter un voile séculaire. Elle croyait qu'il était d'important d'essayer de soulever ce voile. Ses paroles m'ont inspirée. Peut-être, après tout, y avait-il un public à l'Ouest que mes histoires intéresseraient. Par la suite, quand je suis allée travailler à l'Ecole d'études orientales et africaines de l'Université de Londres, d'autres personnes m'ont encouragée. J'ai parlé à une enseignante de quelques-unes de mes interviews et elle a été catégorique, il fallait que j'écrive ces histoires. La plupart des livres écrits jusqu'à maintenant, a-t-elle dit, se focalisaient sur des familles chinoises particulières. Ces histoires élargiraient la perspective.

Mais ce qui m'a décidé, c'est quand une jeune Chinoise de vingt-deux ans m'a demandé mon aide. Elle était étudiante dans la même université, et je me suis trouvée assise à côté d'elle un jour à la cantine. Elle était très déprimée. Sa mère, sans se préoccuper du prix que cela coûtait, l'appelait tous les jours pour lui dire que les hommes en Occident étaient des « hooligans sexuels » et qu'il ne fallait pas qu'elle les laisse s'approcher d'elle. Dans l'impossibilité de demander conseil à quelqu'un, la jeune fille avait besoin qu'on réponde aux questions fondamentales qu'elle se posait concernant les relations entre hommes et femmes. Est-ce que si on embrassait un homme, on était toujours vierge ? Pourquoi les Occidentaux touchaient-ils tellement et si facilement les femmes ?

Il y avait des étudiants autour de nous à la cantine qui apprenaient le chinois et ils ont compris ce qu'elle disait. Ils ont ri, incrédules, devant tant d'innocence ; mais moi, son mal-être m'a émue. Ici, dix ans après que Xiao Yu m'avait écrit pour me demander si l'amour était un crime contre la décence publique puis s'était suicidée quand j'avais échoué à lui répondre, voilà que je rencontrais une autre jeune fille que sa mère gardait dans une ignorance totale de la sexualité. Les étudiants occidentaux qu'elle côtoyait en classe, qui s'enlaçaient sans la moindre arrière-pensée, ne pouvaient imaginer son désarroi. En Chine aussi, bien sûr, il y avait beaucoup de jeunes femmes averties – dans les villes surtout – qui se seraient moquées d'elle. Mais j'avais parlé à tant d'autres qui connaissaient des situations semblables. Après cette rencontre, il m'a semblé plus nécessaire que jamais d'utiliser leurs larmes, et les miennes pour tracer le chemin d'une meilleure compréhension.

Je me suis souvenue de ce que le Vieux Chen m'avait dit : « Xinran, vous devriez écrire tout cela. Ecrire permet de se décharger de ce qu'on porte et cela peut aider à créer un espace pour accueillir de nouvelles façons de penser et de sentir. Si vous n'écrivez pas ces histoires, leur trop-plein va vous briser le cœur. » A l'époque, en Chine, écrire un livre tel que celui-ci m'aurait peut-être valu la prison. Je ne pouvais prendre le risque d'abandonner mon fils, ou ces femmes qui comptaient sur l'aide et les encouragements que leur apportait mon émission de radio. En Angleterre, le livre est devenu possible. Comme si une plume avait poussé dans mon cœur.

Achevé d'imprimer
sur les presses de
l'imprimerie CPI France Quercy
à Mercuès

N° d'impression : 00073
Dépôt légal : janvier 2005